Tiefendimensionen des Gottesdienstes

Hanns Kerner/Konrad Müller (Hrsg.)

Tiefendimensionen des Gottesdienstes

EVANGELISCHE VERLAGSANSTALT
Leipzig

Bibliographische Information der Deutschen Nationalbibliothek
Die Deutsche Nationalbibliothek verzeichnet diese Publikation in der Deutschen Nationalbibliographie; detaillierte bibliographische Daten sind im Internet über http://dnb.dnb.de abrufbar.

Printed in Germany · H 7978

Das Buch wurde auf alterungsbeständigem Papier gedruckt.

Redaktion: Hanns Kerner
Cover: Zacharias Bähring, Leipzig
Coverbild: »Innen(t)räume«, von Nürnberger Künstlerin Christine Klement
Satz: Martina Weingärtner, Nürnberg
Druck und Binden: Hubert & Co., Göttingen

ISBN 978-3-374-04319-4
www.eva-leipzig.de

Vorwort

Jede christliche Konfession hat im Laufe der Geschichte – trotz gegenseitiger Anleihen – ihre eigene, klar voneinander unterscheidbare Gottesdienstgestalt entwickelt. Wer in einen orthodoxen, in einen katholischen oder in einen reformierten Gottesdienst kommt, wird jeweils einen anderen Typus von Gottesdienst antreffen. Ist dies ausschließlich eine Folge theologischer Entscheidung? Ist es Ausdruck von verschiedenen Frömmigkeitsprägungen? Oder lassen sich noch ganz andere Gründe für die verschiedenen Gottesdienstgestalten finden?

Fest steht, dass die jeweiligen geprägten Formen nicht beliebig veränderbar sind, wenn sie sich nicht von der Frömmigkeit und Glaubenspraxis in den jeweiligen Konfessionen abkoppeln wollen. Sie sind Quelle und Ausdruck von Identität, jedenfalls dort, wo eine konfessionelle Identität gelebt wird.

In dem hier dokumentierten Symposion des Gottesdienst-Instituts der Evangelisch-Lutherischen Kirche in Bayern, das vom 2.–4. März 2015 in Rothenburg o.d.T stattfand, sollte hinter die vordergründige Gottesdienstgestalt geblickt sowie untersucht werden, was ihr jeweils in der Tiefenstruktur zugrundeliegt und was dies für die Durchführung des jeweiligen Gottesdiensttyps bedeutet. Es sollte also das jeweils Spezifische entschlüsselt werden, das hinter den vordergründigen, sich in der Feier darstellenden Gottesdienstgestalten liegt.

In fünf Beiträgen werden zuerst einmal historisch gewachsene Gottesdiensttypen analysiert. Prof. Dr. Klaus Raschzok wendet sich dem evangelisch-lutherischen Gottesdienst anhand der Agende I der VELKD zu. Prof. Dr. David Plüss zeigt die Tiefenstruktur des reformierten Gottesdienstes der Schweiz auf. Prof. Dr. Reinhard Thöle D.D. entfaltet die Tiefengrammatik des orthodoxen Gottesdienstes anhand der »Göttlichen Liturgie«. Prof. Dr. Jürgen Bärsch gibt einen Einblick in die Tiefenstruktur der katholischen Messfeier und Prof. Dr Hanns Kerner widmet sich einer Frauenliturgie und einem Interreligiösen Gebet. In diesen Beiträgen werden vorlaufende theologische Grundentscheidungen, Glaubensprägungen und korrespondierende Handlungsstränge freigelegt sowie tiefengrammatisch wirksame Spezifika herausgearbeitet.

In einem nächsten Schritt wird gefragt, wie sich Veränderungen von einzelnen gottesdienstlichen Elementen auf die Tiefenstruktur des Gottesdienstes und – damit verbunden – auf die Feiergestalt auswirken. Dr. Thomas Melzl vergleicht die Gewichtung, Begründung und Stellung der gottesdienstlichen Schriftlesungen in verschiedenen konfessionellen Gottesdiensten. Dr. Konrad Müller zeigt auf, wie unterschiedliche Confiteorkonzeptionen auf den Charakter des Gottesdienstes wirken. PD Dr. Konstanze Kemnitzer widmet sich dem Fürbittengebet. Diese Beiträge verdeutlichen, wie die Stellung und Verwendung von gottesdienstlichen Elementen mit der Tiefenstruktur zusammenspielen bzw. was deren Veränderung für die Gottesdienstpraxis bedeutet.

Für die hervorragende Kooperation in der Vorbereitung des Symposions danken wir Herrn Prof. Dr. Klaus Raschzok, für die Erstellung des Manuskripts Frau Martina Weingärtner.

Nürnberg, im Oktober 2015 Die Herausgeber

Inhalt

GOTTESDIENSTLICHE ORGANISMEN

Blicke unter die Oberfläche

Hanns Kerner

1. Das Drama hinter dem Drama

Wenn im Titel des Symposions »Das Drama hinter dem Drama« der stark umstrittene und unscharfe Begriff des Dramas in Verbindung mit dem Gottesdienst aufgegriffen wird, so geschieht dies in voller Absicht. Bereits am Abarbeiten dieses Begriffs sind sehr unterschiedliche Definitionen und Zuschreibungen zu erwarten, wenn wir lutherischen, orthodoxen, katholischen und reformierten Gottesdienst betrachten. Bewusst ist keine dezidierte Zuschreibung wie »Gottesdienst als Heiliges Drama«[1] oder »Gottesdienst als Inszenierung eines religiösen Dramas«[2] oder »Inszenierung des gottesgeschichtlichen Dramas«[3] vorgenommen worden. Auch eine inhaltliche Definition des Begriffs Drama in Verbindung mit Gottesdienst, beispielsweise als »Inszenierte Gottesbegegnung«[4] oder »Inszenierungen der Heilsgeschichte«[5], wurde vermieden, denn bereits der Umgang mit dem Dramabegriff führt uns zu Spezifika,

---

[1] So Wilhelm Löhe (vgl. David Plüss, Gottesdienst als Textinszenierung. Perspektiven einer performativen Ästhetik des Gottesdienstes, Zürich 2007, 35).

[2] Vgl. Ursula Roth, Der Gottesdienst und das Modell des Theaters. Theaterwissenschaftliche Denkanstöße für zeitgenössische Gottesdiensttheorien, in: Irene Mildenberger u.a. (Hg.), Gottesdienst und Dramaturgie. Literaturwissenschaft und Theaterwissenschaft im Gespräch, Leipzig 2010, 92-96; Dies., Drama Gottesdienst? Anmerkungen zum gottesdienstheoretischen Rekurs auf den Dramenbegriff, in: Hanns Kerner (Hg.), Zwischen Heiligem Drama und Event. Auf dem Weg zu einer zukunftsfähigen Agende, Leipzig 2008, 115-130.

[3] Vgl. Albrecht Grötzinger, Zur Ästhetik des Gottesdienstes, in: MuK 70 (2000), 164-173; Ders., Evangelischer Gottesdienst und die Kunst seiner Gestaltung, in: Hanns Kerner (Hg.), Gottesdienst und Kultur. Zukunftsperspektiven, Leipzig 2004, 63-81; Martin Nicol, Gestaltete Bewegung. Zur Dramaturgie von Gottesdienst und Predigt, in: Jörg Neijenhuis (Hg.), Liturgie lernen und lehren. Aufsätze zur Liturgiedidaktik, Leipzig 2001, 151-163.

[4] Vgl. Michael Meyer-Blanck, Liturgie und Liturgik. Der Evangelische Gottesdienst aus Quellentexten erklärt, Gütersloh 2001, 270.

[5] Karl-Heinrich Bieritz, Spielraum Gottesdienst. Von der »Inszenierung des Evangeliums« auf der liturgischen Bühne, in: Arno Schilson/Joachim Hake (Hg.), Drama »Gottesdienst«. Zwischen Inszenierung und Kult, Stuttgart 1998, 99.

evtl. auch zu grundlegenden Unterschieden der verschiedenen zu betrachtenden Gottesdiensttypen.

Nun soll allerdings laut Vorhaben »hinter« das Drama geschaut werden. Sobald man hinter etwas schauen will, möchte man etwas auf die Spur kommen, das bei reiner Betrachtung des Geschehens noch nicht sichtbar wird. Dabei muss damit gerechnet werden, dass trotz aller Spurensuche Entscheidendes verborgen bleibt.

Dennoch möchten wir uns auf die Suche nach den Tiefenstrukturen christlichen Gottesdienstes – so der Untertitel unseres Symposions – begeben. Mit dem Wort Tiefenstruktur greifen wir einen Begriff aus dem Strukturalismus auf. Wir haben ihn insbesondere deshalb gewählt, weil der Strukturbegriff in der zweiten Hälfte des 20. Jahrhunderts in der Diskussion und Praxis des evangelischen Gottesdienstes im deutschsprachigen Raum bedeutsam, zum Teil sogar leitend geworden ist. Nicht zufällig wurde bei der Konzeptionierung des Evangelischen Gottesdienstbuchs der gerade in dieser Zeit en vogue Strukturbegriff als ein Leitgedanke aufgenommen.[6] Dass er gegenüber der philosophisch-wissenschaftlichen Diskussion sehr verkürzt und vereinfacht rezipiert wurde, muss uns hier nicht interessieren. Dazu ist genug gesagt. Immerhin steht aber ein Kerngedanke des Strukturalismus hinter diesem Konzept, und zwar, dass über eine gemeinsame Struktur scheinbar ungleiche Merkmale zusammengehalten werden. Eine gemeinsame Struktur sei daher auch für die Identität des evangelischen Gottesdienstes ausreichend. Ausgeblendet wurden bei dieser Sicht zum einen Fragen des Inhalts, zum anderen aber verlieren bei diesem Vorgehen die einzelnen Ausformungen des evangelischen Gottesdienstes ihre Einmaligkeit und ihre Differenz zu den anderen evangelischen Gottesdiensten. Gerade um die Differenz geht es aber, wenn wir nach der Tiefenstruktur christlicher Gottesdienste fragen. Es ist ja auch die Differenz, die einen Gottesdienst als spezifische Ausformung christlichen Gottesdienstes gegenüber anderen identifizierbar macht. Und es ist die je spezifische Ausformung, die Identität schafft und gewachsenen Identitäten entspricht. Wir werden also auch der Frage nachgehen, was genau ist es, das die Identität eines Gottesdiensttyps bewirkt. Was ist es, das den christlichen Gottesdienst ausmacht, etwa im Vergleich zum jüdischen oder muslimischen. Was ist es, das das je Konfessionsspezifische ausmacht, das Katholische, das Orthodoxe, das Reformierte und das Lutherische? Dies wiederum führt uns zu weiteren Fragekreisen: »Was schafft Identität bei den in dieser Tradition Feiernden?« und: »Was bewirkt die konfessionelle Identität der Gottesdienst Feiernden für die Gestalt des Gottesdienstes?«

---

[6] Die Hochzeit des Strukturalismus war in den 60er und 70er Jahren des 20. Jahrhunderts (vgl. Catherine Belsey, Poststrukturalismus, Stuttgart 2013).

2. Gottesdienstliche Organismen

Meine einleitenden Gedanken habe ich mit »Gottesdienstliche Organismen« betitelt, wohl wissend, dass auch der Organismusbegriff belastet und besetzt ist. Ich habe ihn dennoch gewählt, weil er der Tatsache Rechnung trägt, dass wir es bei den verschiedenen Gottesdienstformen mit lebenserfülltem Geschehen zu tun haben, das jeweils eine identifizierbare und abgrenzbare Einheit ergibt. Der je einzelne Gottesdienst ist einzigartig wie jeder Organismus, zugleich aber ist er im Vergleich einer bestimmten Gruppe von Organismen zuordenbar und unterscheidet sich zugleich von anderen Organismen. Zudem – und das ist wichtig – stehen komplexe Organismen stets in Wechselwirkung mit vielen anderen Faktoren der Umwelt, sollten also sinnvollerweise nicht isoliert betrachtet werden.

Im Folgenden werde ich mich mit verschiedenen Blickweisen an gottesdienstliche Organismen herantasten und nehme dabei vorwiegend den protestantischen Bereich in den Blick.

Betrachtet man die Diskussionen um den evangelischen Gottesdienst seit den 60er Jahren des 20. Jahrhunderts, so drängt sich das Bild von einem kranken Patienten auf, der mit den unterschiedlichsten Mitteln geheilt werden muss. Ich gehöre zwar nicht zu denen, die meinen, dass jeder evangelische Gottesdienst krank ist, benutze aber trotzdem zur Veranschaulichung das Bild eines Kranken, der zum Arzt geht.

Die einzelnen Teile eines Organismus werden meist isoliert betrachtet. Wer zum Arzt geht, und sagt: »Ich fühle mich krank«, kann erleben, dass dieser sein Stethoskop nimmt, einen abhört, dann den Blutdruck misst, in den Mund und in die Ohren schaut und dann eine Diagnose abgibt und ein Rezept ausstellt. Bei der Beurteilung von Gottesdiensten, Gottesdienstentwürfen und gottesdienstlichen Texten geht das oft ganz ähnlich zu. Man schaut, liest, analysiert nach verschiedensten Kriterien, seien sie sprachlicher, inhaltlicher, dramaturgischer oder kommunikationstechnischer Natur – um nur einige von vielen Kriterien zu nennen –, man schaut praktisch dem Geschehen, dem Textgefüge oder der Gottesdienstkonstruktion in Mund und Ohren und gibt ein Urteil ab. So wie der Arzt ein Medikament verschreibt, so gibt es auch nach der Analyse Rezepte, was künftig anders oder besser gemacht werden sollte, damit der Gottesdienst gesundet.

Nun wird es aber nicht besser, ja vielleicht verschlimmert sich der Zustand des Patienten sogar. Er geht wieder zum Arzt. Jetzt untersucht dieser den Organismus mit verschiedensten Apparaten. Er durchleuchtet ihn, macht Ultraschall, schiebt ihn in die Röhre. Es gibt kaum noch etwas, was nicht gründlich angeschaut wurde. Wieder gibt es neue Medikamente. Im gottesdienstlichen Bereich passieren diese Detailuntersuchungen zumeist auf der semantischen bzw. semiotischen Schiene. Jetzt wird beispielsweise eine genaue Analyse der Texte, des Textraumes und der Verknüpfungen bzw. Brüche zwischen den Texten vorgenommen. Folgerungen werden gezogen, wie beispielsweise aus der Annahme, dass sich die Texte gegenseitig interpretieren, oder es wird die Verwendung gerechter Sprache empfohlen.

Doch auch diese Rezepte kommen nicht an den Kern der Krankheit. Der Zustand des Patienten verschlimmert sich weiter. Wieder geht er zum Arzt. Der wendet sich jetzt der Krankengeschichte zu. Hatte der Patient schon einmal diese Krankheit und wenn ja, wann und was wurde dagegen unternommen? Waren die Eltern oder Großeltern schon so erkrankt? Oder gab es umstürzende Ereignisse im Leben des Patienten, die zu diesen Symptomen führen konnten? In der Liturgik werden verschiedene Epochen oder Personen und ihre Auswirkungen analysiert. Und es werden Krankheitsursachen wie die »Konstantinische Wende«, die »Vermönchung« des Gottesdienstes seit dem Mittelalter, die vermeintliche Unfähigkeit Luthers in liturgicis oder die Veränderungen durch die Aufklärung postuliert. Rezepte, beispielsweise gegen die historisch-kulturelle Distanz oder für die Wahrung von Tradition, werden ausgestellt.

Der Patient kommt aber immer noch zum Arzt, weil die verschriebenen Medikamente nicht die gewünschte Wirkung erzielt haben. Jetzt fragt der Arzt nach Personen, die als Ursache infrage kommen. Gibt es tiefgreifende Konflikte mit der Lebenspartnerin oder den Kindern? Macht eventuell der Stress mit dem Chef krank? Gibt es schlimme, verletzende Streitigkeiten im Freundeskreis? Das persönliche Umfeld wird ausgeleuchtet. Wieder wird ein Rezept ausgestellt. Im gottesdienstlichen Bereich kommen die liturgisch Handelnden ins Blickfeld. Die Pfarrerin kommt mit ihrer Rolle nicht zurecht und ist nicht präsent genug. Der Kirchenmusiker verwechselt den Gottesdienst mit einem Konzert. Die Lektorin betont völlig falsch und spricht noch dazu zu schnell. Bei Betrachtung der gesamten »Aufführung Gottesdienst« müssen erhebliche Defizite konstatiert werden. Wieder werden Rezepte geschrieben, beispielsweise zur liturgischen Bildung oder für ein Training zur Aufführungspraxis.

Der Patient muss aber immer noch zum Arzt, denn wieder haben die Medikamente nicht gegriffen. Jetzt schreitet der Arzt ein anderes Umfeld des Patienten ab. Ist einer der Räume, in denen er lebt, vielleicht mit Schwermetallen oder Schimmel belastet? Oder hat er etwa neue Möbel angeschafft, die Gift verströmen? Ist es vielleicht der Arbeitsplatz, der krank macht, weil einseitige Arbeitsbedingungen den Körper überlasten? Nachdem er sich ein Urteil gebildet hat, meint der Arzt jetzt endlich den Schlüssel gefunden zu haben und gibt wieder Rezepte mit. Im gottesdienstlichen Bereich kommen die liturgischen Räume in den Blick. Der Raum ist nicht nur schlecht geheizt, nein, er ist auch nicht richtig beschallt, er ist zu dunkel und strahlt insgesamt Kälte aus. Die Gottesdienstbesucher sitzen vereinzelt in starren Kirchenbänken. Veränderungen im Raum beim letzten Umbau haben vielen die Heimat genommen. Wieder werden Rezepte ausgestellt: Ein neues Raumkonzept wird entwickelt oder beschlossen, die Kirchenbänke herauszureißen und durch eine flexible Bestuhlung zu ersetzen.

Nun, Sie werden es nicht anders erwarten, der Patient muss wieder zum Arzt, denn es geht ihm immer noch nicht besser. Aber ich will Sie nicht ermüden, und wir sparen uns jetzt all die psychologischen, pädagogischen, soziologischen, kommunikationstheoretischen, ritualtheoretischen, mystagogischen, semiotischen, verhaltenswissenschaftlichen, liturgiedidaktischen, theaterwissenschaftlichen, medientheoretischen und anderen Betrachtungsweisen und Erforschungen des Organismus Gottesdienst. Zu beachten ist aber, dass all die angesprochenen Betrachtungsweisen auf den Gottesdienst mit seiner Tiefendimension etwas zu tun haben können. Die Frage ist nur, ob wir uns damit bereits im Bereich des Entscheidenden befinden.

Wir suchen die Tiefe sinnvollerweise nicht isoliert irgendwo unten, beispielsweise in der Semantik, sondern die Tiefe umfasst den gesamten Raum, den Innenraum des Organismus und seinen Außenraum, also alles, womit dieser Organismus in Beziehung steht bzw. in Beziehung tritt. Wenn wir umgangssprachlich etwa von der Tiefe des Weltraums reden, so wird ja deutlich, dass die Suche nach der Tiefendimension mehr ist als ein Blick nach unten. Bisher sind die Gottesdienst-Feiernden nur am Rande in das Blickfeld der Betrachtung gekommen. Das soll jetzt anders werden, denn sie sind für unsere Fragestellung prominent. Die Feiernden, die jeweils zumindest temporär eine Gemeinschaft bilden, um miteinander Gottesdienst zu feiern, geraten in den Fokus: Die einzelnen Feiernden, ihre Frömmigkeit, die Inhalte ihres Glaubens, ihre Haltung, die Art und Weise ihres Mitfeierns. Das alles gilt es zu beachten, und zwar über das hinaus, was bisher empirisch erhoben wurde. Allerdings sollen die Feiernden nicht isoliert betrachtet werden, sondern als wesentlicher Teil des Organismus Gottesdienst. Das heißt, die Zusammengehörigkeit oder auch das Auseinandergerissensein von dem in der feiernden Person Gestalt gewordenen Glauben und der Gestalt des Gottesdienstes wird betrachtet.

Zur Verdeutlichung stelle ich die These auf: »Diverse kulturelle Realisationen des Gottesdienstes dürfen als unterschiedliche Inszenierungen der Glaubensüberzeugung einer feiernden Gemeinschaft begriffen werden.« Es geht also um die Wechselbeziehung von Inhalten, die die Feiernden teilen, und um den Gottesdienst, den sie feiern. Das heißt, die Gottesdienstfeiernden und die Gestalt des Gottesdienstes werden als ein Organismus verstanden. Die religiösen Überzeugungen, und somit die anthropologischen und theologischen verinnerlichten Inhalte, die die Feiernden teilen, bilden mit der Feier eine Einheit.[7] An zwei Beispielen soll dies veranschaulicht werden. Sie sind bewusst aus Bereichen gewählt worden, die später im Symposion nicht verhandelt werden, um so Dubletten zu vermeiden. Ausgangspunkt für die Betrachtungen sind gefeierte Gottesdienste, die in Beziehung zu den Einstellungen, Imaginationen und Erwartungen der Feiernden stehen.

---

[7] Wo diese nicht besteht, bleiben die Menschen langfristig der Feier fern bzw. die Feiergestalt verschwindet.

3. Beispiele

Das erste Beispiel ist ein interreligiöser Gottesdienst aus der Marktkirche in Essen aus dem Jahr 2010. Laut Ankündigung ist es ein meditativer Gottesdienst »mit Muslimen, Christen und anderen Interessierten«[8] Nach Glockengeläut, Begrüßung und Instrumentalmusik aus muslimischer Tradition spricht der evangelische Pfarrer das Votum: »Wir feiern diesen interreligiösen Gottesdienst im Namen des *einen* Gottes, Urgrund des Lebens, Quelle der Liebe, der durch seine Geistkraft wirkt in unseren Herzen.« Der Gesang mit Worten des Benedikt von Nursia »Schweige und höre« umrahmt dann einen Meditationsteil des evangelischen Pfarrers, an dessen Ende die Lesung von den klugen und törichten Jungfrauen (Mt 25,1-13) steht. Es folgt das durch einen Sufichor gesungene muslimische Pflichtgebet »Takbir«: »Gott ist groß, Gott ist groß. Es gibt keinen Gott außer Gott. Gott ist groß, Gott ist groß und gepriesen sei Gott.«, sowie ein Gesang mit dem Text »O Gott, segne unseren Propheten, Muhammed und seine Angehörigen und schenke ihnen Frieden.«

Eine Lesung aus dem Koran, in der vom Tag, an dem »das Lebendige aus dem Toten« ersteht, gesprochen wird (Sure 30,11-19), wird von einer Ansprache des Imam vertieft, bevor alle in arabischer Sprache den muslimischen Kerngesang »Gott ist Einer. Es gibt keine Gottheit außer Allah« singen. Nach der Ansprache des evangelischen Pfarrers mit dem Thema »Wachsam leben in der Gegenwart Gottes« folgen der Gesang »Wache auf, Gott liebt dich, wache auf!«, eine Tanzmeditation der Tanzmeditationsgruppe, Fürbitten durch die Muslime und ein muslimischer Gottesdienstabschluss.[9] Mit dem folgenden Gebet samt Segensbitte, das von allen Teilnehmenden gemeinsam gesprochen wird, schließt der Wortteil des Gottesdienstes, dem noch Instrumentalmusik folgt, ab: »Gott, Ursprung allen Lebens, du Quelle der Liebe, du bist vor uns und führst uns, hinter uns und schützt uns, unter uns und trägst uns, neben uns und begleitest uns, zwischen uns und verbindest uns, du bist in uns und erfüllst uns mit deiner Liebe, du bist über uns und segnest uns: Es segne uns Gott, der Allbarmherzige. Amen/Amin!« Schließlich wird noch für die interreligiöse Arbeit in Essen gesammelt.

Deutlich wird, dass hier eine Gruppe von Christen und Muslimen zusammenkommt, die zumindest gemeinsame Interessen, vielleicht auch gemeinsame inhaltliche Überzeugungen und gemeinsame Imaginationen von dem *einen* Gott verbindet. Dieser *eine* Gott hat sich für die Feiernden in beiden heiligen Schriften, sowohl in der Bibel wie im Koran offenbart. Zwei durchaus heftige Endzeittexte, einer aus der Bibel und einer aus dem Koran, können nebeneinander stehen, ohne dass auf der einen Seite der christologische As-

---

[8] Dokumentation der Feier vom 21.10.2010: www.manfredrompf.de/Dokumente/Liedblatt_Meditativer_Gottesdienst_112010.pdf, 22.2.2015; die folgenden Zitate sind von dort entnommen.

[9] Vgl. www.islam.de/50.php.

pekt aneckt, noch dass auf der anderen Seite der Ausschluss der »Ungläubigen«, die der Strafe überantwortet werden (Sure 30,16), problematisch wird. Auch der trinitarisch konzipierte Gruß des Pfarrers sowie die Segensbitte für den Propheten Mohammed und seiner Familie durch den Imam werden von der sich regelmäßig treffenden christlich-muslimischen Gemeinschaft mit vollzogen. Während die strukturelle Analyse nicht sehr ergiebig ist (vier Teile, jeweils abwechselnd durch Christen und Muslime in gerechtem Proporz vollzogen, mit gemeinsam gesprochenem Abschluss aller Teilnehmenden), werden das inhaltlich geteilte Gut und das gegenseitige Sich-Annehmen sichtbar, auch wenn man berücksichtigt, dass jeder Einzelne seine Deutungshoheit hat. Die religionsübergreifende Feier ist geprägt durch das sich Einlassen auf Traditionen der anderen Religion, die bei den Texten aus den Heiligen Schriften, den Gebeten, der Instrumentalmusik, den Gesängen, und beim Tanz erlebt werden. Menschen beider Religionen, die Offenbarung und religiöse Wahrheit nicht exklusiv auffassen, haben hier zumindest temporär eine ihnen gemäße Gottesdienstgestalt gefunden.

Ein zweites Beispiel stellt einen ganz anderen »Organismus« vor: Eine Frauenliturgie aus der Katholischen Hochschulgemeinde Aachen aus dem Jahr 1993 mit dem Thema »... millions of witches are on their flight tonight ...«.[10] In einem passend gestalteten Raum werden díe Frauen aufgefordert, ihre Schuhe auszuziehen und zu erzählen, was sie an diesem Tag mitgebracht und erlebt haben. Das sollen sie hinter sich lassen, um auf Anderes bewusst einzugehen. Als erstes wird dann eine Umdichtung des Liedes »Die Sache Jesu braucht Begeisterte« gesungen. Der Text lautet: »Die Sache der Frauen braucht Begeisterte. Ihr Geist sucht sie auch unter uns. Sie lädt uns ein, als Frau uns neu zu entdecken. Jetzt ist die Zeit, hier ist der Ort. Du bist nun hier, mache Dich auf, ganz Frau zu sein.« Danach folgt ein Hexenlied mit dazugehörigem Hexentanz. Die Frauen singen: »Women unite, take back the night; millions of witches are on their flight tonight huhu ... wouldn't it be wonderful to be one of them?« Nach dem sogenannten Hexentanz wird auf die Melodie von »Mache dich auf und werde Licht« gesungen: »Mache dich auf, entdeck' den Raum. Mache dich auf, entdeck' auch Dich. Hellem und Dunklem gebe Raum. Mache dich auf.«

In der folgenden Sequenz sollen die Frauen ihren Ort im Raum finden, der dunkle und helle Ecken hat. Dort, wo sich die Frauen wohlfühlen, sollen sie sich positionieren. Jede Frau kann dann mit Farben und Schminke im eigenen Gesicht experimentieren und den hellen und dunklen Seiten ihrer Person Raum geben. Nach dem Sammeln im Mittelkreis wird auf die Melodie von »Wenn der Geist sich regt« wieder ein auf das Thema des Gottesdienstes umgeschriebener Text gesungen. Der Refrain lautet: »Bleib nicht steh'n geh' mu-

---

[10] Der Gottesdienst vom 5.8.1993 ist dokumentiert in: Barbara Baumann u.a., Frauenliturgien. Ein Werkbuch, München 1998, 208-218. Daraus stammen die folgenden Zitate.

tig weiter, hier und heute kümm're dich nicht um das Geschwätz der Leute im Dunkeln oder Hellen oder Schattengrau, sei du selber, wie du bist: ganz und Frau.« Nach einem Gebet, das Mut zusprechen soll, wird ein Spiegel herumgegeben und jede Frau kann beim Hineinschauen in der Runde aussprechen, »was sie ... bewusst wahrnehmen und zeigen will.« Als Antwortgesang folgt jeder Aussage: »Andere Lieder wollen wir singen«, wiederum mit leicht verändertem Text[11]. Bei der anschließenden Mahlfeier mit Rotwein, Weißwein und Reisspeisen heißt es am Ende des Gebets zu Beginn dieser Handlung: »Gott, vor uns stehen ganz verschiedene Speisen und Getränke, Scharfes und Mildes, heller und dunkler Wein. Segne diese ›Lebensmittel‹ damit sie uns stärken, uns aus der Polarität des Entweder-Oder zu befreien. Jede hat die Möglichkeit, die Vielfalt auszukosten und sich das herauszugreifen, von dem sie sich im Moment am meisten Stärkung wünscht. Das gemeinsame Essen und Trinken stärke uns, uns so zu sehen, wie wir sind und begeistere uns für das, was wir sind. Amen.« Das Weiterreichen des Weins kann mit einem guten, stärkenden Wunsch verbunden werden. Nach dem Lied »Lasst uns miteinander gehen« folgt ein Segenswunsch: »Gott segne und begleite uns auf unserem weiteren Weg, auf dem wir hoffentlich noch viel an uns und aneinander entdecken werden. Sie gebe uns Mut zum Hellen und Dunklen in unserem Leben.« Abschließend können noch einmal der »Hexentanz« getanzt und das »Hexenlied« gesungen werden.

Deutlich wird: In dieser Gemeinschaft von Feiernden geht es um das Frau-Sein. Gott will, so die Ansage, dass sich die Frauen jeweils als Frau neu entdecken. Mit der Hexe wird eine Figur eingeführt, welche die helle und die dunkle Seite verkörpert. Nimm dich so an, wie du bist, mit deinen Licht- und Schattenseiten, lautet das Credo. Das Evangelium wird als Befreiungsanstoß aus den traditionell auferlegten Zwängen und Rollen verstanden. Worte oder dezidierte Auslegungen der Bibel sind in dieser Feier nicht gegeben. Alles signalisiert den Ausbruch aus dem vorgegebenen traditionellen Gottesdienstgeschehen und aus dem tradierten Frauenbild. Der Raum wird liebevoll nach den eigenen Bedürfnissen umgestaltet. Der »Hexentanz« markiert die Befreiung aus der aufgezwungenen Domestizierung des Körpers im traditionellen Gottesdienst, in dem der Körper zumeist in eine Bank gezwängt wird und das Repertoire der Bewegungen festgelegt ist. Bei den Gesängen werden Melodien von Liedern aus der vom Aufbruch bewegten christlichen Liederszene übernommen, die umgedichteten Texte aber dienen der Ermutigung und der Stärkung des So-Seins der Frau. Von den traditionellen christologischen und pneumatologischen Glaubensinhalten wird bei der mit »Mahlfeier« überschriebenen Sequenz nichts übernommen; Wein und Reisspeisen stellen Mittel der Bekräftigung des eingeschlagenen Weges der Frauen dar. Durchgängig

---

[11] Auch hier wurde der Text leicht verändert: »Andere Lieder wollen wir singen, wir feiern das Fest der Befreiung. Und Gott führt uns in ein neues Land, die Träume werden wahr.« (a.a.O., 215).

wird die weibliche Form der Rede von Gott durchgehalten. Die Gestalt des Gottesdienstes und die Überzeugungen der feiernden Frauen bilden einen homogenen Organismus. Frauen, die sich in ihrer neuen Rolle bestärken oder sie finden wollen, haben hier zumindest temporär ihre Gottesdienstgestalt gefunden.

An den beiden Beispielen wird deutlich: Sobald die gewachsenen Formen verlassen bzw. abgewandelt werden, ist dies ein Reflex auf den veränderten Glauben der Feiernden gegenüber der Tradition. Wenn ich das hier sichtbar Werdende nun auf die Traditionsformen des Gottesdienstes übertrage, so heißt das: Gilt die Verknüpfung von gelebtem Glauben und Gottesdienstgestalt auch dort, so bilden die Traditionsformen des Gottesdienstes jeweils Organismen, in denen sich die geglaubten und verinnerlichten Inhalte der Glaubensgemeinschaft widerspiegeln.[12] Eine diesen Überlegungen Rechnung tragende These lautet dann: »Der Gottesdienst ist in seiner Tiefe nichts anderes als der Gestalt gewordene Glaubensausdruck der jeweiligen konfessionell, kongregationalisch oder wie auch immer zusammengesetzten Gemeinschaft, in dem sich diese immer wiederholend in dieser Glaubensausformung bestärkt bzw. sie bestärkt wird.«

4. SPUREN

Mit dem bisher Gesagten habe ich einige Spuren gelegt, die uns im Symposion weiter beschäftigen werden. Ich hebe besonders drei Dinge für unser Nachdenken, was hinter dem Drama Gottesdienst stecken bzw. was uns (jeweils) zu seiner Tiefendimension führen könnte, noch einmal heraus.

4.1

Zum einen mache ich den Blick auf die Differenzen stark. An der Differenz zeigt sich jeweils Spezifisches und Entscheidendes. Das soll nicht ausschließen, dass es auch ein Ergebnis des Symposions sein könnte, dass das Wesentliche etwas Gemeinsames ist. Die Identität der verschiedenen Gottesdienstfamilien hat aber immer auch etwas mit Differenz zu tun. So ist es beispielsweise lohnend, das Vorkommen der Bibel in der Liturgie und Verkündigung jeweils genau unter die Lupe zu nehmen. Bei dem Beispiel des Interreligiösen Gottesdienstes wird die Bibel gleichberechtigt auf eine Stufe mit dem Koran gestellt. Beide, Bibel und Koran, sind für die Feiernden Heilige Schriften, in denen sich Gott offenbart hat, und auf die sie hören. Bei der betrachteten Frauenliturgie spielen einzelne Texte oder Zitate aus der Bibel überhaupt keine Rolle. Hinter den hier leitenden Vorstellungen liegen bestenfalls Fragmente der Bibel, aus denen eine spezifische Befreiungsbotschaft herausge-

[12] Die traditionskontinuierlichen gottesdienstlichen Organismen weisen deshalb auch nur eine sehr eingeschränkte Flexibilität auf.

nommen wird. Eine Betrachtung des Gebrauchs der Bibel in den verschiedenen Gottesdienstgestalten, die wir hier erörtern, wird sicher auch erhellende Differenzen aufzeigen können.[13]

4.2
Zum zweiten mache ich mich für eine Pluralität der Herangehens- und Sichtweisen stark. Am Beispiel des Organismus, der von allen Seiten aus betrachtet und analysiert wird, wird plakativ deutlich, dass dieses komplexe Geschehen Gottesdienst ungeheuer vielschichtig ist und man mit einseitiger Methodik kaum an den Kern gelangt. Umgekehrt haben all die Betrachtungsweisen auch ihren Sinn und schaufeln Aspekte des Wesens der jeweiligen Gottesdienstfamilien frei. So könnte sich wie bei einem Mosaik ein Bild von der Tiefendimension des Gottesdienstes bzw. der Gottesdienste zusammensetzen.

4.3
Zum dritten lenke ich den Blick auf die leitenden Glaubensinhalte und ihre Verknüpfung mit dem, was in Liturgie und Verkündigung geschieht. Wir haben sowohl bei dem betrachteten Interreligiösen Gebet wie auch bei der Frauenliturgie die Beziehung zwischen den verinnerlichten Überzeugungen und den damit verknüpften Bedürfnissen mit der Feiergestalt gesehen. Auch wenn die verschiedenen Sonntagsgottesdienste der Kirchen dies aufgrund der Traditionsprägung nicht so direkt widerspiegeln können, lohnt es sich meines Erachtens doch, die Beziehung zwischen den die Glaubensinhalte leitenden biblisch theologischen Leitlinien und dem Gottesdienst genau anzuschauen. Bei der Frauenliturgie spiegelt der mit »Mahlfeier« überschriebene Teil klare inhaltliche Entscheidungen wider, die zur Folge haben, dass diese Feier mit der Eucharistie oder der Abendmahlsfeier der hier zu betrachtenden kirchlichen Liturgien außer dem Namen keine Verknüpfung hat. Es wird also lohnend sein, die leitenden theologischen und anthropologischen Inhalte, die hinter den verschiedenen Gottesdienstgestalten stehen, genau anzusehen.

---

[13] Thomas Melzl wird uns bei seinem Vortrag zu den biblischen Lesungen in den Gottesdiensten der verschiedenen Konfessionen eine Spur legen (s. unten121-165).

Die Tiefenstruktur des lutherischen Gottesdienstes und ihre Konsequenzen für die gegenwärtige lutherische Identität

Dargestellt am Beispiel der Evangelischen Messe nach Band I des VELKD-Agendenwerks von 1955

Klaus Raschzok

1. Die »umfassendste liturgische Restauration ... in der Geschichte des evangelischen Gottesdienstes in Deutschland« (Peter Cornehl 1985): Eine folgenreiche geistige Brandstiftung für die fachwissenschaftliche Wahrnehmung des VELKD-Agendenwerks

Peter Cornehl charakterisiert in seinem TRE-Artikel von 1985 das in den 1950er Jahren erarbeitete Agendenwerk der VELKD und der EKU als »die umfassendste liturgische Restauration, die es in der Geschichte des evangelischen Gottesdienstes in Deutschland je gegeben« habe. Dass es gelungen sei, »dieses monumentale Werk relativ störungsfrei durchzusetzen, lag an der einmaligen historischen Konstellation. Es entsprach dem Geschichtsbild vom doppelten ›Ertrag des Kirchenkampfes‹ (Schlink) in der Konzentration auf Gottesdienst und Bibel als Mitte des kirchlichen Lebens sowie der endgültigen Überwindung des Neuprotestantismus. Die ›Auflösung der alten gottesdienstlichen Formen‹ (Graff), für die man Aufklärung und Liberalismus verantwortlich machte, sollte mit dem neuen Agendenwerk ein Ende finden, das beanspruchte, Anstöße aus allen maßgeblichen theologischen Richtungen zu vereinen und selbst so unterschiedliche Positionen wie die von Barth und Stählin zu versöhnen [...] Vereinzelter Widerspruch [...] blieb ohne Wirkung, zumal die Kritiker keine überzeugende Alternative boten.«[1] Den Erfolg garan-

[1] Peter Cornehl, Art. »Gottesdienst VIII. Evangelischer Gottesdienst von der Reformation bis zur Gegenart«, in: TRE 14 (1985), 54-85,77.

tiert hätten die »Überlegenheit des liturgiegeschichtlichen Fachwissens (5 Bände *Leiturgia*), die Fundierung in der Gottesdiensttheologie Peter Brunners [...] und die Übereinstimmung mit der restaurativen Gesamttendenz des kirchlichen Wiederaufbaus [...] Man setzte formal nur fort, was im Kirchenkampf begonnen worden war und sich dort bewährt hatte. Aber im neuen gesellschaftlichen Kontext bekam das Werk eine andere Funktion.«[2] Ziel des Agendenwerks sei die Rekonstruktion einer einheitlichen, in sich geschlossenen Lebenswelt und damit die Wiedererrichtung von Kirche als gesellschaftlicher Ordnungsmacht gewesen, »um dem verunsicherten, politisch enttäuschten, durch Flucht oder wirtschaftlichen Zusammenbruch entwurzelten Menschen Dauer und Geborgenheit in unsicheren Zeiten zu verschaffen.«[3] Die von den für das Agendenwerk Verantwortlichen propagierte stärkere Vereinheitlichung des Ordinariums hätte sich demgegenüber als lediglich sekundäres Ziel erwiesen. Der Schwerpunkt wäre auf der Arbeit am Proprium und damit auf der »Festlegung und Kanonisierung der Themen und Stoffe, die im Gottesdienst zur Sprache kommen sollten, durch ein lückenloses *De tempore*« gelegen. »Was im Kirchenkampf ein notwendiger Abwehrakt zur Sicherung des eigenen Themas war, wurde nun zur Mauer um ein geistliches Reservat. Sprache und Liturgie wurden perfekt gegen jeden Einfluß der ›Welt‹ abgedichtet und dem gesellschaftlichen Wandel entnommen«.[4] Peter Cornehl verweist dazu insbesondere auf die Sprache der Gebete und Fürbitten von Band I des Agendenwerks.

»Die Kommunikationsstruktur des agendarischen Gottesdienstes entsprach dem Weltverständnis. Zwar wurden die Beteiligungsmöglichkeiten der Gemeinde durch die Einführung der reicheren dialogischen Liturgie formal erhöht, doch die Dominanz des geistlichen Amtes blieb erhalten. Die Gebetssprache erstarrte in altertümlichen Wendungen, jede Spontaneität wurde ausgeschaltet [...] Die generelle Einführung der Gregorianik führte zu einer musikalischen Entemotionalisierung. Die neue Einheitsliturgie klang ebenso affektfrei wie steril. Alles wurde auf die gehorsame Übernahme vorgegebener Autorität abgestellt. Einübung in die Tradition und Orthodoxie als Lebensstil waren gleichsam die Grundmuster gottesdienstlicher Sozialisation.«[5]

Im Blick auf das Kirchgangsverhalten sei von den Verantwortlichen eine neue Verbindlichkeit intendiert gewesen. »Regelmäßige Teilnahme am Gottesdienst der Gemeinde war das Leitbild. Nachdem in den ersten Nachkriegsjahren zunächst durchaus eine Steigerung des Gottesdienstbesuchs zu beobachten war [...], folgte eine Normalisierung. Es zeigte sich, dass die alten Muster volkskirchlicher Beteiligung sich durchgehalten hatten. Steigende soziale Mobilität und Verstädterung ließen die Zahlen der regelmäßigen Gottes-

[2] A.a.O., 77.
[3] A.a.O., 77f.
[4] A.a.O., 78.
[5] Ebd.

dienstbesucher weiter sinken [...] Der Versuch, durch Normenverschärfung die Intensität der Gottesdienstpraxis der Bekennenden Kirche auf die volkskirchliche Normalität zu übertragen, scheiterte. Vor allem die junge Generation entzog sich zunehmend einem Gottesdienst, in dem sie mit ihren Interessen und Anliegen nicht mehr vorkam.«[6] Begleitet sei die Einführung der Agenden »von hochgespannten Erwartungen« gewesen. »Doch das ganze Konzept erwies sich rasch als Fiktion. Inmitten einer offenen demokratischen Gesellschaft, mit der die Kirche vielfältig verflochten war, ließ sich eine in sich geschlossene konfessionelle Lebenswelt auf die Dauer nicht durchhalten. Sie war weder nötig noch möglich. Seit Anfang der sechziger Jahre begann eine erneute Öffnung. Die liberalen Kräfte regenerierten sich. Schritt für Schritt wurde die pluralistische Konstellation des neuzeitlichen Protestantismus wiederhergestellt.«[7]

Aus heutiger Sicht historisch problematisch erweisen sich einige wesentliche, von Peter Cornehl 1985 ins Feld geführte Argumente wie zum Beispiel die durch die Agendenwerke intendierte Fortsetzung des sogenannten Kirchenkampfes. Bei genauerer Betrachtung wird in den Agendenwerken lediglich eine von mehreren Aufbruchsbewegungen aus der Zeit des sogenannten Kirchenkampfes rezipiert. Konkurrierende gottesdienstliche Konzepte wie das von Hans Asmussen favorisierte spielen ebenso wenig eine Rolle wie das sog. Erlanger Modell um Paul Althaus, Georg Kempff und Hans Kreßel,[8] so dass präziser von der Kontingenz der kirchenamtlichen Adaption einer von mehreren gottesdienstlichen Aufbruchbewegungen aus der Zeit des Kirchenkampfes zu sprechen wäre. Auch hinsichtlich seines Vorwurfes einer Kanonisierung der Themen und Stoffe, die im Gottesdienst zur Sprache kommen sollten, übersieht Cornehl 1985 die komplexen Zusammenhänge in der Ausbildung des später mit den Agendenwerken verbundenen Perikopensystems, das aus der Reihe der beiden sogenannten altkirchlichen Episteln und Evangelien (propagiert von der Gruppe um Christhard Mahrenholz) wie der je der Aktualisierung bedürfenden vier Predigtreihen (entwickelt von Wilhelm Stählin und durch die VELKD-Gremien übernommen) besteht.[9]

Peter Cornehls Verdikt stellt gerade angesichts seiner fatalen praktisch-theologischen Wirkungsgeschichte aus heutiger Sicht eine unverantwortliche Form der »geistigen Brandstiftung« dar. Seine Urteile sind völlig subjektiv und hoch emotionalisiert, entbehren im Einzelnen zum Teil einer exakteren histo-

---

[6] Ebd.

[7] Ebd.

[8] Vgl. Klaus Raschzok, Trendsetter des Aufbruchs. Die »Frontkämpfer des Gottesdienstes«, in: Hanns Kerner (Hg.), Aufbrüche. Gottesdienst im Wandel, Leipzig 2010, 63-84 sowie neu abgedruckt in Klaus Raschzok, Traditionskontinuität und Erneuerung. Praktisch-theologische Einsichten zu Kirchenraum und Gottesdienst, hg. v. Hanns Kerner/Konrad Müller, Leipzig 2014, 195-216.

[9] Vgl. Klaus Raschzok, Zur Hermeneutik ausgewählter historischer Perikopensysteme des Protestantismus im 19. und frühen 20. Jahrhundert, in: JLH 52 (2013), 32-67.

rischen Grundlage und werden auch nicht näher begründet. Cornehls Verdikt führte dazu, dass die liturgiewissenschaftliche Beschäftigung mit dem VELKD-Agendenwerk Band I jenseits der aus dem Umkreis der Agenden-Akteure stammenden LEITURGIA-Beiträge weitestgehend unterblieb und die vorgenommenen Abqualifizierungen bis heute in der Pfarrerschaft über das praktisch-theologische Examensgrundwissen vermittelt nachwirken und tradiert werden. Das Urteil verstellt vor allem den Blick für die mit dem Agendenwerk verbundene hohe Leistung, die sicherlich ihre zeit- und kontextbedingten Grenzen besitzt, aber dennoch zu würdigen ist. Peter Cornehl missbraucht insbesondere den Begriff der Restauration, der in der bisherigen evangelischen Liturgiewissenschaft dazu benutzt wurde, um die gottesdienstliche Arbeit seit der Mitte des 19. Jahrhunderts sowohl im Bereich der Union (Preußische Agende) wie des neukonfessionellen Luthertums zu kennzeichnen und löst zudem nicht argumentativ ein, weshalb es sich bei den Agendenwerken der VELKD wie der EKU um die »größte liturgische Restauration« in der Geschichte des evangelischen Gottesdienstes handeln solle. Darüber hinaus sind die Agendenwerke der VELKD und der EKU ihrer Intention nach keinesfalls – wie von Cornehl behauptet – dazu angetreten, das Erbe der Aufklärung und des Liberalismus aufzulösen, sondern verstehen sich gerade dezidiert als liturgiehistorisch verantwortete Alternativen wie Weiterführungen gegenüber den sogenannten »Restaurationsagenden« des 19. Jahrhunderts.

2. Entstehung, Voraussetzung, Anliegen und Einordnung von Band I des VELKD-Agendenwerks von 1955

Nach intensiver, bereits in den letzten Jahren des Zweiten Weltkriegs einsetzender Vorarbeit durch die Liturgische Arbeitsgemeinschaft, die spätere Lutherische Liturgische Konferenz Deutschlands, wurde der Entwurf von Band I des lutherischen Agendenwerks am 17.11.1954 von der Generalsynode der VELKD nach längerem innerkirchlichen Beratungsprozess[10] als für die Gliedkirchen verbindliche Ordnung des Gottesdienstes an Sonn- und Feierta-

[10] Der Entwurf der VELK-Agende I wurde von 1951 an in drei Teilbänden zur Erprobung und Stellungnahme an alle Pfarrer und Gemeinden der Gliedkirchen der VELKD ausgegeben und die daraufhin eingegangenen über 6000 Einzeläußerungen wurden beraten, bewertet und etsprechend eingearbeitet, vgl. Frieder Schulz, Die Agendenreform in den evangelischen Kirchen, in: Martin Klöckener/Benedikt Kranemann (Hg.), Liturgiereformen. Historische Studien zu einem bleibenden Grundzug des christlichen Gottesdienstes, Teil II: Liturgiereformen seit der Mitte des 19. Jahrhunderts bis zur Gegenwart, LWQF 88 (2002), 1017-1050, 1025. Die Endfassung wurde 1954 von der Generalsynode angenommen und 1955 veröffentlicht. Berichtigungen und Besprechung der Stellungnahmen wurden 1953 und 1954 als Teil IV und V des Entwurfs publiziert.

gen angenommen. Es handelte sich dabei um den ersten Band eines groß angelegten Agendenwerks für die deutschen lutherischen Kirchen: Band II sollte die Gebetsgottesdienste, Band III die Kasualien, Band IV die Einführungs- und Einweihungshandlungen enthalten. Die parallel dazu erarbeitete Agende Band I für die Evangelische Kirche der Union wurde am 12.2.1959 durch die Synode der EKU beschlossen.

Die Liturgische Arbeitsgemeinschaft war aus der engen Kooperation zwischen der Lutherischen Liturgischen Konferenz Niedersachsens (Paul Graff, Christhard Mahrenholz, Karl-Ferdinand Müller) und dem Rheinischen Lutherischen Konvent der Bekennenden Kirche (Joachim Beckmann) entstanden. Christhard Mahrenholz, Joachim Beckmann und Peter Brunner arbeiteten in der Stille während des Zweiten Weltkriegs mittels des sogenannten Verfahrens der Liturgiegeschichtlichen Analyse an einer einheitlichen, die verschiedenen lokalen und regionalen Traditionen verbindenden Agende für lutherische Gemeinden.[11] Anders als etwa der Erlanger Kreis um Paul Althaus, Georg Kempff und Hans Kreßel, die eine gemeinsame Agende für eine zukünftige Reichskirche in Orientierung am bayerischen Agendenprozess des 19. Jahrhunderts planten, sollten nicht landeskirchliche Traditionen dabei leitend sein, sondern die historisch verantwortete Rekonstruktion einer gemeinsamen Gottesdienstordnung aus dem Geist reformatorischer Theologie. Den entscheidenden Schlüssel dazu und dafür, dass die Gruppe um Beckmann, Brunner und Mahrenholz sich nach 1945 auch kirchenamtlich durchsetzen konnte, bestand darin, dass sie mit der »Liturgiegeschichtlichen Analyse« über ein neues, dem Gespräch mit der zeitgenössischen römisch-katholischen Liturgiewissenschaft entlehntes »Zauberwort« verfügte, welches das bisher eher randständige Fach Liturgik auf das Niveau der zeitgenössischen historisch-kritischen Forschung hob und damit den exegetischen Disziplinen und der Kirchengeschichte forschungsmethodisch auf Augenhöhe an die Seite stellte. Mit dieser historisch-kritisch fundierten Argumentation ließen sich die parallelen, seit den 1920er Jahren entstandenen Aufbruchsbewegungen des evangelischen Gottesdienstes in Deutschland als nicht wissenschaftlich genug qualifiziert abweisen, weil sie aus Sicht der Liturgischen Arbeitsgemeinschaft lediglich dogmatisch, psychagogisch oder auch völkisch und in keiner Weise

---

[11] Vgl. Thomas Rheindorf, Liturgie und Kirchenpolitik. Die Liturgische Arbeitsgemeinschaft von 1941 bis 1944, APrTh 34 (2007). Zum Kontext vgl. auch Karl Ferdinand Müller, Die Agendenarbeit in den Landeskirchen der Evangelischen Kirchen Deutschlands von 1945-1956, in: JLH 3 (1957), 79-101, sowie Alfred Niebergall, Art. »Agende«, in TRE 1 (1978), 755-784 und TRE 2 (1987), 1-91. Zu Christhard Mahrenholz vgl. Hans-Christian Drömann, Christhard Mahrenholz (1900-1980), in: Benedikt Kranemann/Klaus Raschzok (Hg.), Gottesdienst als Feld theologischer Wissenschaft im 20. Jahrhundert. Deutschsprachige Liturgiewissenschaft in Einzelporträts, LWQF 98 (2011), 691-700.

angemessen liturgiehistorisch bestimmt waren.[12] Gerade im Nachkriegsdeutschland erschien ein solcher Rückgriff auf das wissenschaftlich scheinbar objektive historisch-kritische Vorgehen der Liturgiewissenschaft naheliegend und überzeugend, hatte sich doch das Fach Praktische Theologie im Gegensatz zu den historischen Disziplinen der Evangelischen Theologie während des sogenannten Dritten Reiches als eine für die NS-Ideologie äußerst anfällige akademische Disziplin erwiesen.[13]

Peter Brunner[14] ging in seinem wirkungsgeschichtlich entscheidenden, als Manuskript am 2. Dezember 1942 vorgelegten Text »Die Bedeutung der liturgiegeschichtlichen Analyse für die liturgische Arbeitsgemeinschaft« davon aus, dass die Bindung an Schrift und Bekenntnis nicht mehr wie bisher der einzige Maßstab für die liturgische Arbeit im Bereich lutherischer Gemeinden sein könne. Weitere für eine Gestaltung der Liturgie maßgebliche Kriterien und richtungweisende Gesichtspunkte wären darüber hinaus mittels der sog. liturgiegeschichtlichen Analyse zu erheben, da die Liturgie der Kirche ein lebendiges Gebilde darstelle, »das nicht ohne besondere Einwirkungen des heiligen Geistes gewachsen ist. Daher kommt den Traditionen auf liturgischem Gebiet ein besonderes Gewicht zu [...] Bestehen nämlich die liturgischen Traditionen ihre Überprüfung vor dem Richterstuhl der heiligen Schrift und des Bekenntnisses, dann dürfen wir in ihnen in der Regel Gebilde erblicken, die nicht ohne besondere Einwirkungen des heiligen Geistes der Kirche gegeben worden sind als Gefäße für die Darbringung ihres geistlichen Opfers.« Die Schwierigkeiten, die bei der Arbeit an einer gemeinsamen Gottesdienstordnung aus den verschiedenen lutherischen liturgischen Traditionen erwachsen würden, könnten »weithin überwunden werden, wenn wir gewillt sind, gerade die Tradition selbst entschlossen als Kriterium zu handhaben. Das bedeutet also, dass die verschiedenen örtlichen Traditionen, auch die Traditionen des 16. Jahrhunderts, in das Licht einer umfassenderen übergeordneten Tradition gestellt werden müssen. Mit anderen Worten: eine möglichst einheitliche Gestaltung der Liturgie lutherischer Kirchen und Gemeinden wird nur dann angebahnt werden können, wenn wir bereit sind, unsere verschiedenen liturgischen Gepflogenheiten an der Gesamttradition der christlichen Kirche zu prüfen.« Dies bedeute zunächst, in vielen Fällen die Traditionen der lutherischen Kirche hinter das 16. Jahrhundert zurück zu verfolgen und ihren Weg bis zu ihren Ursprüngen in der alten Kirche offen zu legen. »Unter liturgiegeschichtlicher Analyse verstehen wir eben diesen Ver-

---

[12] Vgl. Benedikt Kranemann/Klaus Raschzok, Deutschsprachige Liturgiewissenschaft des 20. Jahrhunderts in Einzelporträts. Einleitung, in Dies. (Hg.), Gottesdienst als Feld theologischer Wissenschaft (s. Anm. 11), 15-73.

[13] Vgl. die Beiträge in Klaus Raschzok (Hg.), Zwischen Volk und Bekenntnis. Praktische Theologie im Dritten Reich, Leipzig 2000.

[14] Vgl. Jörg Neijenhuis, Peter Brunner (1900-1981), in: Kranemann/Raschzok (Hg.), Gottesdienst als Feld theologischer Wissenschaft (s. Anm. 11), 219-235.

such, widersprechende liturgische Traditionen aus ihrer Wurzel heraus zu verstehen, um dadurch vielleicht den Widerspruch selber zu verstehen und zu lösen.« Die liturgiegeschichtliche Analyse war damit in der Lage, Kriterien für die praktische Entscheidung zwischen verschiedenen liturgischen Traditionen zu liefern. Sie diente dem Versuch einer weitestgehend einheitlichen Gestaltung der Liturgie und damit dem »Ziel einer möglichst großen Angleichung der liturgischen Ordnungen bekenntnisgebundener Kirchen«.[15]

Beachtet werden muss, dass die Liturgische Arbeitsgemeinschaft zunächst nichts weiter anstrebte als eine einheitliche Gestaltung der verschiedenenartigen gottesdienstlichen Traditionen lutherischer Kirchen. Im Rahmen einer Unionsagende sollten diese Ergebnisse auch in die dort ebenfalls geordnete Gestalt des Gottesdienstes für die Gemeinden lutherischen Bekenntnisses einfließen. Im Grunde wäre damit korrekt zu formulieren: VELKD-Agende Band I und eine EKU-Teilagende für die Unionsgemeinden lutherischen Bekenntnisses hätten im Grunde deckungsgleich herausgegeben werden können, nicht jedoch dagegen die Gesamtheit der in der EKU-Agende versammelten gottesdienstlichen Variationsmöglichkeiten für die verschiedenen Formen der Bekenntnisse innerhalb der Evangelischen Kirche der Union.

Das im Gefolge von Peter Brunners liturgiegeschichtlicher Analyse entstandene, den Entstehungsprozess der Agendenwerke begleitende, von Karl Ferdinand Müller und Walter Blankenburg herausgegebene fünfbändige Grundlagenwerk »LEITURGIA. Handbuch des evangelischen Gottesdienstes« verdeutlichte den hinter den Agendenwerken stehenden wissenschaftlichen Anspruch der Liturgiewissenschaft als einer ernst zu nehmenden akademischen theologischen Disziplin mit eigenständiger historisch-kritischer Fundierung. Es rekrutierte seine Mitarbeiter weitgehend aus dem Kreis der an der Erarbeitung beider Agendenwerke beteiligten Theologen und Kirchenmusiker, darunter eine beträchtliche Zahl an jüngeren, wie zum Beispiel Kurt Frör oder Bernhard Klaus an den Theologischen Fakultäten oder wie Walter Reindell an den Kirchenmusik(hoch)schulen tätigen Fachwissenschaftlern. Der 1954 erschienene Band I widmete sich der Geschichte und Lehre des evangelischen Gottesdienstes und enthielt die grundlegenden Beiträgen von Rudolf Stählin (damals Professor an der Augustana-Hochschule Neuendettelsau) zur »Geschichte des christlichen Gottesdienstes von der Urkirche bis zur Gegenwart«, von Peter Brunner (Ordinarius für Systematische Theologie in Heidelberg) »Zur Lehre vom Gottesdienst der im Namen Jesu versammelten Gemeinde«, von Gerhard Langmaack (Architekt und Mitglied der Evangelischen Michaelsbruderschaft) zum gottesdienstlichen Ort und Gerhard Kunze (Stadtsuperintendent in Hannover und späterer Rektor des Predigerseminars in Preetz) zur gottesdienstlichen Zeit. Band II erschien ein Jahr später 1955 und kommen-

[15] Peter Brunner, die Bedeutung der liturgiegeschichtlichen Analyse für die liturgische Arbeitsgemeinschaft. Manuskript vom 2. Dezember 1942, abgedruckt im Anhang bei Rheindorf, Liturgie und Kirchenpolitik (s. Anm. 11), 186f.

tierte Gestalt und Formen des evangelischen Gottesdienstes in gelehrten Einzelbeiträgen zum Ordinarium Missae (Karl Ferdinand Müller), zum Proprium Missae (Joachim Beckmann), zu den Lesungen (Gerhard Kunze), zur Geschichte der christlichen Predigt (Alfred Niebergall), zum Gemeindegebet (Hans-Ludwig Kulp), zum allgemeinen Kirchengebet (Otto Dietz), zu den Präfationen (Walter Reindell), zu den Rüstgebeten (Bernhard Klaus) sowie zu den Salutationen und Benediktionen (Kurt Frör). Band III erschien 1956 und widmete sich dem Predigtgottesdienst wie dem täglichen Gottesdienst, Band IV der Kirchenmusik und Band V den Kasualien.[16] Insgesamt begegnet in den Beiträgen ein neuer fachwissenschaftlicher Stil. Evangelische Liturgiewissenschaft präsentiert sich darin als ernst zu nehmende praktisch-theologische Teildisziplin, die auf eigenständiger historisch-kritischer Forschung gründet, Universitätsniveau erreicht hat und nicht mehr wie zuvor als eher zu belächelnde »Liturgik« von Spezialisten aus dem Pfarramt heraus betrieben wird. Sie gliedert sich in die drei Unterdisziplinen *Liturgietheologie* (repräsentiert durch Peter Brunners dogmatische Grundlegung), *Historische Liturgiewissenschaft* (vertreten durch die LEITURGIA-Autoren in ihren Einzelbeiträgen) und *Liturgische Theologie* (vertreten durch Christhard Mahrenholz mit seinen Agenden-Einführungen).

Hilfreich für den agendarischen Erneuerungsprozess erwies sich, dass Joachim Beckmann als führende Persönlichkeit der Agendenreform der Evangelischen Kirche der Altpreußischen Union nach ihrer Neukonstituierung 1922 ein deutlich gewandeltes Verständnis der Agenden vertrat, das vor dem Hintergrund des »Agendennotstandes« im sogenannten »Kirchenkampf« zu verstehen ist. Die Preußische Unionsagende von 1895 war veraltet und zudem nicht mehr erhältlich, da die Bestände aufgebraucht waren. Die Bekenntnissynode der Evangelischen Kirche der Altpreußischen Union erteilte daher am 12./13. Oktober 1940 in Leipzig den Brüderräten der rheinischen und westfälischen Bekenntnissynoden den Auftrag zur Agendenreform, welcher den Ausgangspunkt einer umfangreichen liturgischen Erneuerungstätigkeit darstellte, die Integration der Abendmahlsfeier in den sonntäglichen Gottesdienst befördern sollte und zur Gründung der Liturgischen Arbeitsgemeinschaft führte. Als geeigneter Partner für diese Erneuerungsarbeit bot sich die Liturgische Konferenz Niedersachsens an, deren Mitgliedschaft keinesfalls gebietsgebunden war und welche die wohl erfolgreichste liturgische Organisation in Deutschland in den 1930er Jahren darstellte. Ihre Organisationsstruktur konnte in die Liturgische Arbeitsgemeinschaft eingebracht werden. Die Kontaktaufnahme des Ausschusses für Liturgie der rheinischen Bekenntnissynode mit der Liturgischen Konferenz Niedersachsens erfolgte 1941. Das gemeinsame Ziel bestand zunächst darin, ein einheitliches, für evangelisch-lutherische Gemeinden in Deutschland durchführbares Ordinarium zu schaf-

[16] Vgl. Karl Ferdinand Müller/Walter Blankenburg (Hg.), Leiturgia. Handbuch des Evangelischen Gottesdienstes, 5 Bde., Kassel 1954ff.

fen. Damit handelte es sich um die Arbeit für eine binnenkonfessionelle Zielgruppe. Es ging um Gemeinden lutherischen Bekenntnisstandes und im Gegensatz zum sog. Erlanger Kreis nicht um den Gedanken einer einheitlichen, am lutherischen Modell orientierten Reichskirche im Sinne einer innerprotestantischen Ökumene. Ziel war lediglich die Anbahnung einheitlicher liturgischer Verhältnisse innerhalb der lutherischen Gemeinden Deutschlands jenseits der kirchlichen Zusammenschlüsse und Bünde.[17] In der Liturgischen Arbeitsgemeinschaft verbanden sich euphorische Aufbruchstimmung und wissenschaftlich gründliche Kenntnis der Liturgie zu einer neuen Einheit. Joachim Beckmann schuf mit kirchenoffizieller Rückendeckung eine lutherische Agende. Festzuhalten ist jedoch, dass es »zu keinem Zeitpunkt um die Gestaltung einer Unionsagende«[18] ging. Thomas Rheindorf charakterisiert in seiner fundierten archivalischen Studie zur Liturgischen Arbeitsgemeinschaft deren Arbeit als Versuch einer »Kontingenzbewältigung mit Hilfe der Rekonstruktion einer letztbegründbaren, damit festen und universell gültigen, die historische Stunde transzendierenden Formensprache des Gottesdienstes als Ort letztgültiger Vergewisserung.«[19]

Christhard Mahrenholz beschreibt 1957 im Rückblick das Verhältnis von VELKD- und EKU-Agende Band I. Die seit 1944 kriegsbedingt unterbrochene Arbeit der Liturgischen Konferenz Niedersachsens konnte erst 1947 wieder fortgesetzt werden. Sie widmete sich zunächst der Gestaltung des Kirchenjahres und des Hauptgottesdienstes und setzte dazu mit der Arbeit an der Frage der Schriftlesungen ein. Zudem konnte das Ziel der Arbeit gegenüber der Zeit vor 1944 präzisiert werden. »Man dachte an eine Agende für ev.-luth. Kirchen und Gemeinden, die quer durch die Landeskirchen hindurch in allen lutherischen Gemeinden in Gebrauch genommen würde.«[20] Dahinter stand die Idee einer Querverbindung lutherischer Gemeinden jenseits einer landeskirchlichen Vereinheitlichung, die durch eine Art von lutherischer »Privatagende« erfolgen sollte. Verbunden war damit die Hoffnung auf eine Übernahme der Arbeiten der Konferenz durch die Landeskirchen einschließlich der Kirchen der Union und eine zu erzielende einheitliche Agendengestaltung für alle lutherischen Gemeinden. Damit einher ging zudem ein Bruch mit der Tradition der bisherigen »landesherrlichen« Agenden hin zur konfessionellen Agende.

---

[17] Vgl. CHRISTINA FALKENROTH, Joachim Beckmann (1901-1987), in: KRANEMANN/RASCHZOK (Hg.), Gottesdienst als Feld theologischer Wissenschaft (s. Anm. 11), 171-181, sowie JOACHIM BECKMANN, Die Entstehung der Agenden der VELKD und der EKU, in: HEINZ BRUNOTTE/ERICH RUPPEL (Hg.), Gott ist am Werk. FS Hanns Lilje, Hamburg 1959, 304-312.

[18] RHEINDORF, Liturgie und Kirchenpolitik (s. Anm. 11), 99.

[19] A.a.O., 105.

[20] CHRISTHARD MAHRENHOLZ, Die Agende für evangelisch-lutherische Kirchen und Gemeinden, Bd. I, in: JLH 3 (1957), 1-32, 4.

Die VELKD übernahm die Vorarbeiten der (späteren) Lutherischen Liturgischen Konferenz offiziell. Etwas anders gelagert war die Situation in der EKU. Der Entwurf der Agende für die Ev. Kirche der altpreußischen Union, Teil 1, 1953 zeigte sich zwar den Gedanken einer möglichst weitgehenden gottesdienstlichen Gemeinsamkeit sehr aufgeschlossen und traf die Entscheidung für eine starke Annäherung an Agende I sowohl im Proprium wie im Ordinarium. Umgekehrt beeinflusste der EKU-Entwurf auch Agende I der VELKD bei der Endredaktion. Im Unterschied zur VELKD verfügte die EKU nach Mahrenholz jedoch über ein seit über einem Jahrhundert festgefügtes und für die Gliedkirchen und Gemeinden gemeinsames gottesdienstliches Ordinarium. Sie konnte sich anders als die lutherischen Kirchen auf diese vorhandene Gemeinsamkeit stützen und brauchte »bei der Umformung des Ordinariums nicht auf verschiedene gliedkirchliche Interessen Rücksicht zu nehmen.«[21] Mahrenholz meinte damit wohl die Form des Hauptgottesdienstes mit Predigt und Abendmahl in der Unionsagende. Demgegenüber brachten die einzelnen lutherischen Gliedkirchen der neu entstehenden VELKD eigene und unterschiedliche Formen des Hauptgottesdienstes ein, die einer Vereinheitlichung im Ordinarium bedurften. In der EKU suchte die Neuordnung des Gottesdienstes Möglichkeiten zu schaffen, den Gottesdienst innerhalb der Union in einer dem Bekenntnisstand der einzelnen Gemeinden entsprechenden Form zu halten.

Bei Christhard Mahrenholz wird in den Veröffentlichungen ab 1963 eine gegenüber seinen vorherigen Deutungen wichtige Verschiebung erkennbar. Ziel der Arbeit der Lutherischen Liturgischen Konferenz Deutschlands ist nun aus seiner Perspektive vor allem die gemeinsame Ordnung des Hauptgottesdienstes für die der VELKD wie der EKU zugehörigen evangelischen Kirchen in Deutschland. Die konfessionelle Identität wird dabei von Mahrenholz diesem Ziel nachgeordnet. So begründet er im Vorwort seines 1963 erschienenen »Kompendium der Liturgik des Hauptgottesdienstes« die Behandlung beider Agenden in einem Kompendium mit deren gemeinsamen Ausgangspunkt in der 1941 gegründeten Arbeitsgemeinschaft der Liturgischen Konferenzen Niedersachsens, Westfalens und des Rheinlandes zur Beratung des Kirchenbuches Band I der Rheinisch-Westfälischen Konferenz, 1948/49 im Druck erschienen, und danach nach 1948 die in Angriff genommene Agende für evang.-luth. Kirchen und Gemeinden, die auf dem Kirchenbuch aufbaue und 1951 in einem ersten Entwurf vorgelegen habe, der von der VELKD übernommen worden wäre und 1954 die vorliegende endgültige Fassung durch die VELKD erhalten hätte. Die EKU habe den Entwurf der Konferenz von 1951 genutzt, ihre Agende dann aber selbständig weiter bearbeitet, unter Berücksichtigung der VELKD-Agende Band I bis zur synodalen Beschlussfassung 1959. »Der erfreuliche Wille beider Kirchen, zu einer möglichst weitgehenden Gemeinsamkeit in der Ordnung des Hauptgottesdienstes zu kommen und die

---

[21] A.a.O., 5.

[...] Arbeitsverbundenheit [...] der Kirchen haben ein Ergebnis gezeigt«, das Mahrenholz im Bild von den »zwei verschiedenen Dialekten der gleichen Sprache«[22] beschreibt. Ziel war nun in der rückblickenden Wahrnehmungsperspektive von Mahrenholz die gemeinsame Ordnung des Hauptgottesdienstes. Beide Agenden verleugneten nach Mahrenholz dabei ihre Besonderheiten nicht, vor allem in der Gestaltung des Ordinariums. Bei der VELKD-Agende handele es sich um die erste gemeinsame Agende der VELKD, die Agenden von 10 Gliedkirchen ersetzt habe. Bei der EKU dagegen war mit der preußischen Agende eine seit fast 150 Jahren bestehende gemeinsame Gottesdienstordnung der Ausgangspunkt. Allerdings, und das wird von Mahrenholz unterschlagen, bestand dieser Ausgangspunkt bei der Union immer in Verbindung mit dem Prinzip der konfessionsspezifischen Zweigleisigkeit der Preußischen Agende, die sich in der Ausgabe von 1895 konsequent im 1) Ordinarium für mehr lutherisch orientierte Gemeinden und in der 2) »Anderen Form« für mehr reformiert orientierte Gemeinden niedergeschlagen hatte. Trotz ihrer Verschiedenheit sei »die Gemeinsamkeit beider Agenden infolge des gleichen Ausgangspunktes im Ordinarium (die Wittenberger bzw. die Brandenburg=Nürnberger Gestalt des reformatorischen Hauptgottesdienstes) und der durch die Lutherische Liturgische Konferenz herbeigeführten wesentlichen Übereinstimmung im Proprium so groß, daß ihre Beschreibung und Erklärung in dieser Darstellung auch gemeinsam geschehen konnte«,[23] argumentiert Mahrenholz 1963.

Beide Agenden hätten das Ziel, »für den übergreifenden Bereich mehrerer Gliedkirchen [...] den sonn- und festtäglichen Hauptgottesdienst einheitlich zu ordnen und bei diesem Werk untereinander auf möglichst weite Strecken zu gemeinsamen Regelungen zu kommen.«[24]

Beide gottesdienstlichen Ordnungen verfügten um der Eigenverantwortlichkeit des Pfarrers willen über eine gewisse »Schmiegsamkeit«.[25] Die gemeinsame Ordnung des Hauptgottesdienstes war nach Mahrenholz nicht aus vorhandenem liturgischen Material konstruiert, sondern habe »im Grundzug und in vielen Einzelstücken die Ordnung« geboten, »die die Kirche der lutherischen Reformation aus der vorreformatorischen Zeit übernommen hat.«[26] Damit stellte für Mahrenholz die lutherische gottesdienstliche Identität zugleich auch die bewusste Leit-Identität der Kirchen der Union dar. Auf diese Weise werde, so Mahrenholz, an der geschichtlichen Kontinuität des Gottesdienstes bei Luther angeknüpft. »Die lutherischen Reformatoren haben [...] mit

---

[22] Christhard Mahrenholz, Kompendium der Liturgik des Hauptgottesdienstes. Agende I für evangelisch-lutherische Kirchen und Gemeinden und Agende I für die Evnagelische Kirche der Union, Kassel 1963, 7.

[23] A.a.O., 8.

[24] A.a.O., 10.

[25] Vgl. a.a.O., 14.

[26] A.a.O., 16.

klaren Gründen abgelehnt, eine neue ›zeitgemäße‹ Gottesdienstordnung zu schaffen, vielmehr sich mit voller Absicht auf die Besserung des überkommenen christlichen Gottesdienstes beschränkt. So kommt im lutherischen Gottesdienst auch heute noch die kirchengeschichtliche und ökumenische Weite der Liturgie zur Geltung.«[27]

Die Tradition verbinde nach Mahrenholz die Gegenwart gottesdienstlich »mit der alten Kirche und der Ökumene«.[28] Eine Herauslösung aus der »noch vorhandenen Gemeinschaft der Kirchen auf dem Gebiete des gottesdienstlichen Lebens« dürfe nicht ohne Not erfolgen, auch wenn die Heilige Schrift dazu die erforderliche Freiheit gäbe. »Denn die Frage lautet für die lutherischen Kirchen nicht: Wie kann von den aus der Hl. Schrift entwickelten dogmatischen Grundsätzen her eine neue Gottesdienstordnung aufgebaut werden? sondern: In welchen Punkten widerspricht die durch die kirchliche Tradition überlieferte Gottesdienstordnung der Hl. Schrift oder ist ihr nicht angemessen?«[29] Die beiden Agenden I stellten damit »dem römischen abusus nicht den antiusus oder den non usus entgegen, sondern den rechten usus.« Sie könnten dies tun, »weil sie der Kraft der jedem Hauptgottesdienst unabdingbar zugehörigen Predigt vertrauen« und die Funktionen der Gemeinde in beiden Agenden eine Rückkehr zu einem unevangelischen Gottesdienstverständnis ausschließen«[30] würden. Mahrenholz spricht daher im Kompendium 1963 durchgängig vom »lutherischen Gottesdienst«, auch wenn er sich auf die Agende I der EKU bezieht.[31] Die Stücke des Gottesdienstes führten »die Traditionskette zur alten Kirche« hin und wären doch zugleich gegenwartsnah und aktuell. Mahrenholz sieht in diesem Geheimnis das Wirken des heiligen Geistes.[32] Die beiden Gottesdienstordnungen wären aus dem Verständnis (Martin Luthers) heraus gestaltet worden, dass Gottesdienst und Dogma, Liturgie und Theologie in einem unlösbaren Zusammenhang stünden. Bei beiden »wurde der reformatorische Gottesdienst in seiner traditionsgebundenen Verklammerung mit dem vorreformatorischen Gottesdienst des Abendlandes, aber auch in seiner nur der Reformation eigenen theologisch-liturgischen Ausprägung zum Ausgangspunkt genommen.«[33] Für Mahrenholz steht damit eindeutig fest, dass in der Erarbeitung der Form I der EKU-Agende die unierte und vor allem die stärker reformierte gottesdienstliche Tradition eine völlig untergeordnete Rolle spielte. In beiden Agenden sei jedoch zugleich eine Berücksichtigung dessen erfolgt, was die Restauration des 19. Jahrhunderts an Gutem hinzugetan hätte, ebenso das, was die heutige Theologie zum Gottesdienst zu sagen

---

[27] A.a.O., 17.
[28] Ebd.
[29] Ebd.
[30] Ebd.
[31] Vgl. z.B. a.a.O., 19.
[32] Vgl. a.a.O., 19f.
[33] A.a.O., 20.

hätte. Es sei keinesfalls eine Verabsolutierung der Ordnungen des 16. Jahrhunderts erfolgt. Beide Agenden hielten sich zudem für die liturgische Weiterentwicklung offen.[34] Auch an den folgenden Sätzen von Mahrenholz wird nochmals das Selbstverständnis deutlich, die EKU- und die VELKD-Agende I als Ausdruck des lutherischen liturgischen Propriums zu werten: »Die Agenden I [...] wollen [...] nicht den evangelischen Gottesdienst lutherischer Prägung als eine unabänderliche ›konfessionelle‹ Sonderform starr fixieren und damit gegenüber anderen Kirchen einen endgültigen Trennungsstrich ziehen. Sondern sie fixieren das ›lutherische liturgische Proprium‹, wie es unserer Ansicht nach der gegenwärtigen Fragestellung entspricht, und stellen es zugleich als Angebot und Frage an die anderen Konfessionen heraus.«[35]

Die entscheidende Leistung beider Agendenwerke bestand damit in der Befreiung des evangelischen Gottesdienstes lutherischer Prägung aus der Position der konfessionellen Sonderform und seiner Öffnung hin auf die anderen evangelischen Konfessionen, insbesondere die Union. Damit bahnte sich eine Brücke an, welche durch Frieder Schulz in den 1970er Jahren im Zusammenhang der Vorarbeiten zur Erneuerten Agende und später zum Evangelischen Gottesdienstbuch eine für beide Seiten begehbare Gestalt erhielt.

Viel zu wenig gewürdigt wird an der VELKD-Agende Band I zudem auch die kunsthandwerkliche und in hohem Maße für die damaligen Verhältnisse praxisgerechte Gestaltung der 1957 zwei Jahre nach der kleinen Ausgabe erschienenen großformatigen, in Leder gebundenen Altar-Ausgabe.[36] Diese bot ein vom liturgischen Vollzug her durchdachtes System des Agendenaufbaus und arbeitete mit Leder-Registern und farbigen Einlegebändern, die eine gute Handhabbarkeit der Agende im Gottesdienst ermöglichten und durch ihre anspruchsvolle Materialität im Gebrauch wie auf dem Altar liegend bis heute zu überzeugen vermochte.[37] Einband, Typographie und Noten der Altaragende waren vom renommierten Schriftkünstler Rudi Wagner[38] gestaltet worden. Die Altar-Agende bot die dem Liturgen zufallenden Texte mit Ausnahme der schon im Lektionar enthaltenen Schriftlesungen mit den zugehörigen Weisen im Großdruck. Die Texte der Gemeinde und des Chores sowie die Schriftlesungen wurden dagegen in kleinerer Schrifttype gesetzt, die Rubriken in rotem Druck

---

[34] Vgl. a.a.O., 20f.

[35] A.a.O., 21.

[36] Vgl. Agende für evangelisch-lutherische Kirchen und Gemeinden. Band I: Der Hauptgottesdienst mit Predigt und Heiligem Abendmahl und die sonstigen Predigt- und Abendmahlsgottesdienste, Berlin 1957 (Altar-Ausgabe).

[37] So liegt in unzähligen Kirchengemeinden der VELKD-Gliedkirchen bis heute die seit Ende der 1980er Jahre nicht mehr aktiv gottesdienstlich genutzte Altarausgabe von Band I der VELKD-Agende die ganze Woche über aufgeschlagen auf dem Altar und tritt an die Stelle der für die unierten Gemeinden typischen aufgeschlagenen Altar-Bibel.

[38] Vgl. Peter Poscharsky, Schrift und Bild, in: Ders. (Hg.), Gestalteter Glaube. Gesammelte Aufsätze aus der Christlichen Archäologie und Kunstgeschichte, hg. v. Klaus Raschzok, Leipzig 2014, 554-558.

hervorgehoben. »Die Anordnung der Altarausgabe ist so vorgenommen«, schreibt Christhard Mahrenholz, »dass das Ordinarium des Hauptgottesdienstes sich in der Mitte des Buches befindet; daran schließen sich die Ordnungen für den Karfreitags- und Bußtagsgottesdienst, die Abendmahlsfeier außerhalb des Hauptgottesdienstes und die Predigtgottesdienste an«. »Vor diesem Ordinarium, also am Anfang des Buches nach dem Kalendarium, steht das gesamte Proprium, hinter den Ordinarien die Predigtschlußgebete, die Allgemeinen Kirchengebete und die Gebete für den Predigtgottesdienst. Die Stellung der Ordinarien in der Mitte ist nicht etwa nur für das (den größten Teil der Zeit des Gottesdienstes an dieser Stelle aufgeschlagene) Buch das beste, sondern auch für den Liturgen die übersichtlichste und für das Blättern nach vorn zum Proprium oder nach hinten zu den Kirchengebeten die bequemste. Das Ordinarium ist auf stärkerem Papier gedruckt; die Seiten enthalten am Rande 7 an bestimmten Stellen eingeklebte Lederzungen, die den Anfang des Ordinariums und diejenigen Stellen kennzeichnen, bei denen man vom Proprium wieder zum Ordinarium zurückblättert (also: zum Credo, zur Präfation, zum Beschluss) oder die man innerhalb des Ordinariums schnell benötigt (Abendmahlsordnung A und B, Austeilung). Hier findet der tastende Finger, ohne dass der Liturg die Augen vom Text zu lösen braucht, die gewünschte richtige Seite. Für das Proprium, die Allgemeinen Kirchengebete und den Anhang sind 4 verschiedenfarbige Lesebänder angebracht. Die Altarausgabe bleibt in der Regel während des Gottesdienstes auf dem Altar liegen.«[39] Eine zusätzliche Kanzelagende ist für den Gebrauch auf der Kanzel bestimmt. Neben der Altarausgabe von Band I (1957) erschienen zuvor 1955 eine Ausgabe für den Pfarrer (Schreibtischausgabe mit allen Texten des Liturgen, der Gemeinde und des Chores mit Ausnahme der Liedtexte und der Lesungen einiger selten begangener Tage, außerdem die Weisen für die Stücke des Liturgen und der Gemeinde) wie eine gekürzte Fassung für die Gemeinde. Sämtliche Texte wurden damit in einer Schreibtischausgabe im Gesangbuchformat zusammengefasst sowohl zur Vorbereitung, zum Studium wie zur Orientierung der Gemeinde, aber auch für Alte und Kranke, welche den Gemeindegottesdienst nicht besuchen können.[40] Hinzu traten ein Kantionale (für den Chor) und ein Lektionar (für den Liturgen bzw. den Lektor am Lesepult) als Auszüge aus der Vollagende.[41]

Im Blick auf die Ausführung der einzelnen liturgischen Stücke wurde bewusst auf die sog. »schematische Einheitsliturgie für Dom und Dorf« verzich-

---

[39] Mahrenholz, Agende (s. Anm. 20), 30.

[40] Vgl. a.a.O., 29.

[41] Vgl. Kleines Lutherisches Kantionale. Eine Veröffentlichung der Lutherischen Liturgischen Konferenz Deutschlands, Bd. 1: Ausgewählte Stücke zum Ordinarium, Neuendettelsau 1950. Bd. 2: Stücke zum Proprium, Introiten (in Auswahl), Halleluja-Verse und Communio-Psalmen, Neuendettelsau 1951. – Lektionar für evangelisch-lutherische Kirchen und Gemeinden, hg. v. d. Kirchenleitung der VELKD, Berlin 1953.

tet, welche die Agenden des 19. Jahrhunderts geprägt hatte. Abwandlungen wurden nun lediglich davon abhängig gemacht, ob ein oder mehrere Amtsträger vorhanden waren oder ein liturgischer Chor zur Verfügung stand oder nur die Gemeinde singen konnte.[42] Bewusst verzichtet wurde dabei auf die in den Agenden des 19. Jahrhunderts übliche Möglichkeit einer Substitution des Chores durch den Liturgen. Der Chor selbst wurde nicht als »Kunstchor«, sondern als schlichter Gemeindechor im Sinne einer Ausgliederung aus der singenden Gemeinde verstanden. Eine weitere maßgebliche Entscheidung erfolgte sodann für den sog. »einfachen Sprechgesang« des Liturgen wie der Gemeinde. Dabei handelte es sich um eine »gebundene Form des Sprechens, die den laufenden Text an einen Rezitationston bindet und die Bewegung des Sprechtones an den Satzschlüssen und bei sonstigen Interpunktionszeichen in feste musikalische Intervalle faßt. Der ›unbestimmte‹ Sprechton der normalen Umgangssprache wird in der Tonhöhe fixiert und damit ›bestimmt‹ gemacht, ohne dass im übrigen die Grenze zwischen Sprechen und Singen zum ›Gesanglichen‹ und ›Melodiösen‹ im spezifischen Sinne überschritten würde.«[43] Ziel war die angemessene Anwendung des Sprechgesangsmodells auf den Text und keinesfalls die Musikalität seines Vortrags. Der Sprechgesang war für die Salutation, die Versikel, die Kollektengebete und das Allgemeines Kirchengebet vorgesehen. Der Schlusssegen sollte dabei in einem einfachen Tonmodell, die Präfation, die Einsetzungsworte und das Vaterunser dagegen nach einem etwas komplexeren Tonmodell durch den Liturgen vorgetragen werden.

3. Der Gottesdienst als Übungsweg des Glaubens

Bei der nun vorgenommenen exemplarischen liturgietheologischen Kommentierung der »Evangelischen Messe« nach Band I des VELKD-Agendenwerks von 1955 ist danach zu fragen, welche Theologie des Gottesdienstes sich auf der Ebene des gottesdienstlichen Vollzugs ausbildet und auf welchen geistlichen Weg die Feiernden geführt werden. Zu wenig wird dabei bisher in diesem Zusammenhang beachtet, dass die VELKD-Agende Band I die aus der reformatorischen gottesdienstlichen Tradition rekonstruierte Evangelische Messe als umfassendes Gebetshandeln der Feiernden neu interpretiert[44] und damit einen eigenständigen Akzent im Sinne einer Gebetsdramaturgie setzt. Der sonntägliche Gottesdienst wird als Übungsweg des Glaubens mittels eines differenzierten betenden Handelns aller Feiernden verstanden und akzentuiert.

---

[42] Vgl. Mahrenholz, Kompendium (s. Anm. 22), 31.

[43] A.a.O., 37.

[44] Karl-Heinrich Bieritz hat erstmals grundsätzlich auf dieses Phänomen aufmerksam gemacht, vgl. Karl-Heinrich Bieritz, Zeichen der Eröffnung, in: Ders., Zeichen setzen. Beiträge zu Gottesdienst und Predigt, PTHe 22 (1995), 42-106.

So finden wir in Band I der VELKD-Agende ein komplexes Ineinandergreifen des sorgfältig differenzierten betenden Handelns der Feiernden vor, das sich wechselseitig stützt und ergänzt. Die dem zugrunde liegende Agendendramaturgie kann als eine vom Wort Gottes her geordnete betende Dramaturgie verstanden werden. Verbunden wird diese elementare Gebetsdramaturgie mit einer sonn- bzw. festtäglich variierenden Einführung in die Fülle des kirchenjahresbezogenen christlichen Betens als ein nach reformatorischer Gottesdienstauffassung angemessenes Entsprechungshandeln der gottesdienstlich Versammelten zur Selbsthingabe Gottes in Jesus Christus im Wirken des Heiligen Geistes an den Feiernden. VELKD-Agende I ist daher in besonderer Weise als eine lutherische Gebetsagende zu verstehen, mit deren Hilfe der gottesdienstliche Messtypus im reformatorischen Sinne des Gott schuldigen Lob- und Dankopfers der Gemeinde neu interpretiert wird. Der Charakter einer Gebetsagende wird noch dadurch verstärkt, dass wie eine weitere Dimension die »stillen Gebete« des Liturgen wie der Gemeinde und die »vor- und nachbereitenden Gebete« des Liturgen und der weiteren Rollenträger des Gottesdienstes in der Sakristei hinzutreten, die ausführlich in der Agende Band I entfaltet werden. Hinzuweisen ist daher auf die Besonderheit der sowohl dem Liturgen wie der Gemeinde zugeordneten und in den Ausgaben der Agende als Vorschläge notierten »stillen Gebete« sowie der gemeinsam von den liturgischen Funktionsträgern in der Sakristei bzw. bei der Vorbereitung auf den Gottesdienst zu sprechenden »Pfarrgebete« in Gestalt kleiner Liturgien.[45]

Entscheidendes gottesdienstliches Subjekt ist die feiernde Gemeinde. VELKD-Agende Band I kennt eine konsequente Partizipation der Gemeinde am Feiergeschehen in Korrespondenz zu den übrigen liturgischen Funktions- bzw. Amtsträgern. So korrespondieren z.B. die Akklamationen und Responsen der Gemeinde bewusst auch musikalisch der Weise des Liturgen. Die Gemeinde gestaltet den Gottesdienst darüber hinaus eigenständig durch ihre gesungenen Lieder und liturgischen Stücke. Das Gegenüber von liturgischen Amtsträgern und Gemeinde ist immer ein ausgeglichenes und nicht ein einseitiges, selbst in der Predigt, auf welche die Gemeinde mit dem Predigtlied eigenständig antwortet. Auf diese Weise wird der Gottesdienst als ein durchgängiges

[45] Vgl. den Abschnitt »Pfarrgebete zum Gottesdienst« z.B. in der Ausgabe der VELKD-Agende Band I für den Pfarrer 374-390 mit »kleinen Liturgien« zur Bereitung auf den Gottesdienst, als Rüstgebete des Liturgen (zusammen mit den übrigen am liturgischen Dienst Beteiligten in der Sakristei zu sprechen), stillen Gebeten des Predigers vor der Predigt, auf der Kanzel, nach der Predigt auf der Kanzel und nach der Predigt in der Sakristei sowie dem stillen Dankgebet des Liturgen nach dem Gottesdienst und die diesen korrespondierenden Vorschläge für die stillen Gebete der Gemeinde in der Agende bzw. im Anhang zum Evangelischen Kirchengesangbuch die »Gebete zu den Gemeindegottesdiensten« mit den Anlässen »Zum Kirchgang«, »Zur Beichte«, »Zum Heiligen Abendmahl« oder zur »Stillen Andacht in der Kirche« (Vgl. Evangelisches Kirchengesangbuch. Ausgabe für die Evangelisch-Lutherische Kirche in Bayern von 1957, 640-651).

dialogisches Geschehen konzipiert, das konsequent dem Dialog mit dem göttlichen Gegenüber korrespondiert.

Verdeutlichen lässt sich dies am Beispiel der Salutatio: Bei ihr handelt es sich nicht um einen »Gruß« im Sinne von »Begrüßung«, sondern um einen wechselseitigen Segenswunsch, den der Leiter des Gottesdienstes der Gemeinde zuruft und den die Gemeinde dem Leiter zurückgibt. Deshalb wird die Salutatio auch überall dort in der Evangelischen Messe gebraucht, wo ein liturgischer Amtsträger als Einzelner hervortritt, etwa vor der Eingangskollekte, vor der Predigt, vor dem Präfationsgebet, vor der Austeilung des Abendmahls und vor dem Schlußgebet. Die unterschiedlichen Weisen der Salutatio sind je nach ihrem Ort im Gottesdienst ausgeführt. So wird zwischen »Der Herr sei mit euch«, »Der Friede des Herrn sei mit euch« und »Gnade sei mit euch« differenziert und es vollzieht sich auf diese Weise eine dem jeweiligen liturgischen Handeln an Altar oder Kanzel vorausgehende wechselseitige Fürbitte von Angesicht zu Angesicht.[46]

Nicht zu unterschätzen ist auch die hohe sprachschöpferische Leistung der Agende, insbesondere in den Gebetstexten wie in den liturgischen Texten. Diese sind in deutlicher Anlehnung an die gottesdienstliche Tradition sowohl der lateinischen Kirche wie der lutherischen Reformation gestaltet. Kollekten sind zum Teil auch aus dem lateinischen römischen Messbuch übersetzt. Damit vollzieht sich auf der Ebene des betenden gottesdienstlichen Handelns ein impliziter ökumenischer Dialog mit der vorkonziliaren katholischen Liturgiewissenschaft, die stark von der Liturgischen Bewegung bestimmt ist. Christhard Mahrenholz bietet mit seinen Einführungen in den Agenden-Ausgaben zugleich eine Frühform lutherischer liturgischer Theologie, die in stark elementarisierter Form Peter Brunners umfassende Gottesdiensttheologie auf die agendarischen Vollzüge hin transformiert und elementarisiert.[47]

Das aus der Lebensordnung der Vereinigten Evangelisch-Lutherischen Kirche Deutschlands den Agendenausgaben vorangestellte Zitat verdeutlicht die hier vorgestellte These einer betenden Dramaturgie als Kennzeichen des Evangelischen Gottesdienstes nach VELKD-Agende Band I: »Im Gottesdienst ist die Gemeinde auf Gottes Gebot und Verheißung versammelt, um in Wort und Sakrament der Gegenwart ihres Herrn gewiß zu werden. Wo das Wort Gottes lauter und rein verkündigt und die Sakramente gemäß dem Befehl Christi verwaltet werden, handelt der gegenwärtige Herr in seiner ganzen Gnade an uns. Da beruft, sammelt, erleuchtet, heiliget und erhält der Heilige Geist die Christenheit. Da bringt die Gemeinde getrost Bitte, Gebet, Fürbitte und Danksagung vor den Dreieinigen Gott und betet ihn an in seiner Herr-

---

[46] Vgl. MAHRENHOLZ, Kompendium (s. Anm. 22), 117.

[47] Vgl. meinen Versuch einer performativitätstheoretischen Rekonstruktion von Peter Brunners Gottesdiensttheologie: KLAUS RASCHZOK, Dramaturgie und Theologie im gottesdienstlichen Vollzug. Performativität als Akt der Verkörperung, in: LiKu 1 (2010), H. 2, 9-29, 27ff.

lichkeit. Sie lobt Gott in ihren Liedern und bringt ihm ihre Opfergaben dar. Dieses ganze vom Wort Gottes her geordnete Handeln nennt sie Liturgie. In ihrem Gottesdienst ist die Gemeinde über alle Trennungen hinweg verbunden mit der Christenheit aller Zeiten und an allen Orten und mit der Gemeinde vor Gottes Thron. Mitten in der Welt wartet sie auf das Kommen ihres Herrn.«[48]

Die Evangelische Messe wird auf diese Weise als dramaturgisches, betendes Feiergeschehen interpretiert. Alle liturgischen Amtsträger (und damit auch die Gemeinde) befinden sich in einem wechselseitigen, komplexen und hoch differenzierten betenden Kommunikationsmodus. Eine Gebetsdramaturgie um die Selbsthingabe Gottes in Jesus Christus im Gottesdienst wird damit entfaltet. Der gesamte Gottesdienst in allen seinen Teilen ist vom vielgestaltigen, jeweils in spezifischer Architektur gestaltetem, häufig einander korrespondierendem Gebetshandeln der liturgischen Funktionsträger einschließlich der Gemeinde durchdrungen, das eine durchgängige Reaktion auf die im Gottesdienst vorausgesetzte, durch Wort und Sakrament gewährleistete wie verheißene »dichte Präsenz Gottes« darstellt.

Der Aufbau der Evangelischen Messe nach Band I der VELKD-Agende (vgl. die folgende schematische Darstellung) orientiert sich am klassischen vorkonziliaren Schema der lateinischen Messe.[49] Die beiden Zentren Wortteil und Sakramentsteil werden von einem Eingangs- und einem Schlussteil gerahmt und das gesamte Feiergeschehen von einem Kranz an stillen Gebeten umgeben.

Der Hauptgottesdienst mit Predigt und heiligem Abendmahl (Die evangelische Messe) nach der Agende für evangelisch-lutherische Kirchen und Gemeinden. Erster Band (1955)

		Die stillen Gebete:

		P: Auf dem Weg und in der Sakristei
		G: Beim Einrichten des Platzes
I. Der Eingangsteil		
Orgelvorspiel		
Eingangslied		
[Rüstgebet]		*P: Beim ersten Gang zum Altar*

[48] So z.B. in der Ausgabe für den Pfarrer, 5*.

[49] Vgl. REINHARD MESSNER, Die Messe im römischen Ritus: Grundstrukturen und ihre Bedeutung, in: DERS., Einführung in die Liturgiewissenschaft, Paderborn u.a. 2001, 171-222. Christhard Mahrenholz weist in seiner Einführung zur VELKD-Agende Band I immer wieder darauf hin, dass die lutherische Kirche den seit den Tagen der alten Christenheit fest stehenden Aufbau des Gottesdienstes, den Ordo missae, übernommen hat.

Introitus		
Kyrie eleison		
Gloria in excelsis		
Kollektengebet mit Salutation		
II. Der Wortteil		
Epistel		
Halleluja		
Graduallied		
Evangelium mit Rahmung		
Credo (gesungen, i.d. Regel Nicaenum)		
Predigt		*P: Auf der Kanzel zu Beginn und am Ende der Predigt*
Kanzelgruß		
Gebet um Segen des Wortes		
Lesung Predigttext		
Votum		
Predigt		
Predigtschlussgebet		
Kanzelsegen		
Predigtlied		
Abkündigungen		
Dankopfer		
Allgemeines Kirchengebet		
III. Der Sakramentsteil		
Präfation mit Präfationsdialog		*P: Am Altar vor der Präfation*
Sanctus		
A	B	
Vaterunser	Abendmahlsgebet I	
Einsetzungsworte	Einsetzungsworte	
Austeilung mit Agnus	Abendmahlsgebet II	
	Vaterunser	
	Friedensgruß	
	Austeilung mit Agnus	*G: Vor der Kommunion und nach dem Empfang*
Danklied		*P: Bei der Eigenkommunion*
Schlusskollekte mit Versikel		*P: Vor der Schlusskollekte*

IV Der Schlussteil		
Entlassung (Benedicamus)		
Segen (Aaronitischer Segen)		
Orgelnachspiel		*P: Am Altar nach dem Segen*
		G: Am Platz nach dem Segen
		P: In der Sakristei zum Abschluss

In der liturgiewissenschaftlichen Forschung zu wenig beachtet wird bisher die präzise und knappe Kommentierung der Evangelischen Messe nach Band I der VELKD-Agende durch Christhard Mahrenholz, die aus heutiger Perspektive als Liturgische Theologie charakterisiert werden kann. Mahrenholz bietet in den Ausgaben der Agende für den Pfarrer wie für die Gemeinde eine eigenständige liturgietheologische Entfaltung, die konsequent auf den konkreten gottesdienstlichen Vollzug bezogen ist und zugleich die stringente Architektur der Agende Band I mit ihren Spiegelungen und symmetrischen Entsprechungen erkennen lässt. Insbesondere hebt Mahrenholz immer wieder neu dabei den grundlegenden Aspekt des gemeinsamen betenden Handelns hervor, welcher aus seiner Sicht die Agende Band I entscheidend bestimmt.

»Der Hauptgottesdienst an Sonn- und Feiertagen wird nach einer bestimmten Ordnung gehalten, welche Lieder, Gebete, Schriftlesungen, Wechselgrüße, das Glaubensbekenntnis, die Predigt und die Feier des Altarsakramentes in einer ganz bestimmten, festgelegten Reihenfolge umfasst. Diesen Aufbau des Gottesdienstes bezeichnet man als ›die Liturgie‹. Ein Teil der genannten Stücke kehrt in jedem Gottesdienst mit unverändertem Text und zumeist auch mit derselben Melodie wieder: wir nennen ihn das Ordinarium.«[50] »Die anderen Stücke wechseln allsonntäglich oder beschränken sich je nach den Zeiten des Kirchenjahres auf eine Reihe von Sonntagen: diese Stücke bezeichnen wir als das Proprium.«[51] Der vollständige Hauptgottesdienst ist der Gottesdienst mit Predigt und heiligem Abendmahl. Das Heilige Abendmahl ist »Stiftung Christi, durch die er sich leibhaft den Seinen schenkt«.[52] Die Predigt ist die lebendige Stimme des Evangeliums, »in dem Jesus Christus auch heute unter uns gegenwärtig ist«.[53]

---

[50] CHRISTHARD MAHRENHOLZ, Einführung zu: Der Hauptgottesdienst mit Predigt und heiligem Abendmahl (Die evangelische Messe), in: Agende für evangelisch-lutherische Kirchen und Gemeinden. Erster Band: Der Hauptgottesdienst mit Predigt und heiligem Abendmahl und die sonstigen Predigt- und Abendmahlsgottesdienste. Ausgabe für den Pfarrer, Berlin 1955, 41*-48*, 41*.

[51] Ebd.

[52] Ebd.

[53] Ebd.

Es gilt der Grundsatz des Wechsels der am gottesdienstlichen Handeln Beteiligten, dem Pfarrer[54] als Träger des kirchlichen Amtes und der Gemeinde als der Versammlung der Getauften. Jeder Getaufte ist zum priesterlichen Dienst des Lob- und Dankopfers aufgerufen. Die Ausübung dieses priesterlichen Dienstes erfolgt durch Beten, Singen und Danken mit Herzen, Mund und Händen. Auch Klingelbeutel und Beckenkollekte als Liebesopfer gehören hinzu. Durch seinen priesterlichen Dienst ehrt und preist der Christ den Dreieinigen Gott und wirkt mit bei der Verkündigung seines Wortes. Damit hat jedes Gemeindglied »ein unaufgebbares gottesdienstliches Amt zu versehen.«[55] Der Pfarrer ist der verantwortliche Leiter des Gottesdienstes. Er kann von mehreren Amtsträgern unterstützt werden, die einige seiner Funktionen wie z.B. Liturg, Prediger oder Lektor übernehmen. Die Gemeinde kann sich in »Chöre« teilen oder aus ihrer Mitte einen besonderen Chor bestellen, der sie bei bestimmten liturgischen Stücken vertritt und gelegentlich auch Stücke übernimmt, die dem Pfarrer zufallen.[56] Die der Gemeinde zukommenden Stücke des Gottesdienstes werden entweder von ihr allein oder von Gemeinde und Chor im Wechsel oder vom Chor stellvertretend für die Gemeinde gesungen.

Zu den Aufgaben der Gemeinde gehören die Lieder, die unmittelbare Beteiligung an manchen Stücken des Pfarrers, die Erwiderung der Wechselgrüße (Salutatio, Versikel) und die konsequente Beantwortung jedes einzelnen Gebetes und jedes Segenswunsches des Liturgen mit dem gesungenen oder gesprochenen »Amen«.

3.1 Eingangsteil

Am Anfang des Gottesdienstes steht »seit alter Zeit«[57] der Gesang eines Psalms, zumeist in Form einer Gemeindeliturgie ausgeführt. Zuvor singt der Chor, wo möglich, einen Psalm als Introitus. Chorintroitus bzw. Gemeindelied schließen mit dem Lobpreis des Dreieinigen Gottes. Das Rüstgebet vollzieht, was jeder Christ beim Betreten des Gotteshauses in der Stille für sich tut, gemeinsam vor der ganzen Gemeinde. Es ist Gebet um die rechte Bereitung für den Gottesdienst und mündet in das gemeinsame »Bekenntnis« des »Gott, sei mir Sünder gnädig.« Der Liturg nimmt diese (indirekte) Bitte auf in einem

---

[54] Christhard Mahrenholz geht 1955 noch konsequent davon aus, dass das geistliche Amt in seiner Vollform in den lutherischen Kirchen ausschließlich dem männlichen Geschlecht vorbehalten ist.

[55] MAHRENHOLZ, Einführung (s. Anm. 50), 42*.

[56] Vgl. ebd.

[57] Solche typischen Formulierungen begegnen durchgängig bei Christhard Mahrenholz, um eine häufig überhaupt nicht mögliche exakte historische Rekonstruktion archaisierend zu überdecken. Dieses Vorgehen, das sich in sämtlichen von Mahrenholz verantworteten Einführungen zu den Einzelbänden des VELKD-Agendenwerks findet, wäre einer eigenen Untersuchung wert.

»Gebetswunsch« um Sündenvergebung und um Gewährung der in Jesus Christus verheißenen Gnade der Gotteskindschaft.[58] Ein in sich zusammenhängendes, gegliedertes Eingangsgebet folgt und besteht aus dem Kyrie eleison, dem Gloria in excelsis und dem Kollektengebet im Sinne einer Vereinigung feststehender und wechselnder Gebetsstücke. Kyrie und Glorie sind inhaltlich gleich, das Kollektengebet ist allsonntäglich wechselnd angelegt. Das Kollektengebet gibt dem Eingangsgebet das bestimmte Gepräge des jeweiligen Sonn- oder Festtages. Mit dem Ruf des Kyrie eleison begrüßte in der alten Welt das Volk den einziehenden König. Mit gleichem Ruf wandten sich Hilfesuchende an Christus in dessen Erdentagen. »So stimmen auch wir zu Beginn des Eingangsgebetes in das Kyrie eleison ein als in die Bitte um Gottes Hilfe und Gottes Erbarmen in aller menschlichen Not.«[59]

Im Eingangsteil prägt ein deutliches Zurücktreten des Liturgen gegenüber der Gemeinde mit dem Chor das Geschehen. Der Liturg intoniert das Gloria und führt die Kollekte aus. Er tritt aber erst zum Gruß vor der Kollekte zum Altar. Im Eingangsteil tritt damit insgesamt der Altar als liturgischer Handlungsort zurück. Kanzel, Lesepult und Stand des Chores sind diejenigen Plätze, von denen aus die kirchlichen Amtsträger handeln. Lediglich die Kollekte und im Wortteil das Allgemeine Kirchengebet haben am Altar ihren Ort.

Das Kollektengebet folgt an den Sonntagen der Advents- und Fastenzeit. Sonst erfolgt die Weiterführung des Kyrie im Gloria in excelsis, beginnend mit dem Engelsgesang Lk 2,14 als überschwenglichem Lobpreis Gottes in der Anrufung Christi als dem die Sünden der Welt tragenden Gotteslamm, und mündet in den erneuten Lobgesang Gottes aus. Das gesamte betende Handeln im Eingangsteil des Gottesdienstes wird durch die Bitte um Gottes Erbarmen und den Dank für Gottes Erbarmen als seine beiden Pole bestimmt. Das Kollektengebet des Tages enthält drei immer wiederkehrende Teile, um von der Gemeinde leichter verstanden und mitgebetet werden zu können: Die Anrede, erweitert durch einen Nebensatz, der an die Heilstaten Gottes erinnert, die auf einen Gedanken beschränkte Bitte und den Beschluss, der das Gebetsanliegen dem hohenpriesterlichen Eintreten Christi befiehlt und die Gewissheit der Erhörung durch das Bekenntnis zur ewigen Herrschaft des Dreieinigen Gottes bezeugt. Voraus geht die Salutatio als »Heilsanwünschung«. Das Amen der Gemeinde schließt den Gebetsteil zum Eingang ab.[60]

3.2 Wortteil

Der Wortteil besteht aus Schriftlesung und Predigt, dazwischen Lieder und andere Lobgesänge. Schriftlesungen und Predigt bieten der Gemeinde an jedem Sonntag das apostolische Zeugnis in der Epistel, die in den Evangelien bezeugten Taten und Worte des Herrn Christus im Evangelium und das ge-

---

[58] Vgl. MAHRENHOLZ, Einführung (s. Anm. 50), 42*f.
[59] A.a.O., 43*.
[60] Vgl. a.a.O., 44*.

genwärtige Christuszeugnis im Wort der Predigt dar. Die Epistel wird mit dem österlichen Halleluja abgeschlossen. Das Graduallied ist das einzige für jeden Sonn- und Festtag des Kirchenjahres festliegende, alljährlich wiederkehrende Lied, zugleich Lied der Woche, zum Gebrauch in den Wochengottesdiensten und in der Hausandacht. Die Wochenlieder bringen die Kernlieder der reformatorischen Kirche im Ablauf des Jahres und enthalten vielfach Hinweise auf den Inhalt des Tagesevangeliums. »In diesen Liedern beteiligt sich die Gemeinde selbst an der Wortverkündigung; daher sind die Wochenlieder auch überwiegend ›Lehrlieder‹.«[61] Das Evangelium wird eingerahmt durch die von der Gemeinde gesungenen Lobpreisungen »Ehre sei dir, Herr« und »Lob sei dir, o Christe«. Das Credo ist »nicht nur ein Hauptstück des Katechismus, sondern auch ein Lobpreis Gottes (vor allem das Nizänische Glaubensbekenntnis, das eigentliche Credo des Hauptgottesdienstes) und sollte daher von der ganzen Gemeinde gesungen werden.«[62]

Der Wortteil wird vom klaren Wechsel zwischen Wortdarbietung und Gesang bestimmt: Auf die Epistel folgt das Graduallied, auf das Evangelium das Credolied, auf die Predigt das Predigtlied. Integriert in die Evangelische Messe ist hier der Pronaus, d.h. der spätmittelalterliche oberdeutscher Prädikantengottesdienst. Die Predigt ist »Bezeugung des göttlichen Wortes in der Kraft des Heiligen Geistes für die versammelte Gemeinde. Durch sie spricht Jesus Christus selbst zu uns wie in seinen Erdentagen, er warnt und straft, er stärkt und tröstet uns und gibt uns Anteil an den Gnadengaben, die er durch seinen Tod und seine Auferstehung für uns erworben hat. Die Gemeinde faßt ihr Amen zur Predigt zusammen in dem Predigtliede, das sich als Antwort auf die gehörte Wortverkündigung von dem Gradualliede mit seiner in der Regel objektiven Aussage unterscheidet.«[63] Bestimmend ist der dreigliedrige Aufbau des Wortteils mit 1) Epistel mit Halleluja und Graduallied, 2) Evangelium mit gesungenem Glaubensbekenntnis und 3) Predigt mit anschließendem gesungenem Predigtlied. Bei den sich anschließenden Abkündigungen und beim Dankopfer »üben die Kirchenvorsteher (Kirchenältesten) ihr gottesdienstliches Amt aus als Diakone im Sinne der Urgemeinde, also als die für das gottesdienstliche Liebesopfer Verantwortlichen.«[64]

Das Allgemeine Kirchengebet steht in einem engen Zusammenhang mit dem Präfationsgebet, das den Sakramentsteil eröffnet. Während das Präfationsgebet den Schwerpunkt des Lobpreises trägt, wird das Allgemeine Kirchengebet von der Fürbitte bestimmt. Vorgesehen ist eine zur Erleichterung des Mitbetens gegliederte Fürbitte in drei Abschnitten: 1) Fürbitte für die Kirche, 2) Fürbitte für die öffentliche Ordnung und 3) Fürbitte für die Notleidenden. »Mit diesem Fürbittengebet übt die Kirche einen stellvertretenden

---

[61] A.a.O., 45*.
[62] Ebd.
[63] A.a.O., 45*f.
[64] A.a.O., 46*.

Dienst. Wie sie in der Predigt auch die gottesferne Welt angesprochen hat, deren Ohr verschlossen und deren Herz verstockt ist so nimmt sie im Allgemeinen Kirchengebet die entscheidenden Anliegen dieser irdischen Welt und ihrer Ordnung auf; sie betet auch für die, die selbst nicht beten können.«[65] Möglich sind verschiedene Formen des Allgemeinen Kirchengebetes. Der Liturg kann die Fürbitten alleine sprechen, die Gemeinde nimmt sie mit ihrem Amen auf. Oder die Gemeinde nimmt die vom Lektor vorgetragenen Bitten mit einem »Herr erbarme dich« auf, und der Liturg spricht nach jedem Gebetsruf des Lektors ein Kollektengebet, zu dem die Gemeinde sich wiederum mit ihrem Amen bekennt.

Der Übergang vom Wortteil zum Sakramentsteil wird dadurch bestimmt, dass an der Nahtstelle das Allgemeine Kirchengebet steht. Es wird wie die anderen Gebete am Altar gesprochen. Der Übergang zu der mit der Präfation anhebenden Abendmahlsliturgie im engeren Sinne vollzieht sich dabei bewusst ohne Einschnitt. Beim Sakramentsteil sind jedoch die Türen zur Welt hin geschlossen. Das Vaterunser gehört in den Abendmahlsteil.[66]

3.3 Der Sakramentsteil

Beim Sakramentsteil steht der Altar als »Tisch des Herrn« im Mittelpunkt. In den Lobpreis des sogenannten Präfationsgebetes stimmt die Gemeinde mit dem »heilig, heilig, heilig« (Jes 6/Mt 21) ein. »Die Präfation, das große Dankgebet, macht mit dem ihm folgenden Sanctus in besonderer Weise die Tatsache deutlich, dass bei der Feier des Altarsakramentes – wie im Gottesdienst überhaupt – die neue Welt Gottes schon in diese Welt hineinragt. Der irdische Lobpreis der Gemeinde derer, die noch unterwegs sind, vereint sich hier mit dem himmlischen Lobpreis der Engel und der vollendeten Heiligen Gottes.«[67] Die Fortführung erfolgt entweder nach Form B oder A. Form B lehnt sich an die Ordnung der alten Kirche an. Der Sakramentsteil wird davon bestimmt, dass anstelle der Vielzahl der Amtsträger nur der Liturg als Hausvater agiert, der die Mahlgemeinschaft der Gläubigen leitet und die Tischliturgie hält. Der Chor hat hier nicht eigenständige, sondern vorwiegend begleitende Aufgaben. Die Präfation dient der Commemoratio und dem Lobpreis. Das Wort wird mir gebracht, zum Tisch des Herrn dagegen muss ich gehen, so Mahrenholz. Daher erfolgt ein bewusster Gang der Gemeinde zum Altar. Form B wird dadurch bestimmt, dass das Präfationsgebet in die Bitte an Gott ausmündet, dass er durch den Heiligen Geist uns an Leib und Seele erneuern möge, damit wir die Gabe des Sakramentes recht empfangen. Die Einsetzungsworte besitzen damit die Doppelbedeutung als Verkündigung des Testamentes Christi wie als Segnung der Heiligen Speise. Das Gebet wird nach dem Gedenken an Christi Tod Auferstehung und Himmelfahrt und nach der Bitte um das Kommen des Rei-

---

[65] Ebd.

[66] Vgl. Mahrenholz, Kompendium (s. Anm. 22), 77ff.

[67] Mahrenholz, Einführung (s. Anm. 50), 47*.

ches mit einem feierlichen Lobpreis der Dreieinigkeit Gottes abgeschlossen. Das Vaterunser als Tischgebet und der Friedensgruß leiten die Austeilung ein.[68]

Form A folgt der Ordnung Martin Luthers. Nach der Präfation und dem Sanctus wird das Vaterunser gebetet. Dessen zweite Bitte (dein Reich komme), vierte Bitte (tägliches Brot) und fünfte Bitte (vergib uns unsere Schuld) stehen in einer besonderen Beziehung zum Abendmahl. Einsetzungsworte und Austeilung folgen. Damit stehen Stiftungsworte und Spendung unmittelbar zusammen. Das Christe, du Lamm Gottes schließt sich sowohl bei Form A wie bei Form B zu Beginn der Austeilung an. Dabei schließen die »Gemeindeglieder, die nicht zum heiligen Abendmahl gehen, [...] durch ihr Gebet den Kreis der Abendmahlsgäste in einen Ring der Fürbitte ein und preisen mit den Kommunikanten in den Abendmahlsliedern den im Sakrament gegenwärtigen Herrn«.[69] Zum Beschluss der Austeilung singt die Gemeinde ein Danklied.

3.4 Der Schlußteil

»Der Gottesdienst geht jetzt in schlichter Form dem Abschluß zu.«[70] Wechselgruß, Versikel und Schlusskollekte gehen voraus. In der Schlusskollekte »dankt die Gemeinde zunächst für die ›heilsame Gabe‹, die ihr im Sakrament geschenkt ist. Dann bittet sie – in Sätzen, die nach dem Kirchenjahr wechseln – darum, dass Gott seine Gabe in unserem Glauben und Leben fruchtbar werden lasse.«[71] Die Schlusskollekten zeigen nichts mehr vom Jubel der Abendmahlspsalmen und -lieder, »sondern reden in einer verhaltenen Sprache: was die Gemeinde im Sakrament empfangen hat, kann durch große Worte nicht noch überhöht werden.«[72] Friedenswunsch, Lobpreis der Gemeinde und Aaronitischer Segen schließen sich an. Die Gemeinde verlässt nach einem stillen Gebet das Gotteshaus. Wie am Anfang spielt auch am Schluss die Orgel zu Gottes Lob und Preis.

Deutlich wird, wie sich bei Mahrenholz ein neues Verständnis vom Aufbau des Gottesdienstes zeigt. Liturgie ist für ihn »nicht mehr [...] eine Aneinanderreihung fossiler Reste einer heute nicht mehr deutbaren Ordnung«[73], sondern entfaltet nun klar ihren Sinn.

Im Ablauf der Evangelischen Messe treten stilles Gebet und laut gesprochenes Gebet, freies (nicht im Wortlaut vorgeprägtes) Gebet und formuliertes Gebet, Gebet des einzelnen Gemeindegliedes und Gebet des Pfarrers »in eine feste, untrennbare äußere und innere Verklammerung und verbinden die

---

68 Vgl. ebd.

69 A.a.O., 48*.

70 Ebd.

71 Ebd.

72 Ebd.

73 Mahrenholz, Kompendium (s. Anm. 22), 58.

polaren Möglichkeiten des gottesdienstlichen Gebetes zu einer Einheit«.[74] Jede einzelne Gebetsart bringt dabei »jeweils nur einen bestimmten Ausschnitt aus dem Gesamtkomplex des gottesdienstlichen Gebetes«[75] zum Ausdruck, so dass von einer Beschränkung jedes einzelnen Gebetes auf einen klar inhaltlich und formal begrenzten Bezirk gesprochen werden kann. Der sonntägliche Gottesdienst in Gestalt der Evangelischen Messe lässt sich mit seiner betenden Dramaturgie als ein wöchentlicher Übungsweg des Gebetes in seiner Fülle verstehen, der die feiernde Gemeinde und die übrigen liturgischen Funktionsträger mit den verschiedenen Modi des Betens (vgl. die schematische Übersicht) vertraut macht und diese stellvertretend für den Lebensgottesdienst des Christen sonntäglich einübt.

Die verschiedenen Modi des Betens der liturgischen Funktionsträger in der Evangelischen Messe von 1955:

Vor- und nachbereitendes Beten	Stille Gebete des Pfarrers und der Gemeinde Rüstgebet
Biblisches Beten	Introitus (Psalmen)
Lobpreisendes (hymnisches) Beten	Kyrie und Gloria Credo
Heilsgeschichtliches Beten	Kollektengebet
Schrift- und verkündigungsbezogenes Beten	Gebete im Zusammenhang der Schriftlesungen und der Predigt
Interzessorisches Beten	Allgemeines Kirchengebet
Eucharistisches Beten	Epiklese, Anamnese, Einsetzungsworte, Vaterunser
Choralbezogenes Beten	Gemeindelieder mit Gebetscharakter
Fürbittendes Beten von Angesicht zu Angesicht	Salutationen, Präfationsdialog, Amen der Gemeinde

[74] A.a.O., 84.
[75] A.a.O., 96.

4. Wirkungsgeschichte und Grenzen des lutherischen Agendenmodells einer »Evangelischen Messe«

VELKD-Agende Band I bot paradoxerweise eine Fülle von »Einfallstoren« für Umdeutungen und Veränderungen, trotz oder gerade wegen ihrer gesetzlich anmutenden Gestalt, vor allem in den der Agende vorangestellten »Anweisungen zum Gebrauch«, die ein hoch komplexes und anspruchsvolles Regelwerk bieten, das leicht als kaum mehr handhabbare, lediglich Unterordnung unter die agendarischen Vorschriften fordernde Überdeterminierung des Gottesdienstgeschehens missverstanden werden konnte. Zu diesen im Praxisvollzug erfolgten Uminterpretationen gehörten die Nutzung der Agende Band I als Ein-Mann-Leseagende (ohne angemessene Vorbereitung), deren eigenmächtige Ergänzung durch Elemente aus den Agenden des 19. Jahrhunderts wie Einleitungen (z.B. beim Credo), Bibelsprüche usw., durch den Wegfall bzw. die Kürzung des Abendmahlsteils aus Zeitgründen oder aus Angst vor einer »Romanisierung« des Gottesdienstes oder durch den Ersatz des (nicht vorhandenen) Chores durch den Liturgen sowie durch einen subjektiven und nicht regelgerechten Liedgebrauch.

Die konsequente geistlich-theologische Klarheit und Geschlossenheit von Band I des Agendenwerks forderte von den Ausführenden, insbesondere der Pfarrerschaft, eine hohe Disziplin wie Askese und stellte nicht mehr ein individuell zu füllendes Handlungsfeld für den Einzelnen dar, der seine spezifischen Vorlieben gottesdienstlich auszuagieren vermag. Hinzu trat eine hingebungsvolle Pflege durch gesetzliche »Liturgiker« aus der Pfarrerschaft. Verrechtlichung und Verkomplizierung machten sich aber auch in den späteren Einführungen bei Christhard Mahrenholz selbst bemerkbar.[76]

Walther Lührs betonte 1991 als Vorsitzender des Liturgischen Ausschusses der VELKD, dass die Agende I 1955 zwanzig Jahre zu spät gekommen sei. In ihrer Sprache und in ihrem Duktus entspreche sie eigentlich dem Stand der Vorkriegszeit. Bei der Einführung wäre das kirchliche und theologische Umfeld ungenügend vorbereitet gewesen. Hinzu sei ein ungeschicktes kirchenpolitisches Verfahren der Einführung getreten. Der typische Stil der Agende mit ihrem »Hang zur Perfektion in den Rubriken« wäre in der Pfarrerschaft durchgängig abgelehnt worden. Agende Band I verfüge über eine nur geringe

---

[76] Vgl. die umfangreichen, von ihrer Anlage her gesetzlich wirkenden detaillierten Anweisungen zum Gebrauch der Agende: Agende für evangelisch-lutherische Kirchen und Gemeinden. Band I: Der Hauptgottesdienst mit Predigt und Heiligem Abendmahl und die sonstigen Predigt- und Abendmahlsgottesdienste, Berlin 1957 (Altar-Ausgabe). Anweisungen zum Gebrauch der Agende I: 13-22. Agende für evangelisch-lutherische Kirchen und Gemeinden. Erster Band: Der Hauptgottesdienst mit Predigt und heiligem Abendmahl und die sonstigen Predigt- und Abendmahlsgottesdienste. Ausgabe für den Pfarrer, Berlin 1955. Anweisungen zum Gebrauch der Agende I: 11*-21*.

sammelnde Kraft. Die Sprache der Gebete wäre schon 1954 veraltet gewesen, da in den Gebeten vor allem die »Themen der Welt« gefehlt hätten. Die liturgischen Formen der Agende wurden insgesamt als zu starr empfunden. Sie boten in den Augen der Pfarrerschaft wie der Gemeinde nur wenig Raum für Spontaneität und Kreativität, die ab Mitte der 1960er Jahre die Gottesdienste in neuer Gestalt bestimmt hätten. Hinzu trat nach Walter Lührs die schlechte liturgische Ausbildung der Pfarrerschaft der Gliedkirchen der VELKD, die zu einem falschen, starren und ungekonnten Gebrauch der Agende in der gottesdienstlichen Praxis geführt hätte.[77]

Die Grenze des Modells einer Evangelischen Messe besteht aber auch darin, dass sie nicht die eine absolute Form des lutherischen Gottesdienstes sein darf. Neben sie müssen gleichberechtigt die beiden anderen je auf ihre Weise traditionskontinuierlichen Grundformen des evangelisch-lutherischen Gottesdienstes treten: Der stärker verkündigungsbezogene Predigtgottesdienstes und der »andere« Gottesdienst in der Tradition des Tagzeitengebetes und des Hausgottesdienstes für die im Glauben Fortgeschrittenen und damit religiös hoch Engagierten.[78]

5. Der Beitrag von Band I des VELKD-Agendenwerks zu einer lutherischen liturgischen Identität und die Differenz zum Evangelischen Gottesdienstbuch von 1999

Die Bischofskonferenz der VELKD hatte 2014 ein von den Vorsitzenden des Theologischen wie des Liturgischen Ausschusses und dem Leiter des Liturgiewissenschaftlichen Instituts der VELKD bei der Universität Leipzig verfasstes Thesenpapier zur Klärung der lutherischen liturgischen Identität in Auftrag gegeben. Der von Christine Axt-Piscalar, Alexander Deeg, Christine Jahn und Klaus Raschzok gemeinsam verfasste Text beschreibt die Eigenständigkeit einer konfessionellen lutherischen liturgischen Identität aus dogmatischer wie kulturwissenschaftlicher Perspektive und benennt insbesondere die Traditionskontinuität als Kennzeichen lutherischer liturgischer Identität, die sich vor allem im Festhalten am Modell der Messe als Grundform des lutherischen Gottesdienstes artikuliert. In diesem Sinne hatte die Generalsynode der VELKD bei der Einführung des Evangelischen Gottesdienstbuches von 1999 auch die Grundform I des Evangelischen Gottesdienstbuches (Gottesdienst mit

---

[77] Vgl. Walther Lührs, Von der Agende I zur Erneuerten Agende, in: Werner Reich/Joachim Stalmann (Hg.), Gemeinde hält Gottesdienst. Anmerkungen zur Erneuerten Agende, Leiturgia N.F. 1 (1991), 21-28.

[78] Vgl. Klaus Raschzok, Traditionskontinuierlicher Gottesdienst. Zum Verhältnis von Tradition und Erneuerung in der evangelischen Kirche, in: Ders., Traditionskontinuität und Erneuerung (s. Anm. 8), 11-42.

Predigt und Abendmahl) dezidiert zur Normalform des Gottesdienstes am Sonntagmorgen für ihre Gliedkirchen bestimmt.[79] Insofern leistet Band I des VELKD-Agendenwerks auch heute noch einen entscheidenden Beitrag zur lutherischen liturgischen Identität, der über das Evangelische Gottesdienstbuch zu stark in Vergessenheit zu geraten drohte. Band I der VELKD-Agende in der Fassung von 1955 stellt einen konsequenten Versuch dar, im Umgang mit der Messe im Kontext der Tradition der westlichen sog. lateinischen Liturgiefamilien eigenständige konfessionelle Schwerpunkte zu setzen, diese sachgerecht fortzuführen und mit den Worten von Christhard Mahrenholz dem römischen abusus den rechten usus der Messe gegenüberzustellen. Ein angemessenes Verständnis von Band I des VELKD-Agendenwerks ist jedoch erst aus der gegenwärtigen Perspektive eines performativitätstheoretischen Gottesdienstverständnisses heraus möglich. Die performativitätstheoretische gottesdienstliche Perspektive geht von einer konsequenten Fortführung der in VELKD-Agende I einsetzenden Linie der Gemeinde als gottesdienstlichem Subjekt aus. Die Feiernden bringen ihre Lebenswelt korporal in das gottesdienstliche Geschehen mit ein, im Sinne der Juxtaposition nach Gordon W. Lathrop.[80] Die gottesdienstliche Gemeinde muss damit nicht bereits in den Texten des Gottesdienstes als »Beheimatung« untergebracht sein. Stattdessen sind die biblisch wie geistlich fundierten liturgischen Texte auf die durch die Feiernden eingebrachte Lebenswelt hin offen und ermöglichen im Zusammenspiel mit ihnen eine je aktuelle und ereignishaft sich vollziehende gemeinsame Sinnproduktion.

Die Differenz zum evangelischen Gottesdienstbuch[81] von 1999 besteht darin, dass zwar auch die VELKD-Agende Band I liturgiewissenschaftliche Professionalität voraussetzte (und nicht erstmals das Evangelische Gottesdienstbuch), im Gegensatz zum Evangelischen Gottesdienstbuch aber kein gottesdienstliches Werkbuch darstellte, sondern dem Liturgen und den weiteren liturgischen Rollenträgern durch die ihnen entsprechenden Rollenbücher das für die Feier des Gottesdienstes erforderliche vollständige Gestaltungsmaterial anbot. Bereits im Jahr 1965 hatte die Generalsynode der VELKD aufgrund der Kritik an Band I des Agendenwerks den Auftrag zur Agendenrevision erteilt und Grundsätze für die Weiterarbeit an der Agende verabschiedet.[82] Die darauf aufbauende, 1974 erschienene Denkschrift »Versammelte Gemeinde« (Das sog. Strukturpapier) der Lutherischen Liturgischen Konferenz artiku-

---

[79] Vgl. Evangelisch-Lutherische Liturgische Identität. Ansätze zu ihrer Bestimmung und Konsequenzen aus ihrer Formulierung. Thesenpapier, erarbeitet (von Christine Axt-Piscalar, Alexander Deeg, Christine Jahn und Klaus Raschzok) im Auftrag der Bischofskonferenz der VELKD, in: Texte aus der VELKD Nr. 169, Januar 2014, 2-18.

[80] Vgl. Gordon W. Lathrop, Was ist Liturgische Theologie?, in: LiKu 6 (2015) H. 2, 10-21.

[81] Vgl. Helmut Schwier, Die Erneuerung der Agende. Zur Entstehung und Konzeption des »Evangelischen Gottesdienstbuches«, Leiturgia N.F. 3 (2000).

[82] Vgl. Grundsätze für die Weiterarbeit an der Agende, in: LM 6 (1968), 290-293.

lierte auf der einen Seite Kritik an der unelastischen Starrheit des Gottesdienstes nach der Agende, »der den Fragen und Bedürfnissen des Menschen der Gegenwart im Panzer einer hochstilisierten Liturgie« gegenübertrete, und warnte jedoch auf der anderen Seite vor einer willkürlichen Auflösung der gottesdienstlichen Ordnung und drängte daher weiterhin auf eine verbindliche und wiederholbare Gestalt des Gottesdienstes. Gottesdienst wurde im Strukturpapier als immer wieder neu zu bewältigende Gestaltungsaufgabe und nicht als mechanisch ablaufendes Programm verstanden. Beschrieben werden sollte, was im Gottesdienst geschieht. Leitender Gesichtspunkt war dabei die postulierte Gliederung des Gottesdienstes in eine Grundstruktur auf dem Hintergrund des Gedankens eines natürlichen Gottesdienstgefüges. Den evangelischen Gottesdienst sollte zukünftig eine feste Grundstruktur wie eine variable Ausformung (Ausformungsvarianten) bestimmen, die mit Eröffnung, Anrufung, Verkündigung und Bekenntnis, Abendmahl und Sendung überschrieben wurde.[83] Durch das »Strukturpapier« und in seinem Gefolge durch die Erneuerte Agende wie schließlich durch das Evangelische Gottesdienstbuch von 1999 wird jedoch der hier beschriebenen Gebetsdramaturgie der VELKD-Agende Band I eine veränderte Logik unterlegt, die diese massiv beeinträchtigt, und insbesondere dem Gottesdienst eine lineare Handlung unterstellt, die eine Dominanz der Handlungsorientierung des Gottesdienstes zur Folge hat und den Gottesdienst stärker als Weggeschehen und Verhaltensorientierung denn als differenziert betendes Handeln der Feiernden beschreiben lässt.

1981 erschien im Lutherischen Verlagshaus Hannover der Band »Agende für evangelisch-lutherische Kirchen und Gemeinden. Erster Band. Teilabdruck – Übergangsausgabe. Die feststehenden Stücke des Gottesdienstes (Das Ordinarium)« als Ersatz für die vergriffene Agende Band I als erster Schritt zu einer späteren Revision der Agende mit nochmaligem Abdruck des Kerns der Agende. Die vorangestellten, von Walther Lührs als damaligem Vorsitzenden des Liturgischen Ausschusses der VELKD verfassten und weitgehend an den Text von Christhard Mahrenholz aus der ersten Auflage von Agende I sich anlehnenden Erläuterungen sind bereits an das Strukturmodell angepasst, erinnern aber noch an den Grundgedanken einer betenden gottesdienstlichen Dramaturgie: »Das Gebet in seinen vielfältigen Formen durchzieht alle fünf Teile, begleitet sie und hält sie so zusammen.«[84] Einige wenige Änderungen

---

[83] Vgl. Denkschrift »Versammelte Gemeinde« (Strukturpapier), in: Hervarth von Schade/Frieder Schulz (Hg.), Gottesdienst als Gestaltungsaufgabe. Praktische Anregungen zur Gestaltung des Gottesdienstes aufgrund der Denkschrift »Versammelte Gemeinde« (Strukturpapier), reihe gottesdienst 10 (1979), 9-17 und Joachim Stalmann, Gottesdienst als Gestaltungsaufgabe. Vom Strukturpapier zur Erneuerten Agende, in: Reich/Stalmann (Hg.), Gemeinde hält Gottesdienst (s. Anm. 77), 29-40.

[84] Agende für evangelisch-lutherische Kirchen und Gemeinden. Erster Band. Teilabdruck – Übergangsausgabe. Die feststehenden Stücke des Gottesdienstes (Das Ordinarium), Hamburg 1991 (Walther Lührs), 13-18, 13.

finden sich unter »V. Sendung« Dort heißt es – anders als 1955 bei Christhard Mahrenholz: »Nach dem Segen des Liturgen und einer kurzen Gebetsstille klingt der Gottesdienst aus, wie er begann: mit einem Instrumentalnachspiel zum Lobe Gottes und zum Geleit der Gemeinde in den Gottesdienst im Alltag der Welt, für den sie im Gottesdienst als Feier der Gegenwart und Zuwendung Christi Stärkung, Klärung und Ermutigung erfahren soll.«[85]

6. Der bayerische »Sonderweg« gegenüber dem Evangelischen Gottesdienstbuch von 1999

Die Landessynode der Evangelisch-Lutherischen Kirche in Bayern führte das Evangelische Gottesdienstbuch von 1999 im Gegensatz zu den meisten anderen VELKD-Gliedkirchen nicht verbindlich als Agende ein, sondern empfahl lediglich dessen ergänzenden Gebrauch im Sinne einer hilfreichen Materialsammlung für den Gottesdienst.[86] Stattdessen wurde die in der Ausgabe Bayern des Evangelischen Gesangbuches von 1994 abgedruckte Gottesdienstordnung, die den Beschlüssen der Landessynode zur Gottesdienstordnung von 1980 entsprach[87] und eine weitere Öffnung der bisherigen Regelform im Zusammenhang der Erneuerten Agende von 1989 möglich machten, mit ihren insgesamt sechs Grundschritten verbindlich gemacht: (1) Vor dem Gottesdienst: Sich aufmachen und ankommen. (2) Eröffnung und Anrufung: Gemeinsam beginnen, neu in Beziehung zu Gott treten, ihn anrufen in Lied, Psalm und Gebet. (3) Verkündigung und Bekenntnis: Auf das Wort der Bibel und seine Auslegung hören, ihm nachsinnen, den Glauben bekennen. (4) Abendmahl: In Brot und Wein Jesus Christus aufnehmen und die Gemeinschaft mit ihm und allen Glaubenden feiern. (5) Sendung und Segen. Sich informieren, für andere beten, Segen empfangen. (6) Nach dem Gottesdienst: Zusammenbleiben, Weitergehen und Empfangenes weitergeben.[88]

---

[85] A.a.O., 18.

[86] Vgl. Hanns Kerner, Die Erneuerung des Gottesdienstes. Gottesdienst als Gestaltungsaufgabe, in: Hans-Christoph Schmidt-Lauber/Karl-Heinrich Bieritz (Hg.), Handbuch der Liturgik. Liturgiewissenschaft in Theologie und Praxis der Kirche, Leipzig/Göttingen 1995, 971-984 und Ders., Reform des Gottesdienstes. Von der Neubildung der Gottesdienstordnung und Agende in der ev.-luth. Kirche in Bayern im 19. Jahrhundert bis zur Erneuerten Agende, Stuttgart 1994.

[87] Vgl. Kirchliches Amtsblatt (der Evangelisch-Lutherischen Kirche in Bayern) 24, 1980, 176-179.

[88] Vgl. Einführung in den Gottesdienst, in Evangelisches Gesangbuch. Ausgabe für die Evangelisch-Lutherischen Kirchen in Bayern und Thüringen, München o.J. (1995), Nr. 670-682=1119-1117 und Reinhard Morath, Die Ordnungen des Gottesdienstes. Veränderungen und Erläuterungen, in: Wolfgang Töllner (Hg.), Kleines Nachschlagewerk zum Evangelischen Gesangbuch. Ausgabe für die Evangelisch-Lutherischen Kirchen in Bayern und Thüringen, München o.J. (1995), 173-192.

Die Ausgabe Bayern des Evangelischen Gesangbuches unterscheidet beim Gottesdienst vier Grundformen: G 1 als den Gottesdienst mit Predigt und Abendmahl, der sich im Wesentlichen an Grundform I des Evangelischen Gottesdienstbuches bzw. an der Evangelischen Messe orientiert, G 2 als den Predigtgottesdienst, G 3 als den Kindergottesdienst und G 4 als den Gottesdienst mit Predigt und Abendmahl nach der sogenannten alten bayerischen Form des 19. Jahrhunderts. Die jeweilige Aktualisierung erfolgt durch die vom Landeskirchenrat der Evangelisch-Lutherischen Kirche in Bayern herausgegebenen Gottesdienstordnungen und Materialsammlungen, die als sog. »Ringbuchagenden« 1981, 1996 sowie 2014 erschienen.[89]

7. Abschliessende Würdigung der Leistung wie der Grenzen der »Evangelischen Messe« nach Band I des VELKD-Agendenwerks

Für meine abschließende Würdigung greife ich auf jene drei systematischen Fragestellungen zurück, die Peter Cornehl 1985 in seinem TRE-Artikel »Evangelischer Gottesdienst von der Reformation bis zur Gegenwart« einleitend hervorhebt und die auch seine Einschätzung des VELKD-Agendenwerks bestimmen: Die Frage nach (1) den Intentionen und Konturen der im Gottesdienst vermittelten Weltdeutung, nach (2) den Strukturen der gottesdienstlichen Kommunikation und nach (3) den Merkmalen des gottesdienstlichen Angebotes und dem Teilnahmeverhalten der Kirchenmitglieder.[90]

Die Grenze bei Peter Cornehl besteht darin, dass für ihn der evangelische Gottesdienst einem reformatorischen Prinzip zu entsprechen hat und sich deshalb nicht (mehr) an einer tradierten Form orientiert. Dies muss heute aus performativitätstheoretischer[91] wie aus dogmatischer Perspektive anders beantwortet werden, als Peter Cornehl dies 1985 tut. Entscheidend ist die Beantwortung der Frage, wie sich im Gottesdienst die von Cornehl erhobene »Weltdeutung« mittels der »Strukturen der gottesdienstlichen Kommunikation« ereignet und in welchem Zusammenhang dazu das »gottesdienstliche Teilnahmeverhalten« steht. »Weltdeutung« stellt sich aus gegenwärtiger Sicht

---

[89] Ordnung des Hauptgottesdienstes in der Evangelisch-Lutherischen Kirche in Bayern. Handreichung zur Agende, hg. v. Landeskirchenamt, München 1981; Ordnungen der Gottesdienste an Sonn- und Feiertage. Revision der Handreichung zur Agende von 1981, hg. v. Landeskirchenamt, München 1996; Gottesdienst feiern. Gottesdienste an Sonn- und Feiertagen. Ordnungen und liturgische Texte, hg. v. Landeskirchenamt der Evangelisch-Lutherischen Kirche in Bayern, München 2014.

[90] Vgl. Cornehl, Gottesdienst (s. Anm. 1), 54. Konfessionelle Differenzen zwischen lutherischer und reformierter Gottesdienstpraxis treten für Cornehl dagegen in den Hintergrund und spielen bei seiner Argumentation keinerlei Rolle.

[91] Vgl. Klaus Raschzok, Gottesdienst und Performativität, in Ders./Konrad Müller (Hg.), Grundfragen des evangelischen Gottesdienstes, Leipzig 2010, 115-142.

nicht vorrangig auf der Ebene einer Agende und ihren Texten, sondern in deren Gebrauch und Vollzug ein. Sie lässt sich noch nicht allein aus der Gestalt einer Agende erheben.

VELKD-Agende Band I bietet eine historisch verantwortete und von reformatorischer Theologie her profilierte gottesdienstliche Gestalt an, die zur Lebenswelt der Feiernden in eine wechselvolle Beziehung tritt, dabei aber bewusst Traditionskontinuität wahrt.[92] Weltdeutung vollzieht sich nicht über die Agende, sondern durch den Vollzug des Gottesdienstes. Cornehl bleibt dagegen 1985 noch darauf fixiert, Weltdeutung aus der Agende zu erheben.[93] Zudem bestimmt er die Strukturen der gottesdienstlichen Kommunikation weitgehend kommunikativ und missachtet die mit der VELKD-Agende Band I verbundene bewusste Entscheidung für den proseuchetischen Typus des Gottesdienstes.[94] Cornehl trägt in diesen stattdessen kommunikative Erwartungen ein, die diesen überfordern und den beiden anderen Grundtypen des evangelischen Gottesdienstes, dem verkündigenden Typus und dem »anderen Gottesdienst«, der sogenannten »dritten Weise« zuzuordnen wären. So sieht er zu wenig, dass die Feiernden ihre Lebenswelt einbringen und zur gottesdienstlichen Gestalt in eine kreative Beziehung setzen. Keine Rolle spielt bei ihm auch die für Gordon W. Lathrop entscheidende Funktion des ordo.[95] Hinsichtlich des Teilnahmeverhaltens überfordert Cornehl das Modell der Messe und überfrachtet es mit Erwartungen, die lediglich von den anderen beiden Grundformen des evangelischen Gottesdienstes geleistet werden können.[96]

---

[92] Vgl. Neijenhuis, Peter Brunner (s. Anm. 14), 233, der darauf hinweist, dass Brunner davor gewarnt habe, die Erneuerung des Gottesdienstes durch dessen neue Gestalt zu erwarten. Alle wahrhafte geistliche renovatio sei eine restauratio von ursprünglich Gegebenem in einer neuen Situation.

[93] Vgl. Falkenroth, Joachim Beckmann (s. Anm. 17), 179, die im Blick auf Jochaim Beckmann den Vorwürfen Peter Cornehls über die Agendenwerke als »Bollwerk der Restauration« entgegnet, dass dieser hier eine einseitige Einschätzung der Agendenwerke vorlege. Mit Peter Brunner teile Beckmann ein »Verständnis des Gottesdienstes, das sich auf die Gegenwart richtet und überkommene Strukturen mit neuem Inhalt füllt. Die freie Bindung an eine Ordnung des Gottesdienstes, der Gottesdienst als Ort aktueller Verkündigung, wie ihn Beckmann in offensichtlicher Anlehnung an Paul Althaus versteht, Beckmanns Aufmerksamkeit für die Gegenwart und der ökumenische Horizont, in dem er die Kirche mit ihrer Ordnung sieht, zeigen deutlich, daß ein Gottesdienstverständnis, wie es sich auch in der Agende niedergeschlagen hat, nicht als Ergebnis rückwärtsgewandter Verfestigung betrachtet werden kann. Mit ihm ist der Gottesdienst ein Ereignis, das sich vor Tradition und Gegenwart verantworten kann.«

[94] Vgl. Jens Uhlendorf, Die sinnlichen Qualitäten gottesdienstlicher Spielformen. Vom Kultrituellen und Epischen, in: Hanns Kerner (Hg.), Zwischen Heiligem Drama und Event. Auf dem Weg zu einer zukunftsfähigen Agende, Leipzig 2008, 131-170.

[95] Vgl. Gordon W. Lathrop, Holy Things. A Liturgical Theology, Minneapolis 1998, 33-83.

[96] Vgl. Raschzok, Traditionskontinuierlicher Gottesdienst (s. Anm. 78).

Anders als noch 1985 ist heute eine Wertschätzung der hoch komplexen Leistung der gottesdienstlichen betenden Dramaturgie von Band I des Agendenwerks der VELKD von 1955 aus der Perspektive gegenwärtiger Liturgischer Theologie (theologia prima) möglich, ohne dass damit der in der Tat problematische Anspruch einer Repristination dieses gottesdienstlichen Modells erhoben wird.[97] Vielmehr dient diese Wertschätzung der Motivation zur traditionskontinuierlichen Weiterarbeit an der Evangelischen Messe als einer für die lutherische konfessionelle Identität prägenden wie unentbehrlichen zentralen Form des Gottesdienstes am Sonntagmorgen. Es geht mit ihr um ein Ernstnehmen derjenigen Traditionslinie der lutherischen Kirche, wie sie bei Philipp Melanchthons Vorstellung von den sogenannten »Universalzeremonien« begegnet, zu denen dieser selbstverständlich die Messe zählt, die keinesfalls unter die liturgische Freiheit fällt, sondern auch für die lutherische Kirche verbindlich ist, keinesfalls zur Disposition steht und die lebendige Verbindung zur weltumspannenden einen heiligen und apostolischen Kirche sichert, als deren selbstverständlicher Teil sich die lutherische Kirche seit der Zeit der Reformation immer versteht. Der Ordo missae gehört zu den selbstverständlich vorausgesetzten Universalzeremonien, die nicht zur Disposition stehen. Nach CA 24 ist die Messe keinesfalls abgeschafft, sondern wird mit größerer Andacht und mit mehr Ernst gehalten als bei den Altgläubigen. Melanchthon rechnet nach Ap 7,242,31ff. den Ordo missae neben dem Sonntag und den wichtigsten Feiertagen zu den universales ritus. Verständlich wird von daher, dass die Bekenntnisschriften der lutherischen Kirche lediglich Ordnungen für Taufe, Trauung und Beichte, nicht aber für den sonntäglichen Gottesdienst enthalten, da dafür aufgrund der weiterhin bestehenden Form der Messe keine Notwendigkeit gesehen wurde. Sehr wohl aber enthalten die Bekenntnisschriften die theologischen Auseinandersetzungen zu Messe und Abendmahl. Sie äußern sich jedoch nicht zur Form der Messe, da diese als selbstverständlich vorausgesetzt wird.[98]

Bereits 1955 klingt diese von mir skizzierte, Peter Cornehls Interpretation widersprechende performativitätstheoretisch orientierte Position in dem von Hans Meiser als damaligem Leitenden Bischof der VELKD verfassten Vorwort der Schreibtischausgabe der Agende Band I an:

»Der vorliegende erste Band des evangelisch-lutherischen Agendenwerks stellt vorläufig das letzte Glied einer mehr als hundertjährigen Entwicklung dar, die im 19. Jahrhundert nach der Zeit des Rationalismus anhebt mit der Agende des preußischen Königs Friedrich Wilhelm III. (1822), die fortgeführt wird in der Mitte des vorigen Jahrhunderts im konfessionellen Luthertum und dort durch Namen wie Löhe, Harleß, Höfling, Petri und Kliefoth gekennzeich-

---

[97] Vgl. Dorothea Haspelmath-Finatti, Theologia Prima. Liturgische Theologie für den evangelischen Gottesdienst, Göttingen 2014.

[98] Vgl. Alfred Niebergall, Die Auffassung vom Gottesdienst in den lutherischen Bekenntnisschriften. Eine Säkularerinnerung, in: JLH 22 (1978), 15-77.

net ist. Mit diesem Band finden zugleich langjährige Forschungen und Arbeiten der letzten Jahrzehnte um die Neugestaltung des evangelischen Gottesdienstes ihren krönenden Abschluß.

[...] Gottesdienstordnungen haben in unserer Kirche nicht die Bedeutung und das Gewicht, wie sie dem Bekenntnis eignen. Aber sie müssen, wollen sie ihren Dienst ganz erfüllen, an diesem ausgerichtet sein. Nur so können sie dazu beitragen, dass die lex credendi auch zur lex orandi wird, dass das Zeugnis der Heiligen Schrift von dem Dreieinigen Gott und das daraus erwachsene Bekenntnis im Gottesdienst der Kirche leibhaftig werden und Gestalt gewinnen kann. So sind die vielfältigen liturgischen Bemühungen nichts anderes als eine reife Frucht des neu geschenkten Hörens auf die Botschaft der Bibel und auf das unaufgebbare Anliegen der Reformation, wie solches Hören unserer Kirche in den letzten drei Jahrzehnten neu geschenkt worden ist. Nur wer diesen Ursprung in der neuentdeckten reformatorischen Theologie übersieht oder nicht wahrhaben will, kann der Meinung sein, hier sei eine museale und damit letzthin unfruchtbare Restauration am Werke, der es um nichts anderes als um die Wiederholung alter, längst vergangener Formen zu tun ist. [...] Wenn unsere Kirche nun bei der Neugestaltung ihrer Gottesdienste hinter die Aufklärung zurückgeht und an die Formen der Reformationszeit und zum Teil auch der Alten Kirche sich anschließt, so kann sich ihr die ganze Fülle eines reichen Erbes, das eine gegenwartsgemäße Gestaltung gefunden hat, neu erschließen. Sie will auch auf diesem Gebiet ihres Lebens bekunden, dass sie die Eine, heilige, allgemeine und apostolische Kirche des dritten Glaubensartikels sein möchte und nichts anderes will, als das Alte auf neue Weise zu sagen.«[99]

---

[99] HANS MEISER, Vorwort (als leitender Bischof der VELKD), in Agende. Ausgabe für den Pfarrer (s. Anm. 76), 8*-10*.

Die Tiefenstruktur des reformierten Gottesdienstes

David Plüss

1. Reformierte Mehrstimmigkeit

Wenn die Gemeinde in der reformierten Dorfkirche von Pitasch im bündnerischen Val Lugnez singt, dann noch immer vierstimmig. Die Gemeinde ist zwar klein. Nur wenige Sängerinnen und Sänger tragen zum Gesang bei. Aber das mehrstimmige Singen gehört hier zu einer lange gepflegten Tradition. Und nicht nur hier, sondern auch in anderen Gemeinden der – mehrheitlich katholisch geprägten – Surselva. Diese Tradition ist eine eingeübte und verinnerlichte. Die Sängerinnen und Sänger müssen die Stimmen und Strophen nicht mühsam aus dem Gesangbuch ablesen, sondern kennen sie *par cœur*, singen sie aus vollem Herzen. Das Anstimmen der alten Gesänge ist Aufgabe der Kirchgemeindepräsidentin. Nur wenn sie fehlt, darf der Pfarrer die Leitung des Gotteslobs übernehmen.

Diese anrührende und sorgfältig gepflegte Tradition reformierter Spiritualität ist auch in der übrigen Schweiz weitgehend unbekannt.[1] Gleichwohl verdichten sich hier Tiefenstrukturen reformierten Feierns, die ich im Folgenden aufnehmen und ausführen will.

»Das Drama hinter dem Drama – Tiefenstrukturen des christlichen Gottesdienstes«: Titel und Untertitel der Tagung formulieren eine gottesdienstgeschichtliche und liturgiepraktische These, allerdings in ausgesprochen komprimierter Weise. Die damit verbundenen Implikationen will ich kurz erläutern, um zu verdeutlichen, wie ich meine Aufgabe verstehe.

Da ist zunächst die Rede vom *Drama*, die auffällt – oder vielleicht den Fachleuten unter Ihnen nicht mehr auffällt, sie nicht mehr erschreckt oder verärgert, weil sie in der Liturgiewissenschaft bereits vielfach begegnet. Dennoch taugt der Ausdruck in Pfarrkonventen noch immer als Bürgerschreck, *pour épater les bourgois*. Denn er entstammt bekanntlich dem Theater und stellt den Gottesdienst keck neben andere theatralische Aufführungen, welche

---

[1] Unbekannt ist nicht der vierstimmige Gesang als solcher. Dieser wird in vielen reformierten Gemeinden der deutschsprachigen Schweiz gepflegt, wie weiter unten ausgeführt wird. Unbekannt ist nur der Tatbestand, dass diese selbst in sehr kleinen Gemeinden ohne Orgelbegleitung praktiziert wird.

über die längste Zeit der Christentumsgeschichte als Negativfolien der Liturgie fungiert haben.

Dramen im engeren Sinne sind Texte mit verteilten Sprechrollen. Es sind Handlungen, die durch Dialoge gestaltet werden. Texte also, die nicht nur gelesen, sondern vor allem durch Schauspieler aufgeführt werden sollen, und zwar auf einer Bühne und vor Publikum. Dass der Vergleich des Gottesdienstes mit Theateraufführungen oder anderen kulturellen Inszenierungen Grundzüge der Liturgie aufleuchten lässt, die sowohl für die Gemeinde als auch für die liturgischen Protagonisten von eminenter Bedeutung sind, aber auf protestantischer Seite bisher kaum beachtet wurden, haben Ursula Roth und Karl-Heinrich Bieritz, Michael Meyer-Blanck und andere in den letzten Jahren einleuchtend gezeigt.[2]

In dieser Tagung geht es aber weder um das Skript noch um dessen Aufführung, sondern um das Drama *hinter* dem Drama. Es geht also weder um die agendarischen Texte als solche noch um deren liturgische Inszenierung, sondern um normative, handlungsleitende Einstellungen, Regeln und Strukturen, die diesen *voraus*liegen und sie orientieren. Die Metaphorik der *Hinter*-Bühne und der *Tiefe* suggeriert, dass diese Regeln nicht auf der Hand liegen, den meisten weder bekannt noch vertraut sind, in den liturgischen Texten und Büchern nur unmittelbar zum Ausdruck kommen und darum – im Sinne eines Bewusstwerdungsprozesses und zum Zwecke der Selbstaufklärung und Kritik – durch Tiefenbohrungen sondiert und Schritt für Schritt, Schicht für Schicht ans Licht gebracht werden müssen. Die Tiefengrammatik der Liturgie soll durch detektivische Arbeit zumindest ansatzweise rekonstruiert werden.

Mir gefällt diese Metaphorik. Und zwar vor allem deshalb, weil sie voraussetzt und deutlich macht, dass wir auch *in liturgicis* nicht Herren im eigenen Haus sind, sondern dass die konkrete Gestalt unseres Handelns und die Gründe für dieses nicht nur ausgesprochen vielfältig und komplex, sondern uns auch nur zu einem kleinen Teil bewusst und zugänglich sind. Der weitaus grösste Teil des liturgischen Verhaltens dürfte gerade *nicht* durch bewusste und rational gesteuerte Gründe erfolgen. Warum wir genau so und nicht anders beten und singen, unsere Gottesdienste eröffnen und die Bibel aufschla-

---

[2] Vgl. insbes. MICHAEL MEYER-BLANCK, Inszenierung und Präsenz. Zwei Kategorien des Studiums Praktischer Theologie, in: WzM 49 (1996), 2-16; ULRIKE SUHR, Das Handwerk des Theaters und die Kunst der Liturgie. Ein theologischer Versuch über den Regisseur Peter Brook, in: PETER STOLT u.a. (Hg.), Kulte, Kulturen, Gottesdienste. Öffentliche Inszenierung des Lebens, Göttingen 1996, 37-49; KARL-HEINRICH BIERITZ, Spielraum Gottesdienst. Von der »Inszenierung des Evangeliums« auf der liturgischen Bühne, in: ARNO SCHILSON/JOACHIM HAKE (Hg.), Drama »Gottesdienst«. Zwischen Inszenierung und Kult, Stuttgart u.a. 1998, 69-101; MARCUS A. FRIEDRICH, Liturgische Körper. Der Beitrag der Schauspieltheorien und -techniken für die Pastoralästhetik, Stuttgart u.a. 2001; URSULA ROTH, Die Theatralität des Gottesdienstes, Gütersloh 2006; DAVID PLÜSS, Gottesdienst als Textinszenierung. Perspektiven einer performativen Ästhetik des Gottesdienstes, Zürich 2007.

gen, werden die Kundigen unter ihnen zwar liturgietheologisch und -historisch zu begründen wissen. Ich behaupte aber, dass sie damit gleichsam nur die Spitze des Eisbergs erfassen und der weitaus größere Teil *unter* Wasser bleibt.

Es ist keineswegs banal zu sagen, dass das liturgische Drama im Sinne der Agende noch nicht die liturgische Aufführung selbst ist und dass uns diese zu einer himmelweit über das Skript hinausgehenden performativen *Auslegung* zwingt: Der Text muss sich in Körper und Bewegung transformieren, in Raum und Licht, in Stimme und Klang, in Rhythmus und Spannung, in Symbol und Ritual, in Rolle und Person. Dass ein bestimmtes liturgisches Skript in einem Gottesdienst so und nicht anders aufgeführt wird, hat viele Gründe. Vieles ist selbstverständlich und vorgegeben, das meiste präfiguriert: durch räumliche Bedingungen und lokale Traditionen, durch die fachlichen Möglichkeiten und stilistischen Vorlieben der Musikerin wie der Liturgin. Und nicht zuletzt durch Mentalitäten und Haltungen, die über ein lange Zeit geprägt und tradiert und weiter entwickelt wurden. Mentalitäten und Haltungen, die mitunter auch konfessionelle Prägungen aufweisen.[3]

Das Programm der Tagung unterstellt eine erkennbare *Vielfalt von Konfessionskulturen*, die sich identifizieren oder zumindest ansatzweise nachzeichnen lassen. Konfessionskulturen, die nicht auf der Hand liegen und sich nicht etwa durch den Vergleich einzelner liturgischer Elemente oder Gebete dingfest machen lassen, sondern die tiefer liegen und das Feiern unserer Gottesdienste steuern, ohne dass uns dies bewusst wäre.

Diese Aufgabenstellung leuchtet mir ein. Die damit verbundene These korrespondiert weitgehend mit unseren sonntäglichen Beobachtungen – vor allem dann, wenn wir wieder einmal liturgisches Gastrecht geniessen. Es korrespondiert aber auch mit den Ergebnissen einer neuen, noch nicht publizierten Berner Studie. Christian Walti untersucht mittels Video-Analysen etwa zwei dutzend reformierte Gottesdienste aus der deutschsprachigen Schweiz und vergleicht diese mit römisch-katholischen Messfeiern und charismatischen Anbetungsgottesdiensten. Seine Analysen belegen eindrücklich, dass es klar erkennbare und unterscheidbare Regeln liturgischen Verhaltens gibt, und zwar sowohl auf Seiten der Protagonisten als auch auf Seiten der Gemeinde: Regeln, die nicht rubriziert und in keiner liturgischen Handreichung oder

---

[3] Ich beanspruche im Folgenden nicht, die reformierten Mentalitäten und Haltungen insgesamt zu erfassen, wohl aber diejenigen zu benennen, die für den europäischen und nordamerikanischen Kulturkreis in besonderer Weise prägend wurden. Dadurch werden wenige Elemente des unter Wasser liegenden Teils des Eisbergs thematisch, keineswegs aber dieser insgesamt. Mentalitäten und Haltungen verstehe ich im Sinne Norbert Elias' und Bourdieus als habituelle, sozial vermittelte Prägungen, beziehe sie aber nicht auf soziale Klassen, sondern übertrage sie auf Konfessionskulturen. Zum Habitus-Konzept vgl. Norbert Elias, Über den Prozess der Zivilisation. Soziogenetische und psychogenetische Untersuchungen, Frankfurt a.M. 1997 und Pierre Bourdieu, Le sens pratique, Paris 1980.

Fachliteratur zu finden sind, sondern vorbewusst funktionieren. Walti kann ausserdem zeigen, dass und in welcher Weise sich in dieses Verhalten so etwas wie eine *theologia prima* eingeschrieben hat.[4] Denn die Interaktionsordnung oder Tiefenstruktur einer Liturgie bringt ein bestimmtes Gottesbild und ein bestimmtes Kirchenbild zur Darstellung, eine theologische Anthropologie und eine Soteriologie. Diese mitunter konfessionskulturell geprägten liturgischen Darstellungsweisen gilt es zu dechiffrieren. – In diesem Sinn habe ich meine Aufgabe verstanden. Eben dies werde ich im Folgenden tun.

2. Oberfläche und Tiefe

Bilder, so hat der Kunsthistoriker Gottfried Boehm gezeigt, lassen sich nur ausgehend von einem Grundkontrast, einer *ikonischen Differenz*, lesen und verstehen.[5] Es handelt sich um den Kontrast von Oberfläche und Tiefe, von Materialität und Bedeutung, von Sukzession und Simultaneität, von Einzelnem und Ganzem.

Dies verhält sich, so meine These, beim Gottesdienst nicht anders. Ich werde diese These begründen, indem ich sie anwende: indem ich in einem ersten Schritt *Grundzüge* reformierter Gottesdienste rekonstruiere und diese immer wieder an liturgischen *Oberflächenphänomenen* plausibel zu machen versuche. In einem nächsten Schritt werde ich den umgekehrten Weg gehen, indem ich exemplarisch eine liturgische Sequenz herausgreife und an dieser die genannten Grundstrukturen nachzeichne. Die *Grundzüge* werden von den gottesdiensttheologischen und liturgiepraktischen Weichenstellungen in den programmatischen Schriften der Reformatoren, aber auch innerhalb der weiteren Entwicklung reformierter Konfessionskultur her rekonstruiert. Die gewählten praktischen *Beispiele* sollen nicht nur die jeweiligen Grundstrukturen illustrieren und plausibilisieren, sondern auch und vor allem die reformierte Gottesdienstkultur in typischer Weise repräsentieren.

3. Grundzüge des reformierten Gottesdienstes

3.1 Gottesdienste als »oraisons publiques et solennelles«

Der erste Grundzug prägt den reformierten Gottesdienst nicht nur im Val Lugnez, sondern auch darüber hinaus durchgängig, seit seinen Anfängen und

---

[4] Der Begriff wurde vom orthodoxen Liturgiewissenschaftler Alexander Schmeman geprägt und vom Lutheraner Gordon Lathrop in die protestantische Theologie eingeschleust. Vgl. dazu Gordon W. Lathrop, Holy Things. A Liturgical Theology, Minneapolis 1998, 87-158; Dorothea Haspelmath-Finatti, Theologia Prima: Liturgische Theologie für den evangelischen Gottesdienst, Göttingen 2014.

[5] Vgl. Gottfried Boehm, Die Wiederkehr der Bilder, in: Ders. (Hg.), Was ist ein Bild?, München 2006, 11-38, 29ff.

bis in die Gegenwart – wenn auch heute in unterschiedlicher Prägnanz: ich meine den *Gebetscharakter*[6]. Gottesdienst feiern heißt für die Reformierten beten. *Johannes Calvin* hat für den Gottesdienst bekanntlich kein spezifisch liturgisches Vokabular verwendet. Er spricht weder von *culte* noch von *service*, weder von *liturgie* noch von *office*. Gottesdienste sind für ihn schlicht *öffentliche Gebete, oraisons publiques et solennelles*[7]. Gottesdienst feiern heißt für ihn zuerst und vor allem eben dies: beten. Gottesdienst feiern heißt, »vor dem Angesicht Gottes«[8] stehen. Dieses Stehen vor Gottes Angesicht durchwirkt als liturgische Grundgeste alle einzelnen Vollzüge: Wenn die Gemeinde singt, dann steht sie vor Gott; aber auch wenn sie betet und ihre Schuld bekennt, wenn sie die Lesung hört und über die Predigt sinniert, die Grosse Doxologie im Wechsel spricht und das Credo rezitiert[9], wenn sie das Brot teilt und den Becher empfängt, wenn sie gesendet und gesegnet wird. Nicht anders die Pfarrerin und der Diakon. Auch sie stehen mit der Gemeinde vor Gott, wenn sie die Liturgie anleiten, wenn der Pfarrer auf die Kanzel steigt und dem verlesenen Bibeltext »aus seinem Kopf und Herzen etwas hinzufüg[t]«[10], wie Karl Barth den Predigtakt auf den Punkt bringt. Ja, auch dann und gerade dann steht er vor Gott. Er kann dies nur tun als einer, der vor Gott steht und damit beauftragt ist, vor Gott und der Gemeinde zu bezeugen, dass und wie der verlesene Bibeltext für ihn zu einer *viva vox evangelii* wurde.[11]

Dieser Charakter des Betens wurde von Calvin durch die Einführung des Psalmengesangs maßgeblich befördert. Er ließ den ganzen Psalter aus dem Hebräischen übersetzen, bereimen und vertonen, um den Gemeinden das Beten zu lehren: das eigene und selbstständige Beten nach dem Modell der Psalmen. Der Psalter als Schule des Gebets. Dabei war Calvin nicht nur auf strikten Textbezug bedacht – die Psalmgebete sollten weder paraphrasiert noch christologisiert noch zu kleinen Predigten umgebaut werden, wie dies in

---

[6] Der Gesang ist für die Reformierten – stärker als für die Lutheraner – die primäre Gestalt des Gemeindegebets. Dies kommt insbesondere in der Konzeption des Genfer Psalters und in der Praxis des Psalmengesangs zum Ausdruck.

[7] Andreas Marti, Genfer Gottesdienstordnung (1542) mit ihren Nachbartexten, in: Eberhard Busch u.a. (Hg.), Calvin-Studienausgabe Bd. 2: Gestalt und Ordnung der Kirche, Neukirchen-Vluyn [2]2010, 137-225, 152f.

[8] Vgl. Marti, Genfer Gottesdienstordnung (s. Anm. 7), 139. Dieselbe Metaphorik findet sich im Zweiten Helvetischen Bekenntnis, um die Grundsituation des Gottesdienstes zu bestimmen: Heinrich Bullinger, Das Zweite Helvetische Bekenntnis (1566), Zürich 1998, 120 (XXII. Kapitel).

[9] So etwa in Zwinglis Abendmahlsliturgie »Action und Bruch des Nachtmahls« von 1525: Michael Meyer-Blanck, Liturgie und Liturgik. Der Evangelische Gottesdienst aus Quellentexten erklärt, Gütersloh 2001, 152-158.

[10] So die programmatische Formulierung von Karl Barth aus Karl Barth, Not und Verheissung der christlichen Verkündigung, in: Ders. (Hg.), Das Wort Gottes und die Theologie, München 1924, 99–124, 105.

[11] Damit ist das Gebet über konkrete liturgische oder individuelle Vollzüge hinaus als Haltung, als liturgischer oder spiritueller Habitus verstanden.

Luthers Psalmliedern der Fall ist –, sondern er hat dem gesungenen Psalmgebet einen eigenen Klangraum gebaut. Die Melodien von Guillaume Franc, Loys Bourgeois und Pierre Davantès, die in allen reformierten Gottesdiensten noch immer und zum Teil ausschließlich gesungen werden, sind eigenwillig, bemerkenswert kunstvoll und versetzen die Gemeinde in eine eigene Klangwelt und Stimmung, stimmen sie ein ins Gebet. Genfer Psalmen singen, heißt beten mit allen Sinnen, heisst beten mit Kopf, Herz und Stimme, heißt beten *par cœur*, ob einstimmig oder vierstimmig.[12]

Dass der Gebetscharakter reformierten Feierns prinzipiell in Spannung steht zur homiletischen und katechetischen Dimension, die zuweilen das Feld beherrschen, stellt jenen nicht in Frage, sondern lokalisiert ihn als einen von zwei Brennpunkten einer Ellipse, welche reformierte Gottesdienste – und nicht nur diese – in grundlegender Weise bestimmen. Zum zweiten Brennpunkt kommen wir später (unter 3.5). Zunächst zu einem anderen Grundzug.

3.2 Die Gemeinde als Liturgin

Reformierte Gottesdienste sind *Gemeindefeiern*, nicht nur in der Bündner Surselva. Wenn die Gemeinde singt, dann übernimmt sie die liturgische Regie. Dass in Pitasch nicht der Organist oder der Pfarrer den Gesang anleitet, sondern die Kirchgemeindepräsidentin, unterstreicht diesen Grundzug reformierten Feierns. Wenn die Gemeinde singt, dann betet sie – ganz im Sinne Calvins – mit allen Sinnen. Mit dem ersten Gesang, den sie anstimmt, konstituiert sie sich als Gemeinde, wird als kollektives Subjekt der Liturgie hörbar, sichtbar und erfahrbar.

Besonders wenn der Gesang mehrstimmig erklingt, tritt die Gemeinde als Zusammenkunft der Verschiedenen hörbar in Erscheinung. Die unterschiedlichen Stimmen und Stimmlagen von Frauen und Männern, von Jungen und Alten, von Bäuerinnen, Schulmeistern und Ärztinnen klingen harmonisch zusammen und ergeben eine in sich differenzierte Einheit in Verschiedenheit. Der mehrstimmige Gesang ist genuin reformiertes Erbe und eine anrührende Gestalt reformierter Spiritualität, die seit dem 17. Jh. vor allem in der Schweiz gepflegt wurde und bis heute gepflegt wird.[13] Vierstimmige Sätze sind in un-

---

[12] Vgl. dazu Johannes Calvin, Die Genfer Gottesdienstordnung 1542 (La forme des chantz et prières ecclésiastiques), in: Busch, Calvin-Studienausgabe (s. Anm. 7), 161: »Herz und Gefühl sollen dem Verstand nachfolgen; das ist aber nur möglich, wenn wir das Lied in unser Gedächtnis eingeprägt haben, um nie mit Singen aufhören zu müssen.« – Wenn dieser Grundsatz nicht bloß Programm bleibt, sondern das tatsächliche Feiern und Erleben beschreibt, wäre Bürkis Urteil zumindest zu relativieren, wonach »die Festlichkeit oder die geistliche Vertiefung [...] im reformierten Gottesdienst notorisch zu kurz« komme (Bruno Bürki, Gottesdienst im reformierten Kontext, in: Hans-Christoph Schmidt-Lauber [Hg.], Handbuch der Liturgik. Liturgiewissenschaft in Theologie und Praxis der Kirchen, Leipzig/Göttingen 1995, 162-174, 163).

[13] Vgl. dazu Andreas Marti, Psalmensingen – ein Alphabetisierungsprogramm, in: Musik und Gottesdienst 59 (2005), 14-16.

serem Gesangbuch die Regel; im Evangelischen Gesangbuch Deutschlands oder in römisch-katholischen Gesangbüchern stellen sie dagegen die Ausnahme dar. Zudem ist der mehrstimmige Gesang ein leibhaftes und erfahrungsstarkes Symbol der Gemeinde im reformierten Verständnis.

Indes: auch beim einstimmigen Singen erfährt der Einzelne eine Verwandlung und eine Einfügung in einen kollektiven Klangkörper, ohne dass seine Individualität beschnitten würde. Diese wird durch das gemeinsame Singen nicht negiert, sondern vielmehr vitalisiert. Wer zu Beginn des Gottesdienstes einstimmt etwa in den Psalm 99 nach der Genfer Melodie von Pierre Davantès[14] oder in Gerhard Tersteegens »Gott ist gegenwärtig«[15], der oder die stimmt ein in einen gemeinsamen Gesang, fügt sich ein in einen Klangkörper und eine Klanggestalt, die von weit her kommen; in einen sowohl biographischen als auch frömmigkeitsgeschichtlichen Gedächtnisraum mit vielfältigen Reminiszenzen, Bildern und Stimmungen. Und auch wenn die Sprache und Vorstellungswelt der Gesänge von vielen als sperrig und altertümlich empfunden werden, »voll schwerer, unheimlicher Gedankenfracht, seltsame gespenstische Zeugen der Leiden, Kämpfe und Triumphe der längst entschlafenen Väter«[16], so bringen sie doch die – oft unbewusste – Erwartung der Gemeinde zum Ausdruck, dass Gott gegenwärtig werde. Und zwar in einer kollektiven Verkörperung und Intensität wie an keiner anderen Stelle der Liturgie. Durch den gemeinsamen Gesang verwandelt sich die Gemeinde nicht nur in einen Klangraum, sondern auch in einen kollektiven Stimmungsraum.

Aber auch andere liturgische Teile werden auf reformierter Seite der Gemeinde anvertraut. So hat Zwingli in seiner Abendmahlsliturgie von 1525 »Action und Bruch des Nachtmahls« die liturgische Regie weitgehend der Gemeinde übergeben.[17] Das Abendmahl ist nicht mehr »Handlung an der Gemeinde«, sondern »Handlung der Gemeinde«[18]. Es wird um einen Tisch gefeiert, der in das »Gefletz« der Kirche – in das Kirchenschiff, den Raum der Gemeinde – getragen wird.[19] Der Pfarrer eröffnet die Feier mit einem kurzen Bittgebet. Es folgen eine längere Lesung aus 1 Kor 11 durch einen Lektor, das Gloria, gebetet im Wechsel zwischen Männern und Frauen, und ein Responsorium zwischen dem Diakon (oder Lektor) und der Gemeinde. Nach einer weiteren Lesung aus Joh 6 durch den Lektor spricht die Gemeinde, wiederum im Wechsel zwischen Männern und Frauen, das Credo. Nun ermahnt der Diener die Gemeinde, spricht ein weiteres Bittgebet und liest die Einsetzungsworte.

---

[14] Evangelisch-reformiertes Gesangbuch (1998), 56.

[15] A.a.O., 162; bzw. EGB 165.

[16] Barth, Not und Verheissung (s. Anm. 10), 105.

[17] Die Anweisungen und Gebete finden sich in Meyer-Blanck, Liturgie und Liturgik (s. Anm. 9), 152-158.

[18] Vgl. Markus Jenny, Die Einheit des Abendmahlsgottesdienstes bei den elsässischen und schweizerischen Reformatoren, Zürich/Stuttgart 1968, 50.

[19] Vgl. Meyer-Blanck, Liturgie und Liturgik (s. Anm. 9), 154.

Dann wird »das Brot in hölzernen breiten Schüsseln herumgetragen von einem Sitz zum anderen« und jede und jeder bricht »einen Bissen oder Mundvoll« ab und isst.[20] Und auch der Wein wird herumgereicht und jeder trinkt. Die Feier schließt mit einem Dankgebet nach Psalm 113, gebetet von Männern und Frauen im Wechsel und *par cœur*. Diese Liturgie war in leicht abgeänderter Form über 300 Jahre lang, z.T. sogar bis ins 20. Jh. in Geltung. Wenn nun die Gemeinde Trägerin und Subjekt reformierten Feierns ist, fragt sich, welche Aufgabe dann der Liturgin zukommt. Mit Blick auf Zwinglis Abendmahlsliturgie ist es ihre Aufgabe, die Gemeinde zu ihrer liturgischen Mündigkeit zu befähigen und in ihre Rolle einzuweisen.[21]

3.3 Der Gottesdienst im Alltag der Welt

Der dritte Grundzug reformierten Feierns findet sich in Calvins bereits zitierter Bestimmung des Gottesdienstes als »oraisons publiques et solennelles«[22]. Der Gottesdienst ist für ihn »öffentliches Gebet«, weil alles liturgische Handeln im Angesicht Gottes erfolgt. Allerdings besteht die Pointe von Calvins Formulierung darin, dass die Grenzlinie gegenüber dem Alltag gerade nicht ausgezogen wird. Reformierte stehen nicht nur dann vor Gott, wenn sie singen und beten und einer Predigt zuhören, sondern sie führen ihr ganzes Leben »vor Gottes Angesicht«. Und wenn wir mit Calvin Beten als Stehen vor Gott begreifen, dann ist das ganze Leben eines/r Reformierten Gebet. Der Gottesdienst stellt dann keinen umfriedeten Bezirk dar, kein *fanum*, dem gegenüber alles andere zum *pro-fanum* und darum profan würde. Er ist kein Sakralraum mit heiliger Ordnung, der sich vom Alltag unterscheidet, sondern seine Ränder sind prinzipiell durchlässig. Mehr noch: er ist für Calvin und Zwingli, für Bullinger und Oecolampad, für Bucer, Beza und Haller wie ein Hefepilz, der den Alltag durchwirkt und verändert, inspiriert und orientiert.[23]

So ist es denn auch kein Zufall, dass die Reformierten das liturgische Jahr, welches den Alltag mit einer Vielzahl von Christus-, Marien- und Heiligenfesten unterbricht, abgeschafft haben. Nicht die *Unterbrechung* soll der Gottesdienst leisten, sondern er soll den Alltag ins Gebet nehmen, ihn geistlich beseelen und moralisch orientieren.

Max Weber hat in seinem Klassiker »Die protestantische Ethik und der Geist des Kapitalismus« vor fast hundert Jahren die inzwischen berühmt gewordene These aufgestellt, dass der ausgeprägte Alltagsbezug der nordamerikanischen Calvinisten und Puritaner nicht nur den Kapitalismus befördert, sondern überhaupt den Habitus und die durchrationalisierten Lebensformen

---

[20] Ebd.

[21] Auch bei Calvin wird deutlich: Liturgie insgesamt zielt darauf ab, dass die Gemeinde das Gelesene und Gesprochene nicht nur verstehen, sondern sich dazu auch verhalten, das Amen geben kann; vgl. CALVIN, Genfer Gottesdienstordnung (s. Anm. 12), 153.

[22] MARTI, Genfer Gottesdienstordnung (s. Anm. 7), 152.

[23] So auch BÜRKI, Gottesdienst im reformierten Kontext (s. Anm. 12), 162.

der Moderne maßgeblich geprägt hätte.[24] Die Beachtung heiliger Ordnungen und Rhythmen, die kulturprägende Unterscheidung von sakraler Zeit und Arbeitszeit, seien abgelöst worden durch eine »methodische Lebensführung«[25], die sich an einer puritanischen Ethik orientiere. Dabei gehört nach Aleida Assmann »die Festverweigerung zu den auffälligsten Zeichen puritanischer Lebensformen«.[26] Bei den calvinistisch geprägten Puritanern mutiere das Fest zum »Anti-Fest«: »Das Fasten wurde zum ostentativen Zeichen der Puritaner«[27]. Dabei ging es ihnen keineswegs nur um Verweigerung gegenüber einer herkömmlichen, katholisch geprägten Festkultur, sondern sie »haben wie vor ihnen die Mönche Askese und Disziplin als Formen geistiger Macht entdeckt«»[28]. Und Assmann folgert in polemischer Zuspitzung: »Kloster und Commonwealth sind Einrichtungen zur Freisetzung spiritueller Energien und zur Generierung von Heiligen«[29].

Diese alltags- und kulturprägende Kraft calvinistischer Festkritik ging vom Gottesdienst aus und hatte in seinen Inhalten und Formen ihr Epizentrum.[30]

Eine solch dezidierte Ausrichtung auf den Alltag ist nun allerdings hochgradig ambivalent. Und immer wieder wurden Versuche unternommen, die Feierlichkeit zu steigern, an reichere Liturgietraditionen anzudocken und die Grenzlinien gegenüber dem Alltag deutlicher zu ziehen. Immer wieder litten die Reformierten unter der alten *maladie suisse*[31], unter einem stillen »Heimweh [...] nach den ›schönen Gottesdiensten‹ des Katholizismus«, wie Karl Barth frotzelte.[32] So haben die Neuenburger bereits Anfang des 18. Jh. ihre Liturgie nach der Vorlage des *Book of Common Prayer* umgeformt. Jean-Frédéric Ostervald (1663-1747), ein aufgeklärter Orthodoxer, hat diese Reform im Fürstentum Neuenburg betrieben, anglikanisch inspirierte Morgen- und Abendgebete sowie Elemente der Messe wie das Gloria, das Eucharistiegebet oder Gebete des Kirchenjahres eingeführt. Der liturgische Stil der Suisse romande ist denn auch bis heute geprägt durch diesen *renouveau liturgique*,

---

[24] Max Weber, Die protestantische Ethik und der Geist des Kapitalismus, in: Ders. (Hg.), Gesammelte Aufsätze zur Religionssoziologie I, Tübingen 1988/1920, 17-206.

[25] Aleida Assmann, Das Puritanische Fest, in: Jan Assmann (Hg.), Das Fest und das Heilige. Religiöse Kontrapunkte zur Alltagswelt, Gütersloh 1991, 169-181, 170.

[26] A.a.O., 171.

[27] A.a.O., 172.

[28] A.a.O., 173.

[29] A.a.O., 177.

[30] In dieselbe Richtung zielt der Neuenburger Ekklesiologe Jean-Jacques von Allmen in seinem programmatischen Beitrag »Célébrer le salut. Essai sur le Repas du Seigneur«, Neuchâtel 1966, der das Abendmahl als Visitatio Christi bestimmt, welche der Gemeinde und der Welt gleichermassen gelte. Vgl. dazu Bürki, Gottesdienst im reformierten Kontext (s. Anm. 12), 170f.

[31] Zum Krankheitsbild vgl. Fritz Ernst, Vom Heimweh, Zürich 1949.

[32] Barth, Not und Verheissung (s. Anm. 10), 109f.

wenngleich gebrochen und umgeformt durch weitere Reformen im 19. und 20. Jahrhundert.[33]

Im deutschen Sprachraum wäre Friedrich Schleiermacher und seine Unterscheidung von Alltag und Fest zu erwähnen, welche in der älteren liturgischen Bewegung um Julius Smend und Friedrich Spitta im agendenfreien Straßburg liturgietheologisch und -praktisch umgesetzt wurde. Doch muss dieser kurze Hinweis genügen.[34]

3.4 Die Verinnerlichung und Individualisierung der Liturgie

Mit der Reformation verstärkten sich die Schubkräfte hin zu einer Verinnerlichung und Individualisierung von Religion. Und zwar auf reformierter Seite akzentuierter als auf lutherischer. Zum Durchbruch kamen diese Kräfte allerdings erst im Puritanismus und im Pietismus, und vollends mit der Aufklärungstheologie und der Romantik. Es sind dies Kräfte, die auch den Gottesdienst nicht unberührt ließen, sondern ihn nachhaltig veränderten und prägten. Kaum zu übersehen sind sie etwa in Zwinglis Fokussierung auf die Andacht des Einzelnen.[35] Die »fromme Andacht« brülle »nicht vor den Menschen, wie die liebestollen Freier es tun, sondern sie zieht sich in die Stille zurück. Hier kann sie sich am besten mit Gott besprechen; denn weder Augen noch Ohren lenken sie von der rechten Meditation ab.«[36] Nichts soll von dieser ablenken, alles soll sie befördern. Was ihr entgegensteht und sie auf falsche Bahnen bringt, gilt es zu reduzieren oder ganz abzuschaffen. So die Heiligenstatuen und Bilder, die zu einer häretischen, weil äußerlichen Religion verführen. So auch die Orgeln und lateinischen Gesänge, die ablenken und zur Werkgerechtigkeit verleiten. Denn der eigentliche Gottesdienst, auf den alles liturgische Handeln hinzielt, ist nicht nur ein alltagsethischer, sondern vor allem ein inwendiger. Die Legitimität und Qualität des Gottesdienstes bemisst sich daran, ob und wie sehr er die Einzelnen dazu anregt, in der Andacht vor Gott zu treten und sich im Alltag als fromme Christenmenschen zu bewähren.

---

[33] Vgl. hierzu auch Bürki, Gottesdienst im reformierten Kontext (s. Anm. 12), 166.

[34] Vgl. Peter Cornehl, Art. Gottesdienst/VII: Evangelischer Gottesdienst von der Reformation bis zur Gegenwart, TRE XIV (1985), 54-85, 64f.; Konrad Klek, Erlebnis Gottesdienst. Die liturgischen Reformbestrebungen um die Jahrhundertwende unter Führung von Friedrich Spitta und Julius Smend, Göttingen 1996.

[35] Vgl. dazu den instruktiven Beitrag von Ulrich Knellwolf, Die Musik im reformierten Gemeindegottesdienst, in: Institut für Kirchenmusik der evangelisch-reformierten Landeskirche des Kantons Zürich (Hg.), Musik der evangelisch-reformierten Kirche. Eine Standortbestimmung, Zürich 1989, 45-86.

[36] So Zwingli im 46. Artikel seiner Schlussreden (Huldrych Zwingli, Schriften I-IV, Zürich 1995, Bd. II, 400). Und er fährt fort: »Es ist gegen alle menschliche Vernunft, zu glauben, man könne in großem Getöse und Lärm gesammelt oder andächtig sein. Zudem ist des Menschen Andacht so kurz und so schnell vorbei, dass er gar nicht lange mit Worten und mit dem Herzen andächtig sein kann; aber mit der inneren Haltung und den Gedanken des Herzens kann der Mensch die Andacht länger ausdehnen«.

Die ritualisierte Beichte und Buße wurde in ihrer herkömmlichen Gestalt aufgehoben »zugunsten einer ununterbrochenen Buchführung auf dem Konto des individuellen Gewissens«[37], wie Assmann in Bezug auf die calvinistischen Puritaner pointiert. Und sie fährt fort: »Die mit der methodischen Lebensführung verbundenen Modelle der Kontinuität und Rationalität dulden keine Unterbrechungen und periodischen Entlastungen mehr, weder in Gestalt von Sakramenten«[38] noch, so füge ich hinzu, von festlichen Feiern.

Der *Pietismus* mit seiner Betonung von religiöser Erfahrung und Heilsgewissheit verstärkte diese Dynamik der Verinnerlichung und Subjektivierung noch erheblich. Ebenso aber auch die *Aufklärungstheologie*, die ihrerseits auf Prozesse gesellschaftlicher Mobilisierung und Pluralisierung, vor allem aber auf tiefgreifende Veränderungen religiöser Mentalitäten und Menschenbilder reagierte, indem sie die Plausibilität und Alltagstauglichkeit des Gottesdienstes auch für kritische Zeitgenossinnen und Zeitgenossen zu erhöhen suchte. Dies war bitter nötig. Denn die Sünden- und Erlösungslehre der Orthodoxie war vielen Menschen schlechterdings unzugänglich geworden.[39]

Im Fokus der Aufklärungsliturgik standen weniger die Gemeinden als kollektive Sozialgestalten, sondern vielmehr die religiösen Subjekte mit ihren unterschiedlichen sozialen Voraussetzungen und intellektuellen Fähigkeiten, alltagspraktischen Fragen und spirituellen Bedürfnissen. Die Aufklärungsliturgik ist darum keineswegs als Krise der Liturgiegeschichte zu behandeln, sondern als eigentliche liturgische Bewegung, die zu einer dezidierten Modernisierung des Gottesdienstes beitrug. In der Zeit der Spätaufklärung wurde dieser empirisch erforscht, methodisch reflektiert und didaktisch verbessert. Und es wurden Reflexionsperspektiven und Beurteilungskriterien für liturgisches Handeln entwickelt, die bis heute von Belang sind.[40] In der Spätaufklärung entsteht die Liturgik als wissenschaftliche Disziplin.

Die in dieser Zeit vorgenommenen Weichenstellungen sind für unsere Fragestellung von einiger Bedeutung. Und zwar deshalb, weil die von der Aufklärungsliturgik gesetzten Standards für reformierte Gottesdienste in der Folgezeit und bis heute viel ungebrochener in Geltung standen und stehen als auf der lutherischen Seite, die durch konfessionelle Rückzugsgefechte etwa im bayerischen Luthertum um Wilhelm Löhe, in der Berneuchener Bewegung sowie in der neo-orthodoxen Gottesdiensttheologie Peter Brunners geprägt wurde – moderne-kritische Wirkkräfte im Gewand liturgischer Erneuerung,

---

[37] Assmann, Das Puritanische Fest (s. Anm. 25), 171.

[38] Ebd.

[39] Vgl. dazu Cornehl, Gottesdienst (s. Anm. 34), 61-64; Alfred Ehrensperger, Die Theorie des Gottesdienstes in der späten deutschen Aufklärung (1770–1815), Zürich 1971; Hans Schneider, Die Aufklärung, in: Thomas Kaufmann/Raymund Kottje (Hg.), Ökumenische Kirchengeschichte, Bd. 2: Vom Hochmittelalter bis zur frühen Neuzeit, Darmstadt 2008, 514-531, 528-530.

[40] Der Gottesdienst und seine Gestaltung wurden »als Aufgabe[n] einer wissenschaftlichen Liturgik« entdeckt (Cornehl, Gottesdienst [s. Anm. 34], 62).

die bis in die Gegenwart reichen. Und die sich in erster Linie dadurch auszeichnen, dass sie auf eine objektive Gestalt der Liturgie nach vermeintlich seit alters festgefügten Ordnungen der Kirche setzen und die Ausrichtung des Gottesdienstes am religiösen Individuum als Sündenfall *in liturgicis* brandmarken.

Aber wie auch immer: zu den Grundkräften reformierter Liturgie gehört ohne Zweifel die Ausrichtung am religiösen Subjekt, auch oder gerade weil dessen Frömmigkeit oft schwächelt oder in anderen Bahnen verläuft als in den vertrauten. Was Ernst Lange in pointierter Weise in Bezug auf die Predigt gesagt hat, gilt *mutatis mutandis* für die Liturgie: Ihr Gegenstand ist weder die Agende noch das Kirchenjahr, sondern es sind die Menschen, ihre Lebensgeschichten und Glaubensfragen »im Licht der Verheissung«[41], dargestellt und reflektiert durch Gesänge und Gebete, die Lesungen und den Segen.

3.5 Der Gottesdienst als Bildungsereignis

Es kommen zwei weitere Grundzüge hinzu, die das Drama hinter dem Drama reformierten Feierns bestimmen. Sie sind an der einen oder anderen Stelle bereits angeklungen und sollen nun noch gebündelt werden.

Reformierte Gottesdienste sind *Bildungsereignisse*. Sie sollen nicht nur gefeiert, sondern auch verstanden werden. Bibeltexte sollen nicht nur gelesen, sondern ausgelegt werden. Die Zürcher Reformation beginnt nicht mit einem theologischen Paukenschlag: nicht, wie in Wittenberg, mit einem in Thesen gefassten Programm, sondern mit einer Bildungsoffensive. Die erste Neuerung des Leutpriesters Huldrych Zwingli, der am 1. Januar 1519 seine Stelle am Zürcher Grossmünster antrat, bestand darin, die mittelalterliche Leseordnung zumindest in Bezug auf die Predigten durch eine *lectio continua* zu ersetzen. Statt der vorgegebenen Perikopen beginnt er, das Matthäusevangelium Stück für Stück auszulegen. Dann die Apostelgeschichte und später Briefe des Neuen Testaments. Diese Reform des Gottesdienstes zielte nicht auf das Kirchenjahr als solches. Die Einführung der *lectio continua* war darauf angelegt, der Gemeinde die Quellen ihres Glaubens möglichst rein, möglichst eingehend und umfassend zu erschließen. Der Grundimpuls war ein durchaus *humanistischer*: eine Bildungsoffensive in Bezug auf das Buch der Bücher. Dass damit die Verbindlichkeit des Kirchenjahres ins Wanken geriet, war nicht mehr als ein *Side Effect*, eine nicht beabsichtigte, aber tolerierte Nebenwirkung. Denn Zwingli hat das Kirchenjahr zunächst nicht explizit kritisiert und auch nicht abgeschafft, sondern in seiner Gemeinde nur die Verbindlichkeit der Leseordnung außer Kraft gesetzt. Man kann und soll darin allerdings schon eine implizite Kritik erkennen. Eine dreifache, meine ich:

1. Das Kirchenjahr ist für Zwingli kein Selbstläufer. Die Lesungstexte, die jährlich wiederkehrenden Perikopen zu den einzelnen Sonntagen, erschließen

[41] Ernst Lange, Zur Aufgabe christlicher Rede, in: Rüdiger Schloz (Hg.), Predigen als Beruf. Aufsätze zu Homiletik, Liturgie und Pfarramt, München 1982, 52-67, 58.

sich – je für sich und in ihrer Abfolge – nicht von selbst, sondern sie bedürfen der *Auslegung*.

2. Unverständlich bleiben die einzelnen Lesungen auch darum, weil sie nicht in ihrem *Textzusammenhang* gelesen und ausgelegt werden. Wer das biblische Wort ernst nimmt, muss sich mit dieser Quelle gründlich und im Zusammenhang befassen.

3. Leseordnungen zerstückeln den Kanon der biblischen Bücher nicht nur, sondern sie heben nur wenige Stücke aus dem reichen Schatz; der größte Teil erblickt nie das Licht gottesdienstlicher Öffentlichkeit, er wird der Gemeinde vorenthalten.

Bekanntlich waren auch für Calvin religiöse Bildung und geistliche Erbauung zentrale Anliegen, auf die hin der Gottesdienst auszurichten, an denen er zu messen ist. Es sei »nützlich und vernünftig, dass alle wissen und verstehen, was im Gottesdienst gesagt und getan wird, um daraus Frucht und Erbauung zu gewinnen«[42]. Und weiter: »Unser Herr hat nämlich die Ordnung, die wir einhalten wollen, wenn wir in seinem Namen zusammenkommen, nicht gegeben, um den Leuten Unterhaltung zum Anschauen und Zuschauen zu bieten; vielmehr hat er gewollt, dass daraus Gewinn für sein ganzes Volk entstehe.«[43]

Der Effekt gottesdienstlicher Bildung ist nun aber keineswegs ein rein kognitiver, sondern einer, der Kopf, Herz und Hand einbezieht und umgestaltet. Das Herz soll berührt und der Verstand erleuchtet werden.[44] Darum trägt nicht nur die Predigt zur spirituellen Bildung bei, sondern auch die Gebete und – in besonderer Weise – die Psalmgesänge. Wenn die kleine Gemeinde in der Surselva mehrstimmig singt, dann wird sie dadurch gebildet und geistlich erbaut.

3.6 Verdichtung durch Reduktion

Ein letzter Aspekt der Tiefenstruktur reformierten Feierns ist zuerst einmal ein formaler. Wenn deutsche Lutheraner in einen reformierten Gottesdienst der Deutschschweiz geraten, sind sie oft von der Kargheit und Nüchternheit der Liturgie frappiert. Und immer wieder werde ich mit der Frage konfrontiert, ob wir denn überhaupt eine Liturgie hätten. Ja, wir haben eine Liturgie, gebe ich jeweils zur Antwort, aber keine reiche und barocke, sondern eine

---

[42] CALVIN, Genfer Gottesdienstordnung (s. Anm. 12), 151.

[43] Ebd. Symptomatisch für diesen Grundzug ist die – in der Liturgiegeschichte einzigartige – Verwendung zentraler Elemente des Katechismus – des Dekalogs, des Unser Vaters und des Glaubensbekenntnisses – »als eine Art Ordinarium« (so MARTI, Genfer Gottesdienstordnung [s. Anm. 7], 138).

[44] Vgl. CALVIN, Die Genfer Gottesdienstordnung (s. Anm. 12), 161: »Das Herz aber verlangt nach dem Verstand. [...] Die besondere Begabung des Menschen ist, dass er singen kann im Wissen um das, was er sagt. Herz und Gefühl sollen dem Verstand nachfolgen.«

schlichte und konzentrierte. Reformiertes Feiern zeichnet sich aus durch Verdichtungen und Fokussierungen[45], und zwar auf unterschiedlichen Ebenen:

1. Es ist fokussiert auf *biblische Texte*. Diese sollen zur Sprache kommen, sollen gesungen und gebetet, gelesen und ausgelegt werden. Die Bibel in ihrer Vielstimmigkeit ist Leitfaden und Steinbruch reformierter Gottesdienste.[46] Sie bildet den Kanon reformierten Feierns, was seinen theologischen und agendarischen Orientierungsrahmen denkbar weit spannt.[47]

2. Reformiertes Feiern ist fokussiert auf den *inneren Gottesdienst* der Feiernden und spielt auf einer nur karg ausgestatteten oder gar leeren Bühne, um nicht von diesem abzulenken, sondern die Imaginationskraft und geistiggeistliche Produktivität des und der Einzelnen zu steigern.

3. Reformiertes Feiern ist fokussiert auf das Wort, den Gesang und die Musik – und ist arm an Ritualen und Symbolen, an Formen und Farben, an Kleidern und Geräten, an Gerüchen und heiligen Substanzen. Dem Wort und dem Klang trauen die Reformierten viel zu – und kultivieren beide entsprechend.

Damit sind wesentliche Grundzüge benannt und durch theologische Programmschriften und liturgische Beispiele aus Geschichte und Gegenwart illustriert.

4. Exemplarische liturgische Oberflächenanalyse am Beispiel des Abendmahls

Nun steht die sequentielle Analyse an. Die Frage danach also, wie sich die beschriebenen Tiefenstrukturen an der liturgischen Oberfläche, sprich: in einzelnen liturgischen Vollzügen, Texten oder Einrichtungen manifestieren. Und zwar ist auf solche Phänomene zu fokussieren, an denen sich die beschriebenen Grundzüge ablesen lassen und die für die reformierte Konfessionskultur in besonderer Weise einschlägig sind. Solche Bezüge wurden bei der Beschreibung der Tiefenstrukturen bereits hergestellt, aber nur punktuell, zur Konkretisierung des Gemeinten und gewissermaßen von der anderen Seite her. Hier geht es nun darum, die Tiefenstrukturen an der Oberfläche der

---

[45] So auch Marti, Genfer Gottesdienstordnung (s. Anm. 7), 140.

[46] Dies gilt grundsätzlich auch für die Gottesdienste anderer Konfessionen. Allerdings erfolgt dieser Rückbezug in der Reformierten Kirche – zumindest dem Selbstverständnis nach – nicht vermittelt und angereichert durch die liturgische Tradition der Kirche, sondern im vermeintlich direkten Rückgriff. – Zur Bedeutung biblischer Texte etwa für den römisch-katholischen Ordo Missae vgl. Birgit Jeggle-Merz u.a. (Hg.), Gemeinsam vor Gott treten. Die Liturgie mit biblischen Augen betrachtet. Luzerner Biblisch-Liturgischer Kommentar zum Ordo Missae 1, Stuttgart 2014.

[47] Johannes Calvin hat in seiner Gottesdienstordnung mit der Tradition bewusst gebrochen und versucht, den Gottesdienst direkt am Neuen Testament und an der frühen Kirche zu orientieren. Vgl. dazu Marti, Genfer Gottesdienstordnung (s. Anm. 7), 137.

Phänomene in ihrer Gleichzeitigkeit, in ihrem Zusammenhang wie in ihren Spannungsverhältnissen zu verdeutlichen, mit dem Ziel, ein System der Grundzüge zumindest ansatzweise zu entwerfen.

Lohnend wären meines Erachtens eingehendere Analysen des reformierten Abendmahls, des Genfer Psalters sowie des Kirchenraumes. Ich beschränke mich im Folgenden auf die Analyse des Abendmahles.

Es ist unnötig zu sagen, dass kein anderer liturgischer Teil soviel Anlass zur *rabies theologorum*, zu heftigem Streit bis hin zur Kirchenspaltung gab und gibt wie das Abendmahl. Und zwar seit der Reformation bis in unsere Tage. Dabei steht das reformierte Abendmahl an exponierter Stelle und gerät immer wieder in die Kritik. So etwa von Bruno Bürki, einem der kundigsten reformierten Liturgiewissenschaftler, der den reformierten Gottesdienst – historisch präzis – vom mittelalterlichen Pronaus herleitet, welcher sich seinerseits »von der Messe absetzt«[48]. Die liturgiegeschichtliche Verortung desselben erfolgt allerdings nicht ohne Bedauern, wenn Bürki schreibt: »Die damit – selten genug, trotz der Mahnungen eines Calvin – verbundene Kommunion ist formal betrachtet eine Austeilung des Abendmahles ohne Konsekrationsgebet oder Kanon. Die Entwicklung der reformierten Abendmahlsliturgie wurzelt ausserhalb der liturgischen Tradition der Messe«[49]. Und auch wenn im 18. Jh. die Brechung des Brotes »zu einer Konsekration umfunktioniert« wurde, sei die »paraliturgische Erbschaft des reformierten Gottesdienstes jedoch bis in die Gegenwart spürbar geblieben«[50].

Hier wird eine Verlustgeschichte erzählt. Und eine der Devianz: Demnach sind die Reformierten von Anfang an auf Abwege geraten oder zumindest auf ein liturgisches Nebengeleise, was sie teuer genug zu stehen komme: Denn ihr Gottesdienst mit Abendmahl stehe nicht mehr in der Tradition des abendländischen Feierns, sondern habe sich mutwillig von dieser getrennt und die ehemals zentral positionierte und als Glutkern des Feierns gestaltete Eucharistie auf die Schrumpfstufe einer Gemeindekommunion reduziert. Damit habe sich der reformierte Gottesdienst selbst zu einer »Paraliturgie« degradiert, der eine theologische Gleichwertigkeit mit der abendländischen Messe nicht mehr zugesprochen werden kann.

Dass der Lutheraner Frieder Schulz diesem Urteil in seiner Stoßrichtung beipflichtet, wundert wenig. Nach Schulz schrumpfte die reformierte Liturgie »zur Umrahmung der beherrschenden Predigt. Dem entsprach auch die Ausgliederung des Abendmahls: Die wenigen Gemeindekommunionen des Jahres waren dann mehr Bekenntnishandlungen der Glaubenden als Speisung derer,

---

[48] Bürki, Gottesdienst im reformierten Kontext (s. Anm. 12), 163.

[49] Ebd.

[50] Ebd.

in denen die Predigt den Hunger nach Glaubensstärkung durch das dieser Predigt zugeordnete Herrenmahl geweckt hat.«[51]

Die Liturgie wäre den Reformierten demnach unversehens abhanden gekommen oder zumindest zu einer Rahmenhandlung der Predigt verdampft. Und ungeachtet der Tatsache, dass man nach Zwingli »das Brot in hölzernen breiten Schüsseln« herumtragen soll und »jeden mit seiner Hand lassen einen Bissen oder Mundvoll abbrechen und essen«[52], mangle diesem Essen die glaubensstärkende Kraft und es sei nicht mehr als ein Bekenntnis.

Mir ist nicht recht einsichtig, worauf sich dieses Urteil genau gründet, wenn nicht auf die schlichte Feststellung, dass hier andere Akzente gesetzt wurden als bei der abendländischen Messe. Akzente, die den referierten Tiefenstrukturen weitgehend entsprechen:

1. Das reformierte Abendmahl ist ganz und gar ein *Gemeindemahl*. Wie wir bei Zwinglis Liturgie von 1525 sahen, ist die Gemeinde an der Liturgie nicht nur beteiligt, sondern sie spielt die Hauptrolle. Sie betet und bekennt ihren Glauben, der Diener liest und die Gemeinde dankt. Die Diener sind es und nicht die Pfarrer, die das Brot in breiten Schüsseln herumtragen und jeden nehmen und essen lassen. Der Diener liest die Einsetzungsworte. Die Wandlung geschieht nicht an den Elementen Brot und Wein durch ein konsekrierendes Gebet, vollzogen durch das geweihte oder ordinierte Amt, sondern sie geschieht an der Gemeinde beim Teilen und Essen und Trinken.[53] Zudem wird das Abendmahl im Kirchenraum gefeiert, im Raum der Gemeinde, am oder um den Abendmahlstisch.[54]

2. Damit ist auch gesagt: Das reformierte Abendmahl ist *Gebet*. Und zwar *Gebet der Gemeinde*. Dies wird bei Zwinglis Liturgie weit deutlicher als bei den seit dem 19. Jh. gefeierten Gottesdiensten, in denen die Abendmahlsvermahnung viel Gewicht erhält. Doch ist die Grundhaltung auch heute noch die des Gebets. Dies wird dann deutlich, wenn wir eben die von Bürki und Schulz bemängelte Schrumpfstufe der *Kommunion* als theologischen und spirituellen Glutkern interpretieren und die Ermahnung als Hinführung zu diesem. Keinem anderen Teil des Abendmahles wird so viel Aufmerksamkeit geschenkt, keiner wird von der Gemeinde so andächtig vollzogen wie das Teilen von Brot und Wein: Wenn sie geht und steht, empfängt und teilt, isst und trinkt, dann steht sie vor Gott – ob in der Stille oder mit Musik oder singend.

---

[51] Frieder Schulz, Die Ordnung der liturgischen Zeit in den Kirchen der Reformation, in: LJ 32 (1982), 1-24, 11f.

[52] Meyer-Blanck, Liturgie und Liturgik (s. Anm. 9), 154.

[53] Für Calvin geschieht die Konsekration darüber hinaus und in grundlegender Weise »durch das Wort des Glaubens [...], wenn es verkündigt und aufgenommen wird« (Calvin, Genfer Gottesdienstordnung [s. Anm. 12], 155).

[54] Nach der Ordnung des Johannes à Lasco aus dem 16. Jh. setzt sich die Gemeinde beim Abendmahl um einen Tisch. Dies wird in Holland auch heute noch praktiziert. Vgl. dazu Bürki, Gottesdienst im reformierten Kontext (s. Anm. 12), 162.

3. Weitere Grundzüge lassen sich ablesen: Die von Bürki und Schulz bemängelte Reduktion ist nicht als Verlust oder Mangel zu deuten, sondern als *Konzentration* und als *Verinnerlichung*. Auch und gerade das Abendmahl soll nicht nur und nicht in erster Linie mittels liturgischer Gebete gefeiert werden, sondern als *inwendiger* Gottesdienst. Das Abendmahl soll in die *Andacht* geleiten und diese intensivieren. Darauf weist etwa die Hochschätzung der johanneischen Geisttheologie in Zwinglis Abendmahlsliturgie hin, die sowohl durch die Lesung von Joh 6,47-63 als auch durch eine auffällige liturgische Geste zum Ausdruck gebracht wird: Nachdem der Leser Joh 6,63 gelesen hat – »Der Geist ist's, der lebendig macht; das Fleisch ist nichts nütze. Die Worte, die ich zu euch geredet habe, die sind Geist und Leben« –, küsse er »das Buch und spreche: Gott sei gelobt und gedankt, er wolle nach seinem heiligen Wort uns alle Sünde vergeben«.[55] – Bis in die Gegenwart ist die reformierte Abendmahlsfrömmigkeit im Wesentlichen eine introvertierte. Entsprechend spröde und manchmal ungelenk wirkt die Außenseite des liturgischen Handelns.

Weitere Auffälligkeiten wären zu nennen. Etwa die umfangreichen Bibeltexte in Zwinglis Abendmahlsformular, die – mit Ausnahme von Ps 113 – als Lesungen und nicht als Konsekrationsgebete fungieren. 1 Kor 11 wird sogar gleich zweimal gelesen, einmal ausführlicher, einmal nur die Einsetzungsworte. Die Texte sollten sich der Gemeinde offenbar einprägen. Insgesamt stellt das Formular eine bibliodramatische Reinszenierung von Jesu Abschiedsmahl dar, der Bildungsintentionen kaum abgesprochen werden können.[56]

Hier werden unbestreitbar andere dramaturgische, symbolische und theologische Akzente gesetzt als bei einer Messe. Akzente, die biblische Motive dicht und eindrücklich in Szene setzen und die gleichzeitig dezidiert auf die jeweilige Gegenwart fokussiert sind. Akzente, die das Evangelium auf eigenwillige Weise zur Darstellung bringen und so die reformierte Konfessionskultur auszeichnen. Sie beinhalten beides: Potentiale und Grenzen, Saftwurzeln und Entleerungen, Modernität verbunden mit einer zuweilen überzogenen Verinnerlichung.

Die genannten Grundzüge reformierten Feierns – der Gebetscharakter und der Gemeindebezug, der Alltagsbezug und die Verinnerlichung, die Bildungsemphase und die Konzentration liturgischer Darstellungsmedien – ließen sich an weiteren Elementen nachweisen und dadurch präziser aufeinander beziehen. Erwähnt wurden der Gesang und der Kirchenraum. Diese Ausführung muss jedoch an anderer Stelle erfolgen.

---

[55] MEYER-BLANCK, Liturgie und Liturgik (s. Anm. 9), 155f.

[56] So auch Michael Meyer-Blanck in seinem Kommentar zu Zwinglis Abendmahlsliturgie: A.a.O., 158-161.

»... DASS DER EIGENTLICHE SINN DER EINZELNEN TEILE UND IHR WECHSELSEITIGER ZUSAMMENHANG DEUTLICHER HERVORTRETEN« (SC 50)

Die Tiefenstruktur des katholischen Gottesdienstes anhand der Messfeier – liturgietheologische und -praktische Überlegungen

Jürgen Bärsch

Die Liturgiegeschichte lehrt, dass der Gottesdienst in all seinen Formen und in seinen verschiedenen Traditionen nicht am Reißbrett entworfen wurde, sondern stets das Ergebnis von verschiedenen Faktoren abhängigen Entwicklungen war. Das schließt freilich nicht aus, in und hinter den liturgischen Feiern kompositorische Strukturen und eine innere Architektonik zu erkennen. Schon um das liturgische Handeln durchdringen und erschließen zu können, bedarf es solcher struktureller Sichtweisen, die ihrerseits wiederum von bestimmten hermeneutischen Prinzipien und theologischen Entscheidungen wie auch geistesgeschichtlichen, gesellschaftlichen und kulturellen Bedingungen getragen sind.

1. Strukturelle Paradigmen in der Geschichte der römischen Messliturgie

Auch für den zentralen Gottesdienst der katholischen Kirche, die Feier der Messe, sind im Laufe der Geschichte unterschiedliche Interpretationen der Feiergestalt zu beobachten, die für die strukturelle Wahrnehmung des Geschehens zahlreiche Konsequenzen in sich bargen. Man denke etwa an die Messallegorese, wie sie erstmals im Abendland von Amalar († 850/53) entworfen, von den mittelalterlichen Liturgikern wie Johannes Beleth († um 1183), Sicard von Cremona († 1215) und Wilhelm Durandus von Mende († 1296) weiterentwickelt und verfeinert und schließlich bis in die Messerklärungen des 19. und 20. Jahrhunderts tradiert wurde.[1] Dabei hat man die äuße-

---

[1] Vgl. die Übersicht bei ANGELUS A. HÄUSSLING, Messerklärung (Expositiones missae), in: DERS., Christliche Identität aus der Liturgie. Theologische und historische Studien

re Gestalt der Feier, die Handlungen des Priesters und der übrigen Dienste, schließlich auch den Raum, seine Ausstattung und die Vielzahl der liturgischen Gefäße und Gewänder, ganz unabhängig von ihrem Sinn, mit einer völlig anderen Bedeutung versehen. Alles was in der Messe visuell wahrnehmbar war, verband man mit Szenen aus dem Leben Jesu, vor allem seiner Passion.[2] Denn beim Zuschauen der einzelnen Messzeremonien sollte sich der Betrachter subjektiv an bestimmte Ereignisse des Christusgeschehens erinnern und sich fromm in sie versenken. Bildliche Messerklärungen für das Volk zeigen deshalb neben der priesterlichen Handlung die entsprechende biblische Szenerie.[3] So lässt die Händewaschung bei der Gabenbereitung an Pilatus denken, der seine Hände in Unschuld wäscht, die Elevation der konsekrierten Hostie stellt die Aufrichtung des Gekreuzigten dar und der Segen am Ende der Messe erinnert an den segnenden Auferstandenen, der in den Himmel auffährt. Nicht die Messe in ihren einzelnen Teilen und deren Zusammenhänge, sondern die szenische Aneinanderreihung biblischer Ereignisse, die dem Betrachter das Leiden, Sterben und Auferstehen des Herrn vor Augen führen soll, bestimmte damit weithin das Verständnis der Feier. Diese allegorische Deutung der Messe entwickelte sich fast zwangsläufig, weil die Liturgie durch die lateinische Sprachbarriere und die praktisch ausschließliche Konzentration auf das klerikale Handeln nicht mehr als Feier des ganzen Gottesvolkes erfahrbar war. Diese Liturgieerklärung bildete damit ein Surrogat, das zwar die Konzentration der Messfrömmigkeit auf das zentrale Christusereignis sicherte, aber zu einer unglücklichen Zweigleisigkeit führte: hier das sakramentale Geschehen, dort die davon letztlich unabhängige meditative Betrachtung.[4]

---

zum Gottesdienst der Kirche, hg. v. Martin Klöckener/Benedikt Kranemann/Michael B. Merz, LWQF (1997), 142-150; zu den theologiegeschichtlichen Hintergründen und zu einer vertieften Sicht der Liturgieallegorese vgl. Reinhard Messner, Zur Hermeneutik allegorischer Liturgieerklärung in Ost und West, in: ZKTh 115 (1993), 284-319 und 415-434.

[2] Vgl. die materialreiche und immer noch bedeutende Darstellung von Adolph Franz, Die Messe im deutschen Mittelalter. Beiträge zur Geschichte der Liturgie und des religiösen Volkslebens, Freiburg 1902 (ND Bonn 2003); aus jüngerer Zeit sind etwa zu nennen Franz Rudolf Reichert, Die älteste deutsche Gesamtauslegung der Messe, CCath 29 (1967); Rudolf Suntrup, Die Bedeutung der liturgischen Gebärden und Bewegungen in lateinischen und deutschen Auslegungen des 9. bis 13. Jahrhunderts, MMAS 37 (1978); Matthias Henkel, Deutsche Messübersetzungen des Spätmittelalters. Untersuchungen auf der Grundlage ausgewählter Handschriften und vorreformatorischer Drucke, Imagines Medii Aevi 27 (2010).

[3] So illustriert der im 16. Jahrhundert aufkommende Buchtyp Les Tableaux de la Croix den Fortgang der Messzelebration und liefert zugleich eine bildliche Interpretation im Sinne der Messallegorese. Vgl. Michel Albaric (Hg.), Histoire du missel français, Paris 1986, 147-170.

[4] Vgl. Arnold Angenendt, Offertorium. Das mittelalterliche Messopfer, LWQF 101 (^{3}2014), 102f., 410-416.

Eine weitere strukturelle Wahrnehmung der römischen Messe mit massiven Konsequenzen für deren Verständnis und Feiergestalt entwickelte sich aus der faktischen Degeneration des Wortgottesdienstes und der parallel entsprechenden Aufwertung der Eucharistiefeier, eine Entwicklung, die im Frühmittelalter einsetzte und sich vor allem im nachtridentinischen Katholizismus als konfessionelles Signum verstärkte.[5] Auch diese massive Unwucht haben bildliche Darstellungen in Katechese und religiöser Hausliteratur nachdrücklich in der Wahrnehmung bei Klerus und Gemeinde verankert.[6] Demnach verstand man den Wortgottesdienst, den ersten Teil der Feier, lediglich als eine »Vormesse«. Ihr schrieb man mit den Schriftlesungen und der Predigt und deren volkssprachlichen Teilen weithin einen »vorwiegend lehrhaften Charakter«[7] zu, weshalb man darin die »vorbereitende Feier in der römischen Messliturgie« sah.[8] Der zweite Teil der Feier trat hingegen um so strahlender als »Opfermesse« hervor, bei der alles zum Gipfel strebte, nämlich der Konsekration durch die vom Priester rezitierten Einsetzungsworte und die Elevation der konsekrierten Hostie.[9] Sie bildete für die Gläubigen den erlebnismäßigen Höhepunkt, die Anbetung des am Kreuz geopferten, nun aber unter den Gestalten von Brot und Wein auf dem Altar gegenwärtigen Herrn.[10] Von da begann gewissermaßen wieder der Abstieg bis hin zur Entlassung. Stringent war denn auch die moralische Wertung: Eine lässliche Sünde beging, »wer einen unbedeutenden Teil freiwillig versäumt, z.B. von Beginn bis zur Opfe-

---

[5] Vgl. dazu die klassische Studie von Josef Andreas Jungmann, Missarum Sollemnia. Eine genetische Erklärung der römischen Messe 1-2, Wien [5]1962 sowie das derzeitige, einschlägige deutschsprachige Handbuch aus der Feder von Hans Bernhard Meyer, Eucharistie. Geschichte, Theologie, Pastoral. Mit einem Beitrag von Irmgard Pahl, GDK 4 (1989).

[6] Vgl. etwa die schematische Darstellung bei Candid Meyerhans, Kleine Liturgik, Luzern [4]1951, 16 und 18. Aus der Vielzahl der katechetisch-homiletischen Werke sei stellvertretend genannt: Johann v. M. Haberl, Gebräuche und Ceremonien der katholischen Kirche in Predigten auf die Sonn- und Festtage des ganzen Kirchenjahres; auch als Haus-Buch brauchbar für katholische Familien 2, Wien 1863, 1-21.

[7] Peter Hüls, Liturgik des h. Meßopfers, Münster 1915, 122.

[8] A.a.O., VIII.

[9] Zur Entstehung und Bedeutung der Elevation vgl. Peter Browe, Die Eucharistie im Mittelalter. Liturgiehistorische Forschungen in kulturwissenschaftlicher Absicht. Mit einer Einführung herausgegeben von Hubertus Lutterbach und Thomas Flammer, Vergessene Theologen 1, Münster u.a. [6]2011, 475-508; Hans Bernhard Meyer, Die Elevation im deutschen Mittelalter und bei Luther. Eine Untersuchung zur Liturgie- und Frömmigkeitsgeschichte des späten Mittelalters, in: Ders., Zur Theologie und Spiritualität des christlichen Gottesdienstes. Ausgewählte Aufsätze. Herausgegeben von Reinhard Messner und Wolfgang G. Schöpf, Liturgica Oenipontana 1, Münster u.a. 2000, 13-66 [Erstveröff. 1963].

[10] Zur Feiergestalt der Elevation und deren volksfrommen Umfeld vgl. Andreas Heinz, Die sonn- und feiertägliche Pfarrmesse im Landkapitel Bitburg-Kyllburg der alten Erzdiözese Trier von der Mitte des 18. bis zur Mitte des 19. Jahrhunderts, TThSt 34 (1978), 342-352.

rung ausschließlich ...«, eine schwere Sünde hingegen beging, wer bei der Opfermesse fehlte.[11]

2. Das Pascha-Mysterium als liturgietheologische Strukturordnung der Messfeier

Man sieht, die Wahrnehmung der römischen Messe und ihrer einzelnen Elemente war auch in der Vergangenheit von verschiedenen paradigmatischen Strukturmodellen bestimmt, die ihrerseits in theologischen und spirituellen Akzentsetzungen wurzelten. Das gilt selbstverständlich auch für den durch die Liturgiekonstitution des Zweiten Vatikanischen Konzils erneuerten Gottesdienst der Kirche. Die Texte und Riten sollten dabei »so geordnet werden, daß sie das Heilige, dem sie als Zeichen dienen, deutlicher zum Ausdruck bringen, und so, daß das christliche Volk sie möglichst leicht erfassen und in voller, tätiger und gemeinschaftlicher Teilnahme mitfeiern kann.«[12] Damit sind die beiden zentralen Prinzipien der Liturgiereform angesprochen: einerseits die Forderung nach der tätigen Teilnahme aller Gläubigen an der Liturgie als ekklesiologisches Programmwort,[13] andererseits – hier implizit genannt – das Pascha-Mysterium Christi (»das Heilige, dem sie als Zeichen dienen«) als heilsökonomisch-soteriologischer Leitbegriff.[14] Weil beide Prinzipien aber weder als theologischer Überbau noch als pastorale Strategie missverstanden werden dürfen, sondern als das doppelgesichtige Fundament die ganze liturgische Erneuerung durchdringen, muss man sich ihre Bedeutung auch für die strukturelle Gestalt der gottesdienstlichen Feiern, hier der Messfeier vor Augen halten.

So begreift die Liturgiekonstitution das gottesdienstliche Geschehen als stetige Vergegenwärtigung der Erlösung im Pascha-Mysterium, nämlich im

---

[11] So in der weit verbreiteten, für die Seelsorge im Beichtstuhl bestimmten Darlegung von Heribert Jone, Katholische Moraltheologie. Unter besonderer Berücksichtigung des Codex Iuris Canonici sowie des deutschen, österreichischen und schweizerischen Rechtes, Paderborn [8]1935, 157, Nr. 195.

[12] II. Vatikanum, SC 21.

[13] Vgl. dazu die Studie von Stephan Schmid-Keiser, Aktive Teilnahme. Kriterium gottesdienstlichen Handelns und Feierns. Zu den Elementen eines Schlüsselbegriffs in Geschichte und Gegenwart des 20. Jahrhunderts 1-2, EHS.23/250 (1985) und jüngst Birgit Jeggle-Merz, Tätige Teilnahme in Sacrosanctum Concilium. Stolperstein oder Impulsgeber für gottesdienstliche Feiern heute?, in: LJ 63 (2013), 153-166 [hier weitere Literatur].

[14] Vgl. dazu die kürzlich erschienene Untersuchung von Simon A. Schrott, Pascha-Mysterium. Zum liturgietheologischen Leitbegriff des Zweiten Vatikanischen Konzils, Theologie der Liturgie 6, Regensburg 2014; beachtenswerte Anfragen und Ergänzungen dazu stammen von Winfried Haunerland, Der liturgietheologische Leitbegriff des Zweiten Vatikanischen Konzils. Anmerkungen zu einer wichtigen Studie über das Pascha-Mysterium, in: LJ 64 (2014), 263-271.

Tod und in der Auferstehung Christi.[15] Daran erhält die Kirche Anteil, wann immer sie sich zur Feier dieses Pascha-Mysteriums versammelt. Denn kraft des Heiligen Geistes ist Christus mit seinem Heilswirken, vor allem mit seinem Tod und seiner Auferstehung, in den liturgischen Handlungen gegenwärtig und nimmt seine Kirche in sein Pascha-Mysterium hinein.[16] Dabei meint Mysterium nicht etwas, was geheimnisvoll bleiben soll und vor den Menschen zu verbergen ist. Vielmehr erweist sich das Mysterium gerade in den sichtbaren und irdisch erfahrbaren Vollzügen der Liturgie, in und hinter denen eine größere, die Welt übersteigende Wirklichkeit steht, und in denen der unsichtbare Gott den Menschen begegnet und sich erfahren lässt.[17] Weil also das ganze liturgische Geschehen letztlich vom Pascha-Mysterium Christi bestimmt ist, und die Erneuerung der Liturgie darauf zielt, eben diese Mitte, das Pascha-Mysterium wieder neu transparent zu machen, heißt das für unsere Frage: Unbeschadet der Bedeutung von primären und sekundären Elementen und Feierphasen, steht das Gesamtgeschehen der Liturgie unter der Maßgabe, vergegenwärtigendes Gedächtnis des Pascha-Mysteriums zu sein. Die strukturellen Gliederungen von gottesdienstlichen Feiern stehen darum weder isoliert für sich, noch stellen sie Module dar, die pragmatisch als Ordnungselemente zu betrachten wären. Vielmehr liegt den Tiefenstrukturen des Gottesdienstes mit dem Pascha-Mysterium eine liturgietheologische Größe zugrunde, die alle strukturellen Gliederungen zusammenhält, aufeinander bezieht und ihre wechselseitigen Dimensionen in Wort und Zeichen, Schrift und Ritus bestimmt.

Dies bringt die Konzilskonstitution bereits selbst zum Ausdruck, wenn sie für die nachpfingstliche Kirche feststellt, sie habe niemals aufgehört sich zur Feier des Pascha-Mysteriums zu versammeln, dabei zu lesen, ›was in allen Schriften von ihm geschrieben steht‹ (Lk 24,27), die Eucharistie zu feiern, in der ›Sieg und Triumph seines Todes dargestellt werden‹, und zugleich ›Gott für die unsagbar große Gabe dankzusagen‹ (2 Kor 9,15), in Christus Jesus ›zum Lob seiner Herrlichkeit‹ (Eph 1,12).«[18] Demnach bilden Versammlung, Ekklesia-Sein, Schriftlesung und Eucharistie als Ganzes die Feier des Pascha-Mysteriums.[19] Diese liturgietheologische Vorgabe lässt erst den Auftrag in SC 50 recht verstehen: »Der Mess-Ordo soll so überarbeitet werden, daß der eigentliche Sinn der einzelnen Teile und ihr wechselseitiger Zusammenhang deutlicher hervortreten und die fromme und tätige Teilnahme der Gläubigen

[15] Vgl. II. Vatikanum, SC 5.

[16] So formuliert SC 2, eine Oratio super oblata aus dem Sacramentarium Veronense zitierend: »In der Liturgie, besonders im heiligen Opfer der Eucharistie, vollzieht sich das Werk der Erlösung.«.

[17] Vgl. Haunerland, Der liturgietheologische Leitbegriff (s. Anm. 14), 268f.

[18] II. Vatikanum, SC 6.

[19] Vgl. die zu Recht angeführten kritischen Anmerkungen von Haunerland, Der liturgietheologische Leitbegriff (s. Anm. 14), 270.

erleichtert werde.«[20] Sinn und Zusammenhang sind dabei bestimmt vom Pascha-Mysterium, das in der Feiergestalt deutlicher in Erscheinung treten muss, damit die Gläubigen leichter daran teilnehmen können, denn mittels ihrer *participatio actuosa* ereignet sich an ihnen das Heilswerk des Herrn in Tod und Auferstehung. Demnach sind Wortgottesdienst und Eucharistiefeier zwar je eigene Weisen, in denen sich das Pascha-Mysterium vergegenwärtigt, bilden aber zusammen eine Einheit, die eben im Pascha-Mysterium Christi gründet. Aber damit sind wir bereits bei der Makrostruktur der Messfeier.

3. DIE MAKROSTRUKTUR DER MESSLITURGIE: WORTGOTTESDIENST UND EUCHARISTIEFEIER

Es ist wiederum die Liturgiekonstitution, die recht lapidar feststellt: »Die beiden Teile, aus denen die Messe gewissermaßen besteht, nämlich Wortgottesdienst und Eucharistiefeier, sind so eng miteinander verbunden, daß sie einen einzigen Kultakt ausmachen.«[21] Aus dem weiteren Kontext wird klar, dass sich dieser Hinweis vor allem gegen die schon angesprochene Auffassung richtet, die Sonntagspflicht könne sich mit der Eucharistiefeier im engeren Sinne begnügen.[22] Dass es sich hier aber um eine weitaus substantiellere Aussage handelt, wird klarer beim Blick in die Allgemeine Einführung in das Römische Messbuch (AEM). Sie führt, SC 56 zitierend, weiter aus: »Die heilige Messe besteht in gewisser Hinsicht aus zwei Teilen, dem Wortgottesdienst und der

---

[20] II. Vatikanum, SC 50. Wenn ich recht sehe, hat Simon Schrott den genannten Zusammenhang zwischen dem Pascha-Mysterium als liturgietheologische Grunddimension und der Revision des Mess-Ordo nicht näher thematisiert. Vgl. SCHROTT, Pascha-Mysterium (s. Anm. 14), 345-347, 403-409.

[21] II. Vatikanum, SC 56. Zur Neuentdeckung des Wortes Gottes als »ein Prinzipalstück der Liturgiereform« vgl. BENEDIKT KRANEMANN, Wort Gottes in der Liturgie, in: LJ 63 (2013), 167-183. Weitere Beiträge dazu etwa bei JÜRGEN BÄRSCH, »Von größtem Gewicht für die Liturgiefeier ist die Heilige Schrift« (SC 24). Zur Bedeutung der Bibel im Kontext des Gottesdienstes, in: LJ 53 (2003), 222-241; MARTIN KLÖCKENER u.a. (Hg.), Présence et rôle de la Bible dans la liturgie, Fribourg 2006; Wort Gottes in der Liturgie: HlD 64 (2010), H. 2; MARTIN KLÖCKENER, Bibel und Liturgie. Anmerkungen zu ihrer inneren Beziehung nach dem postsynodalen Schreiben »Verbum Domini«, in: LJ 62 (2012), 157-180; »Gegenwärtig ist Christus in seinem Wort« (Liturgiekonstitution Art. 7), HlD 66 (2012), H. 3. Aus evangelischer Sicht vgl. etwa ALEXANDER DEEG, Das äußere Wort und seine liturgische Gestalt. Überlegungen zu einer evangelischen Fundamentalliturgik, APTLH 68 (2012).

[22] Vgl. die entsprechenden Kommentare zu SC 56: JOSEF ANDREAS JUNGMANN, Kommentar zur Konstitution über die heilige Liturgie, in: LThK Ergbd. 1 (1966), 9-109, hier 59; EMIL JOSEPH LENGELING, Die Konstitution des Zweiten Vatikanischen Konzils über die heilige Liturgie, RLGD 5/6 (^{2}1965), 124f.; REINER KACZYNSKI, Theologischer Kommentar zur Konstitution über die heilige Liturgie Sacrosanctum Concilium, in: HThKVatII (2004), 1-227, hier 136f.

Eucharistiefeier, die jedoch so eng miteinander verbunden sind, daß sie eine einzige Gottesdienstfeier bilden; denn in der Messe wird der Tisch des Gotteswortes wie des Herrenleibes bereitet, von ihm wird den Gläubigen Lehre und Speise geboten.«[23] *Liturgia verbi* und *Liturgia eucharistica* stehen also, wie angedeutet, nicht beziehungslos nebeneinander und sind auch nicht willkürlich als Einheit miteinander verbunden. Ihre Beziehung zueinander gründet darin, dass in ihnen – wohl auf je unterschiedliche Weise – das eine und gleiche Heilswerk vergegenwärtigt wird: das Pascha-Mysterium.[24] So sieht es schließlich offenkundig auch der »Sonntagsartikel« von *Sacrosanctum Concilium*, wenn er festhält, dass die Kirche seit apostolischer Zeit am Sonntag das Pascha-Mysterium feiert und diese Feier dann näher bestimmt: »An diesem Tag müssen die Christgläubigen zusammenkommen, um das Wort Gottes zu hören, an der Eucharistiefeier teilzunehmen und so des Leidens, der Auferstehung und der Herrlichkeit des Herrn Jesus zu gedenken und Gott dankzusagen ...«[25] Demnach ereignet sich das Gedächtnis des Pascha-Mysteriums und die Danksagung, indem die Versammlung Gottes Wort hört und an der Eucharistie teilnimmt. Denn Gottes Wort wird in der Messfeier ja nicht vorgetragen, um über Jesus und seine Botschaft zu informieren, oder um die Gläubigen über die Vielfalt der biblischen Bücher und ihres Inhalts in Kenntnis zu setzen. Vielmehr ergreift Christus selbst inmitten der Kirche das Wort und sagt seinem Volk das Heil zu, wie es in der Überlieferung der Schrift bewahrt, in der gottesdienstlichen Versammlung aber aktuell vergegenwärtigt wird.[26] So unterschiedlich die Bücher, Gattungen und Textsorten der gottesdienstlichen Schriftlesungen auch sein mögen, immer verkünden sie in christlicher Relecture das eine Mysterium Christi. Und dieses eine Mysterium ist das gleiche, das in realsymbolischer Repräsentation in der auf den Wortgottesdienst folgenden Eucharistie gefeiert wird. Entsprechend sieht denn auch die Pastorale Einführung in das Messlektionar (PEM) die innere Beziehung zwischen Wort

[23] AEM 7 (vgl. Grundordnung des Römischen Messbuchs [GORM] 28). Zur rituellen Grundgestalt des Wortgottesdienstes der Messe vgl. BENEDIKT KRANEMANN, Biblische Texte als Heilige Schrift in der Liturgie, in: CHRISTOPH BULTMANN u.a. (Hg.), Heilige Schriften. Ursprung, Geltung und Gebrauch, Münster 2005, 159-171; STEPHAN WAHLE, Von der Vormesse zur Liturgie des Wortes, in: STEPHAN WAHLE u.a. (Hg.), Römische Messe und Liturgie in der Moderne, Freiburg u.a. 2013, 346-377.

[24] Vgl. OTTO NUSSBAUM, Die Messe als Einheit von Wortgottesdienst und Eucharistiefeier, in: DERS., Geschichte und Reform des Gottesdienstes. Liturgiewissenschaftliche Untersuchungen. Herausgegeben von ALBERT GERHARDS und HEINZGERD BRAKMANN, Paderborn u.a. 1996, 19-49 [Erstveröff. 1977].

[25] II. Vatikanum, SC 106. Vgl. dazu die kritischen Bemerkungen von HAUNERLAND, Der liturgietheologische Leitbegriff (s. Anm. 14), 270.

[26] II. Vatikanum, SC 7: »Gegenwärtig ist er [Christus; JB] in seinem Wort, da er selbst spricht, wenn die heiligen Schriften in der Kirche gelesen werden.« Vgl. dazu OTTO NUSSBAUM, Zur Gegenwart Gottes/Christi im Wort der Schriftlesung und zur Auswirkung dieser Gegenwart auf das Buch der Schriftlesungen, in: HANNS PETER NEUHEUSER (Hg.), Wort und Buch in der Liturgie, St. Ottilien 1995, 62-95, 66-79.

Gottes und Eucharistie, wenn sie herausstellt: »In der Feier des Wortes Gottes wird der göttliche Bund verkündet, in der Feier der Eucharistie der neue und ewige Bund erneuert. Hier wird die Heilsgeschichte in vernehmbaren Worten ausgerufen, dort wird dieselbe Heilsgeschichte unter den sakramentalen Zeichen der Liturgie vollzogen.«[27] So tritt also die Versammlung im Wortgottesdienst gewissermaßen in jenen heilsgeschichtlichen Raum ein, in der das Christusereignis im Modus des verkündigten Wortes vergegenwärtigt wird.[28] Deshalb eignet nicht nur der Eucharistiefeier eine anamnetische Qualität, sondern auch der liturgischen Verkündigung des Wortes Gottes. Wird doch durch das Wort Gottes, um noch einmal die Pastorale Einführung in das Messlektionar zu zitieren, »das Heilswerk unaufhörlich gegenwärtig gesetzt und fortgeführt und findet im gottesdienstlichen Tun sogar erst seinen vollen Ausdruck.«[29]

Die Christusanamnese im Wort der Schrift und im Mahl der Eucharistie realisiert sich in der Kirche als ein pneumatischer Vorgang. Wie alle Liturgie geschieht auch die gottesdienstliche Verkündigung des Wortes als Vergegenwärtigung des Christusgeschehens »in der Kraft des Heiligen Geistes.«[30] Ist es doch der Geist, der das Menschenwort der Schrift als Gottes Wort aufschließt, der die Wahrheit dieses Wortes für die Menschen aller Zeiten aufdeckt und der dieses Wort in den Herzen der Menschen entfaltet, um sie in das Pascha Christi hineinzunehmen und in das neue Leben des Gekreuzigten und Auferstandenen zu verwandeln.[31] Das Wirken des Geistes Gottes ist aber in der Liturgie nicht einfach von der Kirche verfügbar, sondern muss erbeten werden. Darum wohnt dem Wortgottesdienst neben der anamnetischen auch die epikletische Dimension inne, insofern der Vollzug der Schriftlesung transparent bleibt auf die durch den Geist aktualisierte sprechend-handelnde Zuwendung Gottes in seinem Wort.

Christusanamnese und Geistepiklese verweisen als Elemente des eucharistischen Handelns der Kirche zurück auf die gottesdienstliche Verkündigung der Schrift. Hier wie dort geht es um ein Begegnungsgeschehen zwischen Gott und den Menschen, das sich dialogisch auch in dem *einen* gottesdienstlichen Akt der Messe abbildet. Mehr noch: die Begegnung im Wort führt zur Begegnung in der Eucharistie, in der sie sich in der gegenseitigen Hingabe vollendet, deren sakramentaler Ausdruck die *actio eucharistica* mit Brot und Wein, Leib und Blut Christi ist.[32] Weil das Wort, das Christus spricht,

---

[27] PEM 10.
[28] Vgl. II. Vatikanum, DV 21.
[29] PEM 4. Zur Sache insgesamt vgl. REINHARD MESSNER, Der Wortgottesdienst der Messe als rituell inszenierte Christusanamnese, in: HlD 66 (2012), 171-185.
[30] II. Vatikanum, SC 6.
[31] Vgl. REINHARD MESSNER, Einführung in die Liturgiewissenschaft (UTB 2173), 2001, 183-192.
[32] Vgl. MEYER, Eucharistie (s. Anm. 5), 457.

den Menschen zum Hören herausfordert, ihn zur Ant-Wort befähigt und damit erst zum Dialog mit Gott ermächtigt, darf man in der Feierstruktur der Messe schließlich auch den dialogischen Charakter der Liturgie insgesamt erkennen, von der die Liturgiekonstitution spricht: »Mit Recht gilt also die Liturgie als Vollzug des Priesteramtes Christi; durch sinnenfällige Zeichen wird in ihr die Heiligung des Menschen bezeichnet und in je eigener Weise bewirkt und vom mystischen Leib Jesu Christi, d.h. dem Haupt und den Gliedern der gesamte öffentliche Kult vollzogen.«[33] Weil Liturgie sich weder in der betrachtenden Anbetung Gottes erschöpft, noch die kultisch-latreutische Verehrung Gottes an erster Stelle steht, sondern Gott sich zuerst den Menschen zuwenden und zur Begegnung rufen muss, kann man in der Struktur von Wortgottesdienst und Eucharistiefeier das dialogische Prinzip von Wort und Antwort abgebildet sehen, wie es liturgisch in der Abfolge von Schriftlesung und Gebet, von Wortgottesdienst und Sakramentenfeier Gestalt annimmt. So darf die Eucharistiefeier in der Dynamik der Messe als das antwortende Gebetsgeschehen verstanden werden: Auf Gottes Wort hin antwortet die Kirche in der lobpreisend-dankenden Anbetung des Vaters durch Christus im Heiligen Geist. Und diese Anbetung realisiert sich selbst wiederum in Wort und Zeichen. Erst durch das sich offenbarende, im Christusereignis selbst Fleisch gewordene Wort Gottes, wie es im Wortgottesdienst verdichtet und aktualisiert in der feiernden Gemeinde Gegenwart wird, darf diese sich ermächtigt sehen, zu Gott aufzusteigen, um in der Eucharistiefeier vor Gott zu stehen und ihm zu dienen.[34]

Diese liturgietheologischen Überlegungen zur Makrostruktur der Messe verbleiben keineswegs im Theoretischen. Sie haben durchaus praktische Relevanz. Denn wenn der Wortgottesdienst im genannten Sinne teil hat am anamnetisch-epikletischen Charakter, wie er der Eucharistie explizit eigen ist, und wenn er als sakramentales Begegnungsgeschehen zwischen Gott und Mensch in der Feier des Pascha-Mysteriums zur »antwortenden« Gedächtnisfeier in der Eucharistie drängt und hingeordnet ist, dann ist nicht nur über die Gestaltwerdung des Wortes als Gottes Wort in seiner rituellen Inszenierung nachzudenken,[35] und auch nicht nur über die theologisch-spirituelle Ausbil-

---

[33] II. Vatikanum, SC 7.

[34] Vgl. die gleichlautende Formulierung im Zweiten Eucharistischen Hochgebet; Meßbuch für die Bistümer des deutschen Sprachgebietes. Authentische Ausgabe für den liturgischen Gebrauch [...] Kleinausgabe, Einsiedeln u.a. [2]1988, 486.

[35] Vgl. BENEDIKT KRANEMANN, Wort – Buch – Verkündigungsort. Zur Ästhetik der Wortverkündigung im Gottesdienst, in: MARTIN KLÖCKENER/ARNAUD JOIN-LAMBERT (Hg.), Liturgia et Unitas. Liturgiewissenschaftliche und ökumenische Studien zur Eucharistie und zum gottesdienstlichen Leben in der Schweiz. FS Bruno Bürki, Freiburg/Schw./Genève 2001, 57-72; ALBERT GERHARDS, Dem Wort Gottes Gestalt geben. Heutige Anfragen an tradierte Formen des Wortgottesdienstes, in: BENEDIKT KRANEMANN/THOMAS STERNBERG, Wie das Wort Gottes feiern? Der Wortgottesdienst als theologische Herausforderung, QD 194 (2002), 146-165; REINHARD MESSNER, Einige Defizi-

dung und Begleitung derer, die dem Wort Gottes in der Feier Gestalt geben, sondern etwa auch über die Homilie, die nach Aussage der Liturgiekonstitution als »Teil der Liturgie selbst«[36] die Aufgabe hat, das Begegnungsgeschehen im Wort im Licht des eucharistischen Geschehens zu deuten und auszulegen. Verlangt nicht gerade die innere, theologisch bestimmte Einheit von Wortgottesdienst und Eucharistiefeier eine Predigt, die zwischen Schrift und Sakramentenfeier zu vermitteln weiß?[37] Eine solche mystagogische Bemühung diente schließlich der vom Konzil geforderten tätigen Teilnahme der Gläubigen an der Liturgie, zielte doch eine solche Homilie auf den inneren und äußeren, den verstehenden und geistlichen Mitvollzug der Eucharistie und leistete auf diese Weise einen wesentlichen Beitrag zum berechtigten Anliegen der *ars celebrandi* der ganzen Gemeinde.

4. Mikrostrukturen der Messliturgie

Unterhalb der Makrostruktur der Messe mit den beiden Teilen Wortgottesdienst und Eucharistiefeier, gerahmt von den beiden Elementen Eröffnung und Entlassung[38], sind Mikrostrukturen zu erkennen, die liturgietheologische Dimensionen erschließen und für die Inszenierung zu beachten sind. Auf zwei Beispiele möchte ich im Folgenden noch eingehen.

4.1 Wortgottesdienst: Verkündigung und Gebet

Betrachtet man die Feiergestalt des Wortgottesdienstes in der sonn- und feiertäglichen Gemeindemesse lassen sich im Wesentlichen zwei Akte erkennen: den Akt der Verkündigung, der die Schriftlesungen mit ihren dazugehörigen Gesängen und die Homilie umfasst, und den Akt des Gebets, der als Allgemeines Gebet (*oratio universalis*) oder Gebet der Gläubigen (*oratio fidelium*), vielfach wenig sachgerecht als Fürbitten bezeichnet, in Erscheinung tritt.[39] Das zwischen Verkündigung und Gebet tretende Glaubensbekenntnis vermochte

---

te in der Performance der Eucharistie, in: Wahle, Römische Messe (s. Anm. 23), 305-345, 334-339.

[36] II. Vatikanum, SC 52; zur näheren Bestimmung vgl. die Instruktion Inter Oecumenici (26.9.1964), 53-55 (vgl. Dokumente zur Erneuerung der Liturgie 1, hg. v. Heinrich Rennings unter Mitarbeit von Martin Klöckener, Kevelaer 1983, 251-253).

[37] Vgl. Jürgen Bärsch, »... die Gemeinschaft der Gläubigen zur tätigen Mitfeier der Eucharistie hinführen« (PEM 24). Gedanken zur Homilie als liturgischer Vollzug der Messfeier, in: Stefan Böntert (Hg.), Gemeinschaft im Danken. Grundfragen der Eucharistiefeier im ökumenischen Gespräch. FS Irmgard Pahl, StPaLi 40 (2015), 97-112.

[38] Eher pragmatisch beschreibt die AEM diese Rahmenelemente: »Dazu kommen noch jene Teile, welche die Feier eröffnen und beschließen«, AEM 8 (vgl. GORM 28).

[39] Vgl. Messner, Einführung (s. Anm. 31), 181-183; Benedikt Kranemann, Anmerkungen zur Dramaturgie des Wortgottesdienstes der Messfeier, in: Ansgar Franz (Hg.), Streit am Tisch des Wortes? Zur Deutung und Bedeutung des Alten Testaments und seiner Verwendung in der Liturgie, PiLi 8 (1997), 759-768.

sich ja bekanntlich erst sehr spät in der römischen Messe etablieren und fand dann auch eine wenig überzeugende Stellung innerhalb der Feier.[40]

Betrachtet man aber die beiden Zentralakte Verkündigung und Gebet, dann findet man in ihnen die schon angesprochene dialogische Dimension der Liturgie in nuce realisiert und den Wortgottesdienst damit als Kommunikationsgeschehen sui generis dargestellt. Bereits 1939 hat Josef Andreas Jungmann († 1975) hier eine Art »Formgesetz« der Liturgie zu formulieren versucht, wenn er schreibt:

»Den Höhepunkt in diesem Schema bildet das Gebet; darauf strebt das Vorausgehende hin: man ist zum Gebet versammelt. Aber das Gebet kann nicht gut unvermittelt beginnen. Zum Gebet muss gewissermaßen erst Gott uns rufen; bevor wir als Christen beten und zu Gott reden können, muss Gott uns durch sein Wort angeredet haben. Darum steht am Anfang des liturgischen Schemas die Lesung, allgemein das Wort Gottes, das wir hören. Das Wort Gottes nun nehmen wir gläubig und dankbar auf, wir lassen es gewissermaßen nachklingen in unserem Herzen; es weckt darin Echo und Antwort. Die Antwort könnte ein schweigendes Verweilen sein; meistens tritt sie als Gesang hervor; darum folgt auf die Lesung Gesang. Und dann, wenn so die rechte Atmosphäre geschaffen ist, kann das Gebet folgen; die Kirche will beten, das heißt: die christliche Versammlung mit dem Priester an der Spitze, nicht der Priester allein. Die Gebetsbewegung nimmt also ihren Ausgang in der Gesamtheit des versammelten Volkes, dann wird das Gebet vom Priester zusammengefasst und zu Gott empor geleitet ›durch Christus, unsern Herrn‹.«[41]

Auch wenn wir heute genauer sehen, dass der von Jungmann eruierte Dreischritt Lesung – Gesang – Gebet sicher nicht eine alte, gar universale liturgische Grundform darstellt, erschließt sie doch gut die geistliche Grundstruktur des Wortgottesdienstes in lectio, meditatio und oratio. Nach dem Tagesgebet schließt der Eröffnungsteil, alle setzen sich und ein Lektor oder eine Lektorin tritt an den Ambo, der jetzt erstmals als Feierort in Erscheinung tritt. Von diesem für das Wort Gottes reservierten Ort erfolgt die Proklamation des Wortes in dramaturgisch aufsteigender Reihenfolge: alttestamentliche Lesung mit Psalm, nichtevangelische neutestamentliche Lesung, Prozession

---

[40] Erst im Zuge der Krönung Heinrichs II. 1014 wurde das Nizänum auf Druck des Kaisers – nicht ohne Widerwillen – in die römische Messe aufgenommen. Vgl. Jungmann, Missarum Sollemnia 1 (s. Anm. 5), 591-606; Jakob Baumgartner, Neubesinnung auf das Credo in der Messe, in: LJ 19 (1969), 91-112; Ders., Vom Bekennen des Glaubens, in: Josef G. Plöger (Hg.), Gott feiern. Theologische Anregung und geistliche Vertiefung zur Feier von Messe und Stundengebet. FS Theodor Schnitzler, Freiburg u.a. 1980, 142-158. Vgl. dazu die kritischen Stimmen etwa bei Gerhards, Dem Wort Gottes Gestalt geben (s. Anm. 35), 156; Messner, Einführung (s. Anm. 31), 192.

[41] Josef Andreas Jungmann, Wortgottesdienst im Lichte von Theologie und Geschichte, Regensburg [4]1965, 58 [Erstauflage: Die liturgische Feier. Grundsätzliches und Geschichtliches über Formgesetze der Liturgie, Regensburg 1939].

mit Evangeliar und Halleluja-Akklamation und Evangelium.[42] So wird das geschichtliche Heilshandeln Gottes im Medium der Sprache vergegenwärtigt, indem der Geist das biblische Zeugnis als Gottes Anruf und Anspruch an die jetzt hörende Versammlung erschließt. Diesem Geschehen entspricht auf Seiten des Menschen die Haltung des Hörens und des Verweilens beim Wort.[43] Letzteres darf sich nicht nur auf die Elemente Psalm und Homilie beschränken, sondern bedürfte mehr als in der Praxis weithin üblich auch eine Zeit der Stille nach den Lesungen.

Nach Homilie und Glaubensbekenntnis erfolgt dann als Antwort auf Gottes Wort das Allgemeine Gebet der Versammlung.[44] Dass nicht Lobpreis und Dank die direkte Antwort auf das Wort Gottes ist, zeigt noch einmal die theologische Grundbedeutung der Verkündigung auf. Denn in der Verkündigung der Schrift ereignet sich die anamnetische Proklamation des in Jesus angebrochenen, aber noch nicht vollendeten Reiches Gottes. Dabei wird der Versammlung die Spannung zwischen dem verheißenen Frieden und Heil des Reiches Gottes und der alltäglichen Erfahrung einer noch unerlösten Welt schmerzhaft bewusst. Deshalb tritt sie, sich mit ihrem Hohenpriester Christus identifizierend (vgl. Hebr 4,14-5,10) und ihr gemeinsames Priestertum realisierend,[45] für die Welt ein und erinnert Gott, so Reinhard Meßner, »angesichts der noch unvollendeten Welt im Modus der Bitte und Klage an seine Verheißung des Reiches Gottes.«[46] Für die gottesdienstliche Inszenierung heißt das, sowohl die Bittintentionen müssen der tatsächlichen, aktuell realen Not der Welt entsprechen, und die Gläubigen müssen eine Zeit der Stille haben, um das genannte Gebetsanliegen aufzunehmen und vor Gott zu tragen, wie dies paradigmatisch etwa die Großen Fürbitten der Karfreitagsliturgie gestalten.[47]

---

[42] Die Probleme um Perikopenordnung und dramaturgische Anordnung sind bekannt und können hier nicht weiter verfolgt werden. Vgl. dazu etwa GERHARDS, Dem Wort Gottes Gestalt geben (s. Anm. 35), 151-153 und die Beiträge in FRANZ, Streit am Tisch des Wortes? (s. Anm. 39).

[43] Vgl. EMMANUEL VON SEVERUS, Vom Verweilen beim Wort, in: PLÖGER, Gott feiern (s. Anm. 40), 133-135.

[44] Die AEM 33 (vgl. GORM 55) formuliert: »Durch das Wort Gottes gestärkt, bittet sie [die Gemeinde; JB] in den Fürbitten für das Anliegen der gesamten Kirche und für das Heil der ganzen Welt.«

[45] Die AEM 45 (vgl. GORM 69) hebt unmissverständlich hervor: »In den Fürbitten übt die Gemeinde durch ihr Beten für alle Menschen ihr priesterliches Amt aus.«.

[46] MESSNER, Einführung (s. Anm. 31), 193.

[47] In ihnen erfolgen auf das Nennen des Gebetsanliegens stets eine Zeit des stillen Gebets aller Versammelten (mit oder ohne Kniebeugung), worauf der Vorsteher das Gebet der Gemeinde in einer Collecta zusammenfasst. Vgl. MARTIN KLÖCKENER, Die »Feier vom Leiden und Sterben Jesu Christi« am Karfreitag. Gewordene Liturgie vor dem Anspruch der Gegenwart, in: LJ 41 (1991), 210-251, 240-242; STEPHAN WINTER, Mit Christus und durch ihn Gebete und Bitten vor den bringen, »der ihn aus dem Tod retten konnte« (Hebr 5,7). Zu Praxis und Theologie der Großen Fürbitten in der Karfreitagsliturgie, in: BENJAMIN LEVEN/MARTIN STUFLESSER (Hg.), Ostern feiern. Zwischen

4.2 Eucharistiefeier: Hochgebet und Brotbrechen/Kommunion

Bereits der älteste überlieferte Einsetzungsbericht im 1. Korintherbrief lässt eine Grundstruktur der rituellen, wiederholbaren Ausdrucksgestalt jener Gedächtnisfeier erkennen, die Christus im Rahmen seines letzten Mahles mit den Jüngern gestiftet hat:

»Jesus, der Herr, nahm in der Nacht,	
in der er ausgeliefert wurde, Brot,	
sprach das Dankgebet,	*Eucharistisches Hochgebet*
brach das Brot	*Brotbrechen*
und sagte: Dies ist mein Leib	*Kommunion am Leib Christi für euch...*
Ebenso nahm er nach dem Mahl den Kelch	
und sprach: Dieser Kelch ist der Neue Bund	
in meinem Blut. Tut dies, sooft ihr daraus trinkt,	
zu meinem Gedächtnis« (1 Kor 11,23-25)	*Kommunion am Blut Christi*

Die Feiergestalt der Eucharistie umfasst demnach im Wesentlichen drei Vollzüge: das anamnetisch-epikletische Dank- und Segensgebet über Brot und Wein, das Brechen des Brotes und das Reichen und Empfangen der Mahlgaben, mit denen sich Jesus in seiner liebenden Hingabe am Kreuz identifiziert hat.[48] Als die zentralen und dem Auftrag Jesu eingestifteten Grundelemente sind Eucharistiegebet – Brotbrechung – Kommunion zutiefst aufeinander bezogen und voneinander abhängig. Das heißt, die Feiergestalt der Eucharistie ist von einem Wortgeschehen und einem Bildgeschehen bestimmt, näherhin von einer Gebetshandlung und einer rituellen Zeichenhandlung.

Dabei bedingen sich Wort und Zeichen: Was das Eucharistische Hochgebet im Wort proklamiert und in Lobpreis, anamnetischem Dank und epikletischer Bitte ausdrückt, das ist leibhaft-symbolisch erfahrbar im eucharistischen Zeichengeschehen, dem Brotbrechen und der Kommunion. Und umgekehrt erhalten die leibhaft-symbolische Zeichenhandlungen Brotbrechen und Kommunion ihre genuine und unverwechselbare Deutung im worthaften Vollzug des Eucharistischen Hochgebetes. Wir können also sagen: Die Feiergestalt der Eucharistie umfasst ein einziges Handlungsgeschehen, eine actio, die sich in eucharistischer Worthandlung und eucharistischer Zeichenhandlung realisiert.[49]

---

normativem Anspruch und lokaler Praxis, Theologie der Liturgie 4, Regensburg 2013, 89-112.

[48] Die AEM 48 (vgl. GORM 72) betont: »Die Kirche hat die Liturgie der Eucharistiefeier so geordnet, daß sie diesen Worten und Handlungen entspricht.«.

[49] Diese wechselseitigen Bezüge im sakramentalen Symbolhandeln hat August Jilek herausgearbeitet. Vgl. August Jilek, Symbol und symbolisches Handeln in sakramentlicher Liturgie. Ein Beitrag an Hand der mystagogischen Katechesen des Bischofs Ambrosius von Mailand (gest. 397), in: LJ 42 (1992), 25-62; Ders., Das Brotbrechen. Eine Einführung in die Eucharistiefeier, Kleine Liturgische Bibliothek 2, Regensburg

Wenn wir für die strukturelle Gesamtgestalt der Messfeier die *Liturgia eucharistica* als Ant-Wort-Geschehen auf das in der *Liturgia verbi* ergangene Offenbarungswort Gottes kennzeichnen, dann gilt, dass die ganze eucharistische Liturgie in Hochgebet und ritueller Zeichenhandlung als Akt der lobpreisend-dankenden Anbetung Gottes verstanden werden muss. Wie das Eucharistiegebet die versammelte Kirche in die Gegenwart Gottes erhebt (»Sursum corda«) und explizit Lobpreis, Dank und Bitte ausspricht, so stehen auch Brotbrechen und Kommunion in dieser Gegenwart Gottes und sind in der Gestalt der rituellen Zeichenhandlung ebenfalls Anbetung und Lobpreis, nämlich »verleiblichter Gebetsvollzug«.[50] *Eucharistia* ist also in diesem Sinne Danksagung in Wort und Zeichen, in verbaler und ritueller *actio*, in Hochgebet und Brotbrechen und Kommunion.

Dieser innere Zusammenhang zeigt sich etwa in der Christusanamnese der Eucharistie,[51] die sich in Gebets- und Zeichengeschehen entfaltet. Was etwa die verbale Anamnese im Einsetzungsbericht explizit ausspricht, findet seine Entsprechung in der zeichenhaften Anamnese: »nahm das Brot, sagte Dank, brach es, reichte es seinen Jüngern und sprach: Nehmet und esset alle davon, das ist mein Leib, der für euch hingegeben wird...« Das gebrochene Brot ist dabei das erfahrbare Symbol der Lebenshingabe des Herrn. Die worthafte Anamnese findet im Brotbrechen seine symbolische Darstellung und Fortsetzung. Im Brotbrechen bildet sich also ab, was mit dem Herrenwort (»Mein Leib – für euch hingegeben [zerbrochen]«[52]) gesagt ist. Die eucharistische Zeichenhandlung stellt somit symbolisch das Opfer Christi am Kreuz dar.

1994. – Zum Verständnis der Eucharistie in Wort und Zeichen als Handlung vgl. bereits Odo Casel, Actio in liturgischer Verwendung, in: JLW 1 (1921), 34-39; Ders., Das christliche Opfermysterium. Zur Morphologie und Theologie des eucharistischen Hochgebetes. Herausgegeben von Viktor Warnach, Graz u.a. 1968, 402-406.

[50] Vgl. August Jilek, Art. Symbol/Zeichen, in: PLSp (1988), 1241-1244, 1242f.; Robert Wentz, Vom anamnetischen Sinn liturgischer Symbolhandlungen, in: HlD 55 (2001), 250-264, 258.

[51] Zur Bedeutung der liturgischen Anamnese als sprachliche und symbolische Form des Gedenkens, also der handelnden Wirklichkeit Gottes, in die die Versammelten »in mysterio« eintreten und die sie zu Zeitgenossen der Heilsgegenwart macht, vgl. etwa die knappe, aber sehr eingängige Darstellung bei Messner, Einführung (s. Anm. 31), 160-165, 201-203.

[52] August Jilek (Jilek, Brotbrechen [s. Anm. 49], 85-88) hat auf altkirchliche Eucharistiegebete hingewiesen, die das Herrenwort zum Brot als gewaltsames Zerbrechen des Lebens Jesu ausdrücklich formulieren, so etwa in der Traditio Apostolica (»quod pro vobis confringetur ...« [Geerlings (FC 1), 224f.]), bei Serapion von Thmuis (»... quod pro vobis frangitur ...« [Franz Xaver Funk, Didascalia et Constitutiones Apostolorum, Paderborn 1905, 173-175, 175]) und bei Ambrosius (»...fractumque apostolis et discipulis suis tradidit ... quod pro multis confringetur« [Schmitz (FC 3), 148f.]). Bereits Franz Nikolasch hat an vergleichbare Textvariationen von 1 Kor 11,24 erinnert. Vgl. Franz Nikolasch, Vom geteilten Brot, in: Plöger, Gott feiern (s. Anm. 40), 248-255, 252f.

Ebenso erfolgt die zeichenhafte Anamnese des Opfers Christi, seines Paschas, wenn die Versammelten in der Kommunion Leib und Blut Christi im Essen vom gebrochenen Brot und im Trinken aus dem einen Kelch empfangen. So erhalten sie sakramental Anteil an der Lebenshingabe Christi. Als sein Leib werden sie in dieser realsymbolisch erfahrbaren und vermittelten Teilhabe vom Herrn selbst ermächtigt, in seiner Nachfolge und mit ihm und untereinander verbunden, auch sich selbst hinzugeben an den Vater und die Menschen.[53] Zielt doch die eucharistische Anamnese, so Hans Bernhard Meyer († 2002), »nicht darauf ab, Christus und sein Heilswerk uns [gleichsam als Objekt; JB] gegenwärtig zu setzen. Es geht vielmehr darum, dass wir im Medium rituell-kultischen Tuns je neu in die Gegenwart seines Heilswerkes eintreten dürfen.«[54]

Die so skizzierte Zeichenhandlung verlangt allerdings eine entsprechende rituell-inszenatorische Darstellung. Denn die Feiergestalt wird verunklart, wenn die Mahlgaben als Zeichen der Selbsthingabe der Versammelten lediglich von der Kredenz im Altarraum durch Ministrantinnen und Ministranten zum Altar getragen werden, oder wenn die Gläubigen in der Messfeier regelmäßig – entgegen dem Wunsch der Konzilsväter und des Römischen Messbuchs – das eucharistische Brot aus dem Tabernakel empfangen.[55] Dass Brotbrechen und Kommunion eng mit dem anamnetischen Verständnis des eucharistischen Opfers verbunden sind, kann hingegen eindrücklicher zum

---

[53] Vor allem Odo Casel († 1948) hat diesen Gedanken nachdrücklich betont: »Weil wir aber mit Christus ein Leib sind, sind wir in dieses Opfer eingeschlossen. Wir opfern uns selbst mit ihm dem Vater. Durch Christus können wir den Leib und das Blut des Herrn Gott opfern. Wir selbst aber sind dieser Leib und dieses Blut. Wenn nämlich der Priester bei der Mysterienfeier spricht: ›Das ist mein Leib, das ist mein Blut‹, so werden diese Worte nicht nur über die Gestalten von Brot und Wein gesprochen, sondern über uns. Wir alle sind durch diese Worte bezeichnet.« Casel, Das christliche Opfermysterium (s. Anm. 49), 424f. Zur Frage der zentralen Bedeutung der Anamnese zum Verständnis der Opferaussagen im Eucharistiegebet vgl. neben der einschlägigen Studie von Martin Stuflesser, Memoria Passionis. Das Verhältnis von lex orandi und lex credendi am Beispiel des Opferbegriffs in den Eucharistischen Hochgebeten nach dem II. Vatikanischen Konzil (Münsteraner Theologische Abhandlungen 51), Münster 1998, u.a. 225-229; Winfried Haunerland, Die Messe – eine Opferfeier?, in: ThPQ 146 (1998), 125-135, 128-132; Albert Gerhards/Klemens Richter (Hg.), Das Opfer. Biblischer Anspruch und liturgische Gestalt, QD 186 (2000); darin u.a. Frieder Schulz, Das Opfermotiv in den liturgischen Traditionen der Reformationskirchen bis heute, 234-256.

[54] Meyer, Eucharistie (s. Anm. 5), 449.

[55] Bereits SC 5 fordert: »Mit Nachdruck wird jene vollkommenere Teilnahme an der Messe empfohlen, bei der die Gläubigen nach der Kommunion des Priesters aus derselben Opferfeier den Herrenleib entgegennehmen.« Vgl. auch AEM 56 h (GORM 85). Den Wunsch haben schon die Päpste Benedikt XIV. 1742 (Enzyklika Certiores effecti) und Pius XII. 1947 (Enzyklika Mediator Dei) ausgesprochen, seither wurde immer wieder an eine sinngerechte Praxis erinnert.

Ausdruck kommen, wenn zumindest einige Gläubige die »Gaben des Volkes für die Feier des Opfers« in einer Prozession zum Altar tragen,[56] wo das eine Brot dann tatsächlich in viele Teile gebrochen wird und die Mitfeiernden dann in einer zum Gabenzug komplementären Kommunionprozession erneut zum Altar treten, um ihre Gaben als die sie verwandelnde Gabe des Christusmysteriums in Brot und Wein zu empfangen.[57]

Schließlich birgt auch die eucharistische Epiklese die Einheit von Wort- und Zeichengeschehen in sich.[58] Was nämlich die Gebetshandlung verbal artikuliert, Gott möge Brot und Wein in der Kraft des Geistes zum Leib und Blut Christi wandeln, und er möge die jetzt Feiernden, kraft des Geistes, im Empfang der geistgewirkten eucharistischen Gaben, zu einem Leib und zu einem Geist machen, das findet seinen symbolischen Ausdruck im eucharistischen Zeichenhandeln, in Brotbrechung und Kommunion, die damit ebenfalls epikletische Bedeutung haben.

---

[56] Papst Johannes Paul II. sieht den Gedanken der Selbsthingabe nachdrücklich in der liturgischen Gestalt der Gabenprozession realisiert: »Es ist wichtig, daß dieser erste Akt der eucharistischen Liturgie im engeren Sinn auch im Verhalten der Teilnehmer zum Ausdruck kommt. Dem entspricht die sogenannte Gabenprozession, wie sie die jüngste Liturgiereform vorsieht, wobei nach alter Überlieferung ein Psalm oder ein Lied gesungen wird. Dabei ist ein gewisser Zeitraum notwendig, damit sich alle dieses Vorgangs bewusst werden können, der zugleich durch die Wortes des Zelebranten gedeutet wird.« Dominicae Cenae. Schreiben »über das Geheimnis und die Verehrung der heiligen Eucharistie« vom 24.2.1980 (hier zit. nach Klöckener/Rennings, Dokumente [s. Anm. 36], 3929). – Die gegenwärtige Ausgabe des Pontifikales für die Bistümer des deutschen Sprachgebietes. Handausgabe I, Freiburg u.a. 1994, 94, sieht deshalb für die Feier der Priesterweihe vor, dass zur Überreichung von Brot und Wein an die Neupriester Gläubige aus der Gemeinde die »Gaben des Volkes für die Feier des Opfers« herbeitragen.

[57] Zu den Prozessionsvollzügen in der eucharistischen Liturgie vgl. Jürgen Bärsch, Prozession – Ausdruck bewegter Liturgie. Liturgietheologische und -pastorale Überlegungen zu einem integrativen Bestandteil christlichen Gottesdienstes, in: George Augustin u.a. (Hg.), Priester und Liturgie. FS Manfred Probst, Paderborn 2005, 277-296, 283f.; insgesamt zur liturgietheologischen Ausdrucksgestalt von Brotbrechen und Kommunion vgl. Jürgen Bärsch, Eucharistische Communio – Gemeinschaft mit Christus und Gemeinschaft untereinander. Anmerkungen und Beobachtungen am Beispiel des Kommunionteils der römischen Messliturgie, in: Erzbistum Köln (Hg.), »Herr, zu wem sollen wir gehen?« Eucharistischer Kongress Köln 2013. Katechesen – Predigten – Vorträge, Köln 2014, 232-247, 237-247.

[58] Zum inneren Zusammenhang von Anamnese und Epiklese im Gebetsgeschehen der sakramentlichen Liturgie vgl. Bruno Kleinheyer, Preisung und Anrufung Gottes zur Feier der Sakramente, in: LJ 42 (1992), 3-24; Winfried Haunerland, Zur liturgietheologischen Relevanz anamnetisch-epikletischer »Hochgebete« in der Sakramentenliturgie, in: PBIDA 47 (1995), 39-46; speziell zum Eucharistischen Hochgebet die zusammenfassend-komprimierte Darstellung bei Martin Stuflesser, Eucharistie. Liturgische Feier und theologische Erschließung, Regensburg 2013, bes. 103-113.

So bezeichnet das Brotbrechen sowohl die Lebenshingabe Jesu als auch die gemeinschaftliche Teilhabe an Christus.[59] Die Kommunion wiederum schenkt in der Gestalt des Mahles die Teilhabe an dem einen Brot und dem einen Kelch; so erfüllt sie die Feiernden mit dem Heiligen Geist, der die Kirche als mystischen Leib zusammenfügt und teil gibt am Opfer Christi. Die enge Verbindung beider Motive in der Zeichenhandlung, Opfer und Communio, bestätigt sich in der engen Verknüpfung von Darbringung und Epiklese im Hochgebet. So bittet beispielsweise das IV. Hochgebet: »Sieh her auf die Opfergabe, die du selber deiner Kirche bereitet hast, und gib, daß alle, die Anteil erhalten an dem einen Brot und dem einen Kelch, ein Leib werden im Heiligen Geist, eine lebendige Opfergabe in Christus, zum Lob deiner Herrlichkeit.«[60] Entsprechend schenkt die zeichenhafte Epiklese in den Handlungen Brotbrechen und Kommunion die leiblich-symbolische Teilhabe an der Lebenshingabe Jesu am Kreuz, aus der ja erst die Gemeinschaft mit ihm und durch ihn mit Gott und untereinander erwächst.

Die Geistepiklese in der eucharistischen Gebets- und Zeichenhandlung

- bezieht sich demnach auf die dargebrachten Gaben von Brot und Wein;
- sie bezieht sich auf die Brechung des Brotes als symbolische Ausdrucksgestalt der Hingabe Christi, durch die die Versöhnung mit Gott und darin die Communio mit ihm und die Einheit der Kirche bezeichnet werden;
- und sie bezieht sich auf die Mahlteilnehmer, die in der sakramentalen Kommunion die geistgewirkte Gegenwart des so heilschaffenden Gottes empfangen und in sich aufnehmen.

Deshalb geschieht die Wandlung der Gaben letztlich um der Wandlung der Feiernden willen. Sie empfangen den Leib Christi, um immer mehr Leib Christi zu werden, wie es Augustinus († 430) ausgedrückt hat: »Wenn ihr selbst also Christi Leib und seine Glieder seid, dann liegt euer eigenes Mysterium auf den Tisch des Herrn: Ihr empfangt also euer eigenes Mysterium.«[61] Die eucharistische Epiklese, die Bitte um den Geist, der das Antlitz der Erde verwandelt, zielt auf die Feiernden: Sie sollen sich der Gabe und des Gebers würdig erweisen, indem sie selbst in sich immer mehr die Haltung der Lebenshingabe des Herrn auszuprägen lernen.[62] Dazu werden sie in der Eucha-

---

[59] Auf den Communio-Aspekt rekurriert vor allem das Messbuch, wenn es darlegt: »Das Brechen des Brotes hat nicht nur eine praktische Bedeutung, sondern zeigt, daß wir alle in der Kommunion von dem einen Brot essen, das Christus ist, und dadurch ein Leib werden (1 Kor 10,17).« AEM 56 c (vgl. GORM 83).

[60] Messbuch, Kleinausgabe (s. Anm. 34), 508.

[61] Augustinus, Sermo 272, nach: Wilhelm Geerlings/Gisbert Greshake (Hg.), Quellen geistlichen Lebens. Die Zeit der Väter, Mainz 1980, 114-116, 115.

[62] Vgl. Winfried Haunerland, Eucharistisch leben. Handlungsimpulse aus der Messfeier, in: Martin Stuflesser/Stephan Winter (Hg.), »Ahme nach, was du vollziehst ...« Positionsbestimmungen zum Verhältnis von Liturgie und Ethik, StPLi 22 (2009), 231-250.

ristie genährt und gestärkt durch die Gemeinschaft mit Christus und untereinander. So wird die Kirche als ganze immer mehr auferbaut zu einem Leib als Sakrament für die Welt und für die ganze Schöpfung, die in Geburtswehen liegt und sehnsüchtig die Vollendung erwartet (vgl. Röm 8,19.22), deren Wirklichkeit schon jetzt hineinragt in die Feier der Eucharistie.

Was eben bereits für die konkrete Ausdrucksgestalt von Brotbrechung und Kommunion angedeutet wurde, muss hier nicht nochmals wiederholt werden. Die weitreichende Bedeutung der Epiklese im Hochgebet verlangt eine adäquate zeichenhafte Gestalt, bei der das Brot wirklich in viele Teile gebrochen und die Gemeinde erfahrbar Anteil an dem einen Brot erhält, in dem sie zu einem Leib zusammengefügt wird. Und für das Motiv des eschatologischen Festes im Reich Gottes ist schließlich auch das Trinken aus dem einen Kelch ein zentrales eucharistisches Zeichengeschehen, das in der gottesdienstlichen Praxis der Gemeindemesse leider immer noch viel zu selten geübt wird.[63]

5. SCHLUSSBEMERKUNG

Weitere Beispiele für mikrostrukturelle Kohärenzen in der römischen Messliturgie ließen sich nennen. Man denke etwa an die komplexen Substrukturen der auf den ersten Blick kleinen Gebetshandlungen wie das Tagesgebet oder das Allgemeine Gebet, ebenso könnte eine Analyse der Ritenblöcke wie die Gabenbereitung oder die Kommunion im engeren Sinne markante liturgietheologische Zusammenhänge zutage fördern. Das konnte und war hier nicht zu leisten. An den besonders hervorstechenden Tiefenstrukturen der Messfeier dürfte aber deutlich geworden sein, wie weitreichend die zentralen Prinzipien der vom Konzil geforderten liturgischen Erneuerung, die Vergegenwärtigung des Pascha-Mysteriums und die tätige Teilnahme der Gläubigen am Gottesdienst der Kirche für die theologische Grundierung der Reform waren und wesentlich auf die Morphologie der erneuerten gottesdienstlichen Ordnungen einwirkten, »daß der eigentliche Sinn der einzelnen Teile und ihr wechselseitiger Zusammenhang deutlicher hervortreten und die fromme und tätige Teilnahme der Gläubigen erleichtert werde.«[64]

---

[63] Reinhard Meßner konstatiert zu Recht: »Der Verlust der allgemeinen Kelchkommunion ist ein eschatologisches Defizit.« MESSNER, Einführung (s. Anm. 5), 219, vgl. auch a.a.O., 164, 209 sowie zur Sache HEINRICH SPAEMANN (Hg.), »... und trinket alle daraus.« Zur Kelchkommunion in unseren Gemeinden, Freiburg u.a. 1986.

[64] II. Vatikanum, SC 50.

Die Theosis-Therapie

Zur Tiefenstruktur des orthodoxen Gottesdienstes

Reinhard Thöle

Der im letzten Jahr verstorbene österreichische Musikprofessor und Unterhaltungskünstler Udo Jürgens hielt im Jahr 2004 eine Vorlesung mit dem vielsagenden Titel »Auf beiden Seiten des Vorhangs«, bei der er seinen persönlichen Umgang mit seinen Konzerten beschrieb.[1] Er teilt darin Einsichten, Erfahrungen und Beobachtungen eines Künstlers mit, der sich auf das Phänomen Show vorbereitet und sich dem Showgeschehen hingibt. Diese Ausführungen kann man sicherlich zuerst wie eine säkulare Matrix verstehen. Man kann diese Matrix aber auch überraschend deutlich auf das sakrale Phänomen, nämlich auf den Dienst des Geistlichen in der Göttlichen Liturgie anwenden. Der Künstler beschreibt, dass die Besucher der Show auf etwas warten, »dass sie nicht benennen können, dass ich aber erfüllen muss«. Nicht nur, dass der Künstler das Fasten kennt: »Ich darf nicht satt sein auf der Bühne, denn wer satt ist, überzeugt nicht«. Nicht nur, dass er Ehrfurcht und Angst kennt: »Ohne gezähmte Angst keinen Respekt und ohne Respekt ist man nicht glaubwürdig«. Nicht nur, dass er ganz auf den Menschen ausgerichtet sein will: »Alles, was ich auf der Bühne tue, muss auf die am weitesten sitzenden Menschen ausgerichtet sein«. Nicht nur, dass er sich trotz dieser Ausrichtung ganz dem Geschehen der Show hingeben muss, in einem »Höchstmaß an physischer und psychischer Konzentration«. Vielmehr findet er im Geschehen der Show zu seiner eigenen Identität. »Nie spüre ich mich stärker, nie weiß ich besser, wer ich bin und wozu ich lebe als in diesen Minuten und Stunden, wenn es gelingt.« Und jetzt berührt er das Eigentliche des Geschehens: »Für Momente kann ich das Zentrum des Universums sein, unbesiegbar, frei wie ein Vogel, kann die Schwerkraft bezwingen und alles, was mir unbegreiflich ist, abwehren, Berge versetzen, Luftschlösser bauen, kann Illusionen für kurze Zeit zur Wahrheit werden lassen, wenn diese Magie entsteht, die man nicht beschreiben, nur fühlen kann.« Es würde sich lohnen, aus seinen weiteren Ausführungen noch viele Parallelen auf den ostkirchlichen Ritus anzuwenden. Wie in einem Rückblick auf ein Berufungsnarrativ sagt er: »Ich bin dort, wo ich als Zwölfjähriger schon sein wollte, auf der richtigen Seite des Vorhangs, dort, wo die Träume triumphieren und die Wirklichkeit das Nachsehen hat«.

---

[1] Vgl. Manfred Bockelmann, Auf beiden Seiten des Vorhangs, Sony entertainment Deutschland, 2005.

Es geht also darum, dass in der Göttlichen Liturgie hinter der Ikonenwand des byzantinischen Ritus oder hinter den Vorhängen der orientalischen Riten, der Glaube in der Macht und Magie der Gottesbegegnung zur Wirklichkeit wird und die Mächte und Vorläufigkeiten der Welt das Nachsehen haben. Und dieses ist nicht eine gedachte oder im übertragenen Sinn signifizierte Größe, sondern eine erfahrbare, unbeschreibliche, zugleich aber fühlbare Realität. Es ist die mystische Gottesbegegnung, die nicht gemacht werden kann, aber angestrebt wird. Die östliche Liturgie ist in ihrer jetzigen Gestalt ein gewachsenes Kunstwerk. »Sie ist zugleich ein Konzentrat wie auch eine Entfaltung biblischer, theologischer, kommunikativer und ästhetischer Bestandteile. Der Gläubige tritt in ein Gesamtgefüge symbolischer, visionärer und therapeutischer Inhalte ein. Er öffnet seine Seele und partizipiert mit allen Sinnen an dem gottesdienstlichen Geschehen«.[2] Das Ziel ist die mystische Gotteserfahrung, eine Einswerdung mit dem von Gott erlösten Leben. Diese kann erbeten und angestrebt, aber nicht gemacht werden. Trotzdem bietet der östliche Gottesdienst zu diesem Ziel mehrere Leitlinien an. Man kann sie als Wege, Zyklen und Identitäten beschreiben und mit ihnen die Tiefenstruktur des östlichen Gottesdienstes benennen.

1. Angewandtes Ritual

Die gottesdienstlichen Formulare der Göttlichen Liturgie sind keine bloßen Textbücher, die den Raum zu individuellen Gestaltungsmöglichkeiten eröffnen, sondern sie sind Ritualbeschreibungen. Die Gebete sind in Rituale eingebunden und werden über das Ritual erlernt. Dabei führt das Ritual von den »Äußerlichkeiten« zu den »Innerlichkeiten« durch den Prozess der sich wiederholenden Hingabe. Der Sinn des Rituals besteht in der »Durchdringung des Kreatürlichen durch den Geist Gottes [...] Für die Gläubigen selbst sind sie nicht bloß Bekenntniszeichen oder Signal der Wirksamkeit des Heiligen Geistes, sondern die äußeren Mittel der unergründlichen geheimnisvollen Gnadenwirkung des Heiligen Geistes, wodurch wiederum die Heiligung des Menschen vollendet wird. Die Mysterien sind beides, Symbole und Realitäten; Symbole ihrer äußeren Seite nach, Realitäten in den geheimnisvollen Wirkungen der Gnade Gottes.«[3] Es geht also entsprechend dem realistischen Symbolbegriff um die Partizipation an einer Gottesrealität, nicht um – nominalistisch formuliert – die Anwendung einer Gottesbedeutung. Symbole können daher auch nicht gestaltet, kreiert oder als Dekoration verwendet werden, um einen Effekt zu erreichen. Symbole verstehen sich als erwählte Elemente des Offenbarungsgeschehens und öffnen die Tür zur Partizipation an der Gottesbegeg-

[2] Reinhard Thöle, Orthodoxe Kirchen, in: Reinhard Frieling u.a., Konfessionskunde, Stuttgart 1999, 143.
[3] Stefan Zankow, Das orthodoxe Christentum des Ostens, Berlin 1928, 102f.

nung. Natürlich könnte ein Ritual in formalen subjektiven Äußerlichkeiten stecken bleiben, ist aber andererseits auch nicht vom Verständnis und Wohlwollen der Individuen abhängig. Das Ritual verlangt von den Gläubigen äußere – und damit verbunden innere – Hingabe, die »aktive Aufnahme der Gnade und Hinnahme des Heiles«. Das Ritual verlangt – es klingt fast wie evangelisch formuliert – »einen vertrauensvollen Glauben und ein inniges Verlangen nach der göttlichen Gnadenhilfe.«[4] Ein Ritual wird dann verunglücken, wenn das Zusammenfallen von der äußeren kreatürlichen Seite des Gottesdienstes mit der inneren offenbarten Gnade nicht mehr glaubend vollzogen wird. Formal vollzogener Ritualismus zerstört genauso den Gottesdienst wie formal proklamierter Idealismus, das »Symbol« wird dadurch zum »Diabol«.

2. Verordnete Wege

Damit der äußere und damit der innere Weg des Gottesdienstes gelingt, enthält der östliche Gottesdienst eine Fülle von Ritualhinweisen auf verschiedenen Ebenen.

Da sind zuerst die Aufforderungen an Geistliche und Gläubige, beim Gebet verschiedene nichtsprachliche Grundformen als Körper- und damit als Geisteshaltungen einzunehmen. »Kommt, lasset uns anbeten und niederfallen vor Christus«, heißt es vor dem Kleinen Einzug. »Lasset uns stehen in schöner Ordnung, lasset uns stehen in Ehrfurcht, lasset uns aufmerken, das heilige Opfer in Frieden darzubringen.« Das Hauptbeugungsgebet »Wir danken Dir, unsichtbarer König« wird vor der Brotbrechung gebetet. Kreuzeszeichen, kleine und große Metanie, das Kreuzen der Hände vor der Brust, das Beten mit erhobenen Händen, das Küssen von Kelch, Evangelienbuch, Ikonen, Fürbittkerzen, Gewändern und der Segenshand von Priester und Bischof, das ehrfürchtige Fächern der Rhipidien[5] sind eine Fülle kleiner Liebesbeweise zum Ritualgeschehen, die den Menschen als geistig-seelisch-leibliche Einheit ernst nehmen. »Er ist als diese Ganzheit vor Gott Person und soll als solche hineingenommen werden in die Verwandlung zum neuen Sein, die im Besonderen in der gottesdienstlichen Feier sich vollzieht [...] Die Erfahrung lehrt, dass der leibliche Mitvollzug viel wichtiger ist, als man allgemein annimmt; er braucht nicht immer vom Bewusstsein geleitet werden – ja soll es gar nicht.« Diese Formen des Rituals werden nicht als Drill und verklemmte Uniformität eingeübt, sondern in großer individueller Bandbreite gehandhabt und helfen zur »Gelöstheit und Gelassenheit, wie dieses allein der freudigen Festlichkeit des Gottesdienstes entspricht.«[6]

---

[4] A.a.O., 103.

[5] Rhipidien sind an Tragestäben angebrachte Darstellungen der Engelwelt, die an manchen Stellen des Gottesdienstes das engere unsichtbare Präsenzfeld Gottes andeuten.

[6] Sergius Heitz, Mysterium der Anbetung, Band I, Düsseldorf 1986, 1f.

Verlässt man diese Ebene der mehr äußerlichen Ritualhinweise, begegnet man Anweisungen, den Gottesdienst als Einübung in den inneren geistlichen Weg der Lebensdeutung zu verstehen. Der Gottesdienst wird so zu einem geleiteten Stationsweg. Die Hauptstationen seien kurz angedeutet. In einer rumänischen Liturgieausgabe findet sich folgende Bestimmung: »Der Priester, der die Handlung der heiligen Liturgie vollziehen will, muss vor allen Dingen mit allen Menschen versöhnt sein und gegen niemanden etwas haben, sein Herz so viel wie möglich von bösen Gedanken bewahren, vom Vorabend an enthaltsam sein und mindestens (von Mitternacht an) bis zur Zeit des Gottesdienstes fasten (nüchtern bleiben).«[7] Er betritt das Haus Gottes, um die vergängliche Welt wie das verloren gegangene Paradies hinter sich zu lassen und gleichzeitig in des »Bild der kommenden Güter« einzutreten, so wie beim Erwachen des Patriarchen Jakob aus seinem Schlaf, der Gottes Haus und dem Tor des Himmels begegnet. Das Haus Gottes ist zugleich Gesamtschau der Schöpfung und Wohnstatt des Verwandlungs- und Erlösungsgeschehens.[8] Die den Gottesdienst Feiernden stellen ihre Lebenswege in diesen heilsgeschichtlich hervorgehobenen Ort hinein.

Bei der Feier der Gabenbereitung vor der Liturgie nennt der Priester Namen von Lebenden und Verstorbenen und Gebetsanliegen und legt sie in Gestalt von Brotteilchen, die den fünf Prosphorenbroten entnommen sind, auf den Diskos. Dort befinden sich die bereits geordneten Teilchen der Väter des Alten Testamentes, der Apostel, der Märtyrer, der Kirchenväter, der Gottesgebärerin und das viereckige, mit einer Lanze aus einer Prosphore entnommenem Brotstück, das Lamm, das mit einem »ICXC NIKA«- Siegel versehen ist. Die Leib Christi-Realität des auf Erden kämpfenden Gottesvolkes wird vorbereitet zur gewandelten Christus-Identität im Reich Gottes der Erlösten.[9] Die Gegenwart Christi wird in der Gemeinde genauso präsent sein wie in den eucharistischen Gaben. Die Psalmengesänge, Ektenien und Kyrie-eleison-Rufe singen in Fortsetzung der jüdischen Berakah-Theologie den Segenslobpreis über unsere Welt. Gottesdienst ist nicht nur Gottesdienst für die Welt, sondern Gottesdienst der Welt.

Oft unter dem Gesang der Seligpreisungen – wie als hermeneutischer Schlüssel – wird beim Kleinen Einzug das Evangelienbuch auf einem Weg vom Altarraum durch die Kirche zurück zum Altar getragen. Epistel und Evangelium werden verlesen und in einem Vorbereitungsgebet wird deutlich, dass es sich dabei um ein Geschehen handelt, das die Herzen der Menschen wandelt. Das Evangelium lässt sich nicht erschöpfend historisch und psychologisch erklären, sondern das unvergängliche Licht der Göttlichen Erleuch-

---

[7] La Divine Liturgie De Saint Jean Chrysostome, Bukarest (o. J.), 63.

[8] Vgl. Anastasios Kallis (Hg.) Liturgie, Mainz 1993, XVIII-XIX.

[9] Vgl. Reinhard Thöle, Der Gottesdienst als geistlicher Weg, in: Ders., Licht vom Licht, das ohne Abend ist, Lviv-Lemberg 2009, 9-28.

tung muss die Menschen berühren, damit ihre Herzen gewandelt werden können.

Beim Großen Einzug werden die in der Gabenbereitung vorbereiteten Elemente wieder vom Altarraum durch einen Weg durch die Kirche zurück zum Altar getragen. Der Chor singt dabei den Cherubim-Hymnus und fordert, oft musikalisch eindringlich gestaltet, die Gläubigen auf, alle Sorgen der Welt abzulegen, um den Sohn Gottes nun zu empfangen.

Das Gebet des Glaubensbekenntnisses von 381 wird mit der Aufforderung eingeleitet, »Lasset uns einander lieben, damit wir in Eintracht bekennen.«[10] Glaubensgemeinschaft, Abendmahlsgemeinschaft, Segensgemeinschaft und Liebesgemeinschaft können nicht voneinander getrennt werden. Es wird dann das Eucharistiegebet gesungen. Die Danksagung an den Vater mit dem Dreimal-Heilig, die Kommemoration der Heilsgeschichte, die den Abendmahlsbericht mit einschließt, und die Erwartung des Pfingstereignisses, die im Gebet der Epiklese ihren Höhepunkt findet, sind die drei Elemente dieses Gebetes. Das Eucharistiegebet ist nicht auf den Abendmahlsbericht zugespitzt, sondern auf die Herabrufung des Heiligen Geistes als Verwandlung von Gaben, Gemeinde und Kosmos. Dieses »stets erhörte Gebet« der Epiklese wird zur erfahrenen Realität des Eingriffes Gottes in diese Welt. Der Gottesdienst ist ganz ein menschliches Geschehen, aber zugleich ganz eine verwandelnde Aktion des Dreieinigen Gottes. Mensch und Kosmos ersehnen, erfahren und erleben wie in einer Therapie die Verwandlung ihres jetzigen Seins in die eschatologische Dimension der Gottesgegenwart.[11] Die Gläubigen lassen sich mit allen ihren Gefühlen und Gedanken in diese Situation der Epiklese hineinfallen und erleben etwas, was sie nicht aussprechen können. Die Gläubigen werden von Gott überrascht, berührt, überwältigt, gestärkt, verwandelt und bekehrt.[12]

Der Empfang der eucharistischen Gaben erschüttert den Gläubigen, der sich in einem längeren Prozess von Gebet, Buße und Fasten auf diesen Augenblick vorbereitet hat und den inneren Weg des Gottesdienstes mitgegangen ist. Hier empfängt der Einzelne seit seiner Taufe das, wozu er berufen ist, Teil des Leibes Christi zu sein. »Wir haben das wahre Licht gesehen, wir haben den himmlischen Geist empfangen, wir haben den wahren Glauben gefunden, wir beten die unteilbare Dreieinigkeit an, denn sie hat uns erlöst.«[13] Dieses ist die gesungene, dankbare Zusammenfassung des mystischen Geschehens, das in dem ostkirchlichen Gottesdienst erlebt wird.

Der Segen entlässt die Gläubigen. Anwesenden, die nicht zum Empfang der heiligen Gaben herzugetreten sind, wird das Antidoron gereicht oder mit-

---

[10] La Divine Liturgie (s. Anm. 7), 100.

[11] Vgl. Ene Branişte, Liturgica specială pentru facultățile de teologie, Bukarest 2002, 220-252.

[12] Vgl. Lavr Divomlikoff (Vladimir Volkoff), Der Verräter, Wien/Hamburg 1973, 212-242.

[13] La divine Liturgie (s. Anm. 7), 117.

gebracht, um das Liebesmahl der Christen darzustellen, das über die Grenzen der Eucharistie hinaus in der Welt gilt. Die Gläubigen sind nun gestärkt für die »Liturgie nach der Liturgie«[14], den Gottesdienst des Alltags für die Welt.

Versöhnt sein, einen heiligen Weg betreten, die Welt in den Gottesdienst tragen, das Herz durch das Wort Gottes wandeln lassen, die Sorgen der Welt ablegen, den Sohn Gottes empfangen, einander lieben, den Heiligen Geist wirken lassen, von der Kommunion erschüttert sein, zum Dienst in der Welt bereit sein. Dieses Ritual fordert keineswegs Passivität, sondern seelische und biographische Schwerstarbeit.

3. Heilende Zyklen

Der Gottesdienst der Ostkirche nimmt seine Teilnehmenden nicht nur auf einen geistlichen Weg mit, sondern stellt sie zugleich in verschiedene geistliche Kreisläufe hinein. Es sind theologisch qualifizierte Kreisläufe der Zeit. Der Kreis ist das Abbild der Unendlichkeit und der Gemeinschaft mit ihr. Die Orthodoxie bevorzugt eigentlich den Plural »Ewigkeiten« oder »Äonen«, um einen nicht abgeschlossenen Begriff der Heilsgeschichte zum Ausdruck zu bringen. Man wird im Gottesdienst in die Ewigkeiten hineingenommen. Der Kreis der Ewigkeiten wird begangen beim Beräuchern des Altars, bei der Prozession um die Kirche, beim dreimaligen Umschreiten des Tetrapods mit dem Brautpaar bei der Trauung, bei der Beräucherung eines Verstorbenen. Kirchenjahr, der Zyklus der Monate, die Tage der Woche, die Stunden des Tages, die Rhythmen des Kosmos sind geheiligte Zeiten, selbst der menschliche Herzschlag wird durch das Jesusgebet berührt. Diese Zeiten werden mit den Zeiterfahrungen der Heilsgeschichte zusammengesehen. Die Tage der Schöpfung, Jahre der Erlösung, Tage und Stunden aus dem Leben Jesu werden den Stunden des Gottesdienstes zugeschrieben, um die Erfahrung dieser Stunden wieder erlebbar zu machen. Dabei geschieht oft eine typologische überschneidende Deutung der Zeiterfahrung. So wird zum Beispiel beim Gebet der Dritten Stunde der Verurteilung Christi und der Ausgießung des Heiligen Geistes gedacht. Gottesdienstliche Zeit ist also nie nur einlinig, sondern immer als Fülle der Zeit erfahrbar.

»Es ist Zeit, zu dienen dem Herrn. Segne, Gebieter«[15], so fordert der Diakon den Priester vor Beginn des öffentlichen Gottesdienstes auf. Im Gottesdienst werden Zeiten als Ewigkeiten und Ewigkeiten als Zeiten erfahrbar. »Die theologische Begründung für diese Verquickung des Zeitlichen mit dem Unendlichen, des Irdischen mit dem Himmlischen liegt in der Christologie, in der

---

[14] Dieser Begriff wird von Orthodoxen seit den 70er Jahren des letzten Jahrhunderts in ökumenischen Zusammenhängen verwendet, um sich gegen den Vorwurf zu wehren, ein Fehler der Orthodoxie sei es, sich in ein liturgisches Ghetto zurückziehen zu können.

[15] La divine Liturgie (s. Anm. 7), 76.

Menschwerdung des Sohnes, in dem zusammengefasst wird, was im Himmel und auf Erden ist«[16]. Im Gottesdienst wird irdische Zeit in die Fülle der Zeiten verwandelt und vergöttlicht.

Mit diesem Zyklus der Zeiten ist der Zyklus der Darbringung verwoben und vereinigt. Wahrscheinlich ist der Begriff »Darbringung« für evangelische Ohren einfacher als der Terminus »Opfer«, der ja, mit dem Begriff »Sühnopfer« konnotiert, in der westlichen Gottesdienstgeschichte problematisiert wurde. Angemessen wäre auch der Begriff »Gedächtnis-Opfer«.[17] Während des Eucharistiegebetes zwischen dem Einsetzungsbericht und der Bitte um den Heiligen Geist erhebt der Priester oder Diakon Kelch und Diskos mit gekreuzten Armen und singt laut »...bringen wir dir das Deinige von dem Deinigen dar, gemäß allem und für alles«[18]. Die Gemeinde antwortet singend »Dir singen wir, Dich preisen wir, Dir danken wir, o Herr, und beten zu Dir, unser Gott!« Diese Darbringung trägt nun eindeutig den Charakter des Dank- und Lobopfers, befindet sich auch an ganz anderer liturgischer Stelle als das Offertorium in der westlichen Messe. Es ist auch das Unsrige, das wir darbringen, bereits als das Seinige erkannt und benannt. Diese Darbringung im Eucharistiegebet vor der Epiklese ist auch darum logisch, weil ja nur das, was dargebracht wird, verwandelt werden kann. Die Theosis-Therapie wird schwierig für das, was nicht dargebracht werden kann und auch nicht soll. Auch das mit Brot und Wein Dargebrachte als das Seinige von dem Seinigen überschreitet bereits das Verstehbare und Denkbare, bevor der Heilige Geist als verwandelnde Kraft dem Seinigen einwohnt. Dargebrachtes und Verwandeltes sind wie Zeit und Ewigkeiten als Zyklus miteinander verwoben. Diese Theologie des Zyklus der Darbringung wird geradezu klassisch formuliert im Vorbereitungsgebet des Priesters vor dem Großen Einzug, das er mit »gebeugtem Nacken«, wie es im Gebet formuliert wird, betet. »Denn Du, o Christus, unser Gott bist der Darbringende und der Dargebrachte, der Empfänger und der Hingebende, und Dir senden wir den Lobpreis empor ...«[19] Der ganze östliche Gottesdienst wird von dieser Haltung getragen. Die Gläubigen klinken ihr Leben in den Zyklus der Zeiten und in die sich im Gottesdienst vollziehende Darbringung ein. Der Sinn der Zyklen liegt in der Theozentrik und Theozentrierung des ganzen Lebens. Der Gottesdienst zentriert dadurch, dass er bittet und zugleich das schenkt, was das Leben immer schon ist: Erfüllung und Verheißung in Gott. Der Gottesdienst ist Feier der Theosis des Lebens, in die die Gläubigen hineingenommen werden. Das Stolpern aus der Theosis des Lebens ist die Sünde, die durch die Theosis-Therapie wieder zurechtgerückt wird. Es geht um mehr als den Ein-

---

[16] KALLIS, Liturgie (s. Anm. 8), XIV.

[17] ERZBISCHOF ALEKSIJ (van der Mensbrugge), Die Theologie des eucharistischen Opfers im Lichte der Heiligen Schrift und der Alten Väter, in: Orthodoxie heute Nr. 32/33, 8. Jahrgang, Düsseldorf 1970, 1-22.

[18] La divine Liturgie (s. Anm. 7), 104.

[19] A.a.O., 94.

zelnen mit einer Botschaft zu erreichen oder zu überzeugen. Die Ausübung der Theosis-Therapie ist zugleich eine Zentrierung auf die Gemeinschaft der Erlösten mit dem Dreieinigen Gott, der selbst eine Gemeinschaft von drei göttlichen Personen ist, und die Einpassung der Erlösten in den Kosmos der Schöpfung, die auf die Erlösung wartet. Leben wird als Gemeinschaft in und an dem Theosis-Prozess verstanden.[20]

4. Behandelte Identitäten

In der Praxis der Theosis-Therapie sollen nicht nur Wege und Zyklen als die Raum- und Zeitdimensionen einer mystischen Verwandlung und Heilung dem real handelnden Gott hingegeben werden, sondern es geht letztlich um die Befindlichkeit des Menschen selbst, um seine Identität. Dazu dienen zuerst Gebete, bei denen es um die Adaption von Charakteristika einzelner Glaubenshaltungen geht.

Die Person des »Schächers« am Kreuz wird immer wieder hervorgehoben, sein Gebet zum Gekreuzigten wird wiederholt. »In Deinem Reiche gedenke unser, o Herr, wenn Du in Dein Reich kommst«[21], so lautet die Antiphon zum Gesang der Seligpreisungen beim Kleinen Einzug. Der Schächer wird auch beschworen als Gegentyp zu Judas beim Gebet vor dem Empfang der Kommunion »Als Teilnehmer an Deinem geheimnisvollen Abendmahl nimm mich heute auf, O Sohn Gottes, denn Deinen Feinden will ich das Geheimnis nicht verraten, Dir auch keinen Kuss geben wie Judas, sondern ich bekenne Dich wie jener Räuber: gedenke meiner, o Herr, in deinem Reiche!«[22] Die Austeilung der Kommunion in den vereinigten Gestalten erfolgt mit dem Löffel, der als Nachbildung jener Zange dient, mit der der feurige Seraph die Lippen des Propheten Jesaja berührte, um alle daran zu erinnern, welcher Art diese Berührung ihrer Lippen ist.[23] Der Priester betet »Siehe, Er berührte meine Lippen und Er wird meine Verfehlungen hinwegnehmen und mich von meinen Sünden reinigen«.[24] Die Gemeinde bildet beim Großen Einzug die Cherubim ab, die als Wächter zum Paradies nach dem Sündenfall eingesetzt waren und den Baum des Lebens bewachen und die die Bundeslade in der Stiftshütte umgeben. »Die wir geheimnisvoll die Cherubim darstellen und der lebenschaffenden Dreieinigkeit den dreimal heiligen Hymnus singen, legen wir nun ab alle Lebenssorge.«[25] Das Niederstellen von den mit Velen bedeckten Kelch und

---

[20] Vgl. John Zizioulas, Being as Communion, Studies in Personhood and the Church, Crestwood NY 1993.

[21] La Divine Liturgie (s. Anm. 7), 81.

[22] A.a.O., 115.

[23] Vgl. Nikolaj V. Gogol, Betrachtungen über die Göttliche Liturgie, Würzburg 1989, 104.

[24] La Divine Liturgie (s. Anm. 7), 114.

[25] A.a.O., 95.

Patene auf den Altar nach dem großen Einzug wird vom Priestergebet kommentiert: »Der vornehme Joseph nahm vom Holze deinen makellosen Leib, hüllte ihn in ein reines Linnentuch und Wohlgerüche und legte ihn in ein neues Grab. Im Grab warst Du mit dem Leib, im Totenreiche mit der Seele als Gott, im Paradies mit dem Räuber (auch hier wieder das Schächer-Motiv), und auf dem Thron, Christus mit dem Vater und dem Geist, alles erfüllend, o Unermesslicher.«[26] In hervorgehobener Stellung wird beim Hochzeitsmahl des Lammes die Gottesgebärerin betrachtet. Bei der Gabenbereitung wird ein dreieckiges Brotteilchen für sie auf die rechte Seite des Lammes gelegt und der Psalmvers Ps 45,10 kommemoriert: »Die Königin stand zu Deiner Rechten, mit goldenem Gewande angetan und herrlich geschmückt«[27]. Als Höhepunkt wird die versammelte Gemeinde zur nachösterlichen Gemeinde der Heiligen beim Ritus des Brechens und Erhebens des Brotes, wenn in der Zusammenfügung von 1 Kor 8,6 und Phil 2,11 als Antwort auf den Ruf »Das Heilige den Heiligen« erklingt: »Einer ist heilig, einer Herr, Jesus Christus, zur Ehre Gottes des Vaters. Amen.«[28] Im Gebet identifizieren sich die Betenden mit den genannten Personen und Gemeinschaften und wollen deren Haltung und Nähe zu Gott adaptieren.

Es können aber auch nicht im Gottesdienstbuch vorgesehene rituelle Adaptionen beobachtet werden. Frauen, die sich im Gottesdienst vorher im Hintergrund aufhalten, eilen beim Einzug von Geistlichen von hinten herzu und berühren und küssen deren Gewand. Hier wird das Evangelium von Mt 9,20-22 rituell nachgespielt, bei dem die »blutflüssige Frau« wieder gesund wird. Das Ritual enthält unzählige nachgespielte Darstellungen der Heilsgeschichte, so bei der Grablegung die Salbung des gemalten Leibes Christi auf der Grablegungsikone.

Termini wie »darstellen« und »abbilden« in diesem Abschnitt der Analyse deuten an, dass wir uns bereits im Bereich der Ikonentheologie befinden. Das ganze Gotteshaus ist mit einem ausgeklügelten, vielschichtig ineinander verwobenen Bildprogramm geschmückt. Nicht nur die gemalten Bilder, sondern auch der gefeierte und dargestellte Ritus erweckt »Erinnerung und Sehnsucht nach den Urbildern«; die in ihm gefeierte Ehre Gottes, »geht auf das Urbild über« und die ehrerbietige Verehrung der Angelegenheiten des Gottesdienstes führt zur Anbetung, die nur Gott gebührt, wie es das 7. Ökumenische Konzil von Nikaia 787 beschreibt. Sergij Bulgakov beschreibt, dass die Ikone mehr ist als eine geheiligte Darstellung. Sie ist Ort der gnadenhaften Anwesenheit, gleichsam die Erscheinung Christi und aller Personen und Ereignisse derer, die auf der Ikone dargestellt sind für das Gebet an ihn. Es kommt zu einem geheimnisvollen Zusammentreffen der Beter mit Christus und dem Heilsge-

---

[26] A.a.O., 97.
[27] A.a.O., 70.
[28] A.a.O., 110f.

schehen.[29] Darum ist auch jede Ikone – und ich ergänze: jeder Ritus – wundertätig. Es geht also nicht nur um den Inhalt der christlichen Überlieferungen und Ereignisse, sondern um die gnadenhafte Anwesenheit dieser Ereignisse im Heiligen Geist. Lessings – in seiner Konfrontation »Vernunft versus Religion und Glaube« aufgemachter – »garstiger, breiter Graben der Geschichte« wird durch den Gottesdienst überwunden, bei dem das Heilsgeschehen das Profangeschen von der Gottesferne therapiert.

5. ZU RISIKEN UND NEBENWIRKUNGEN

Die Tiefenstruktur des orthodoxen Gottesdienstes ist soeben beschrieben worden als ein Weg, der die Gläubigen und ihren Lebensweg zu einem geistlichen Weg verwandelt, als ein Zyklus, der das Leben des Kosmos auf die Gemeinschaft mit dem Dreieinigen Gott zentriert, und als ein ikonographischer Identitätsprozess, bei dem sich eine gnadenhafte Anwesenheit des Heilsgeschehens ereignet. Dabei darf nicht verschwiegen werden, dass diese Tiefenstrukturen einen Hinweischarakter haben auf etwas, dessen Gegenstand und Urheberschaft sich der Beschreibung entziehen und entziehen müssen. Wann und wann nicht, wie und wie nicht, warum und warum nicht Gott im östlichen Gottesdienst handelt, bleibt für uns unerfassbar. Das bedeutet aber nicht, dass darum die ostkirchliche Tiefenstruktur des Gottesdienstes zur Disposition steht oder zu einem Objekt vorgeschalteter theologischer Bemühungen im Sinne von »liturgia semper reformanda« werden kann. Die internen orthodoxen Auseinandersetzungen um den Hesychasmus[30] und die Imjaslavie haben festgehalten, dass das Wesen Gottes unerkennbar und unzugänglich bleibt und bleiben muss. Trotzdem sind dabei gleichzeitig die Gotteserkenntnis und die persönliche Begegnung mit Gott als Vater, Sohn und Heiliger Geist möglich in der Gemeinschaft der Glaubenden. Das heißt dann, dass der Gottesdienst das Feld ist, in dem die Energien Gottes wirken können und die Epiklese, die Bitte um den Heiligen Geist, die Verheißung der steten Erhörung trägt. Der Ritus ist mehr als der nur variable, aktuell für den Menschen und angemessen für Gott zu gestaltende Rahmen für eine Gottesbegegnung. Der Ritus ist das, was er von sich aus nicht leisten kann, ein von Gott berührtes und damit gewandeltes Gefäß. Er hat damit Anteil am Offenbarungsgeschehen und muss auch so behandelt werden. Denn das Offenbarungsgeschehen bewirkt die Theosis.

Hilarion Alfejev erklärt dieses Hinaustreten jenseits der Grenze der intellektuellen Erkenntnis am Beispiel eines Hymnus des heiligen Symeon des

---

[29] Vgl. SERGIJ BULGAKOV, Die Orthodoxie, Trier 1996, 211-218.

[30] Vgl. Metropolitan KALLISTOS OF DIOKLEIA (Ware), Hesychasm und Samuel Nedelsky, Imiaslavie, in: JOHN ANTHONY MCGUCKIN, The Encyclopedia of Eastern Orthodox Christianity, Chichester 2011, 299-306 und 337f.

neuen Theologen als Ziel. »Gott ›umfängt‹ und ›küsst‹ den Menschen und dessen Leib, so wie auch die Seele gänzlich umgestaltet und erneuert wird. [...] Gott bleibt Gott, und der Mensch bleibt Mensch, das Heu vermischt sich nicht mit dem Feuer, und das Feuer verbrennt das Heu nicht, die Gottheit vermischt sich nicht mit der Menschheit, und die Menschheit löst sich nicht in die Gottheit auf. Zugleich ist die Vereinigung mit Gott so eng und die Teilhabe so vollkommen, dass der ganze Mensch völlig verändert und umgestaltet wird durch Gottes Gnade, er wird zu Gott durch die Gnade.«[31]

Die vielfältige Formenwelt des Gottesdienstes ist darum ein gefährliches Spiel, weil es in ihm um das geht, was Gott mit dem Menschen seit dessen Erschaffung vorhat. Gottesdienst ist »Mysteriosophie« und wächst aus der demütigen Hingabe an den sich enthüllenden Gott, und er ist Sturm der Welt gleichermaßen.[32] Gefährlich ist es, Gott im Gottesdienst zu begegnen. Noch gefährlicher ist es, Gott im Gottesdienst nicht zu begegnen und den Gottesdienst zu einer harmlosen Veranstaltung werden zu lassen, bei der nichts auf dem Spiel steht. Der östliche Gottesdienst erwartet von der Theosis des Gottesdienstes »alles«, weil Gott »alles in allem« ist und bewirkt. Wenn auch die erstrebte mystische Gottesbegegnung nicht »gemacht« werden kann, weil Gott sich die Freiheit vorbehält, sie gar nicht, verborgen oder spürbar, zur Wirklichkeit werden zu lassen, darf der Gottesdienst jedoch den Charakter des sehnsüchtigen und demütigen Wartens auf diese Gottesbegegnung niemals verlieren. Wartet man nicht mehr auf die Gottesbegegnung, weil man nicht mehr glaubt, dass Gott real im Gottesdienst anwesend ist oder weil man sogar versucht, dieses Warten durch ein anderes wirksameres Konzept zu ersetzen, das Gott »in übertragenem Sinne« zur Sprache bringen will, hat man gerade dadurch alles verloren, was den Gottesdienst zum Gottesdienst macht. Die anthropologische Wende wollte uns lehren, dass Gott dann ganz beim Menschen »angekommen« sei, wenn der Mensch beim Menschen angekommen sei und zu sich gefunden hätte in einer Art inklusivem Human-Evangelium. Die Theozentrik des östlichen Gottesdienstes hält dagegen, dass der Mensch dann ganz beim Menschen angekommen ist, wenn er bei Gott »angekommen« ist und ihm im Gottesdienst begegnet ist.

Das Risiko des Gottesdienstes kann zu Nebenwirkungen führen, wenn man ihn zur bürgerlichen Konvention und bloßen Gewohnheit werden lässt, aber auch in panischer Abwehr dagegen zum Event des Gutmenschentums, zur Wellness-Kulturveranstaltung oder zur Beschwörung eines aufgeklärten

---

[31] Metropolit HILARION (ALFEJEV) VON WOLOKOLAMSK, Geheimnis des Glaubens, Freiburg/Schweiz 2003, 230-232. Eine präzisere Übersetzung von Hymnus 28 würde von der menschlichen »ousia« nach Jes 40,6 als »Gras« sprechen und in Anwendung des Bildes des brennenden Dornbusches (Ex 3) die menschliche Natur von der göttlichen »ousia« entzündet, aber nicht zerstört sehen.

[32] Vgl. JULIUS TYCIAK, Gegenwart des Heils in den östliche Liturgien, Freiburg/Breisgau 1968, 23-40.

Wertesystems, das gesellschaftlichen und ethischen Fortschritt proklamiert, der die Religion als voraufklärerisch nicht mehr nötig hat. »Aber der Fortschrittsglaube ist verfälschtes säkularisiertes Christentum, das sich von seinem Ursprung gelöst hat, das darum nicht mehr weiß von der Wirklichkeit der Welt und den Abgründen im Menschen und darum träumt von einem ungebrochenen Weg der Menschheit zu immer lichteren Höhen, leicht und ohne totale Verwandlung zu erklimmen, ohne Schmerz, ohne Kreuz, ohne Christus«[33], also ohne die Theosis-Therapie. Die sicherste Nebenwirkung des Gottesdienstes, der den Kern der Theosis-Therapie verloren hat – man ahnt es schon –, ist natürlich, dass dieser entkernte Gottesdienst sich selbst in der postsäkularen Welt uninteressant gemacht hat und von ihr nicht beachtet wird trotz intelligenter Marketingstrategien. Der Gottesdienst als säkulare Lehrveranstaltung und Feierstunde hat sich in der postsäkularen Welt von selbst erledigt. Dieses wollen anscheinend manchmal gerade diejenigen nicht begreifen, die sich so sehr bemüht haben, den Gottesdienst weltlich attraktiv zu machen. Dabei ist es doch sachlich durchaus naheliegend und erscheint im Grunde theologisch angemessen, auch in der Feier des lutherischen Gottesdienstes, gemäß CA 7, das Konzept der mystischen Gottesbegegnung in der sich selbst enthüllenden und erfahrbaren Realität in Wort und Sakrament als Grundstruktur zu erkennen.

6. Ökumenische Reha

Fragen des Gottesdienstes oder gar des gemeinsamen Gottesdienstes bei ökumenischen Begegnungen haben zwar in den vergangenen Jahrzehnten immer wieder zu unübersichtlichen und emotional aufgeladenen Konflikten zwischen Ost- und Westkirchen geführt. Beachtet man aber die Ergebnisse der seit 1985 zwischen dem Lutherischen Weltbund und der Panorthodoxie geführten Dialoge, so kann man allerdings eine vorher nicht so zu erwartende orthodox-lutherische Konvergenz auch im Bereich des Gottesdienstes und der Eucharistie feststellen. Dieses hat sicherlich seinen historischen Grund darin, dass Martin Luther selbst im Gegenüber zur zeitgenössischen römischen Messe den Gottesdienst »als Gottes Handeln am Menschen wieder ernstgenommen wissen«[34] will und vor allem in der Predigt des Gottesdienstes »eine vollmächtige Gegenwärtigsetzung des Heilsgeschehens« sah. Mag man Luthers Messreformen auch in ihrer Zeitbedingtheit unterschiedlich bewerten, so kann man doch nicht abstreiten, dass er das Mysterium der Gottesbegegnung in dem Mysterium der Begegnung mit dem sich selbst offenbarenden und wirksamen Wort Gottes sah. So können konvergierende Ansätze mit der altkirchlichen

---

[33] HELMUT ECHTERNACH, Der Kommende, Gütersloh 1950, 7.

[34] RUDOLF STÄHLIN, Die Geschichte des christlichen Gottesdienstes von der Urkirche bis zur Gegenwart, in: Leiturgia I, Kassel 1954, 1-80, 56.

Liturgie festgestellt werden, die grundsätzlich die Liturgik Luthers bestimmten.[35]

Lutheraner und Orthodoxe formulieren heute gemeinsam: »Mit den Worten des alten Gebets ›Maranata, unser Herr komm!‹ (1 Kor 16,22) betet die Kirche für das zukünftige Kommen des Herrn am Ende der Zeit wie auch für sein jetziges Kommen durch den Heiligen Geist in diesem heiligen Mahl. In der Eucharistie wird das Reich Gottes zu einer gegenwärtigen Wirklichkeit, da die Gläubigen, wenn sie zur Kommunion mit dem Leib und Blut Christi kommen, die immerwährende Einheit mit dem erhöhten Herrn erfahren.«[36]

---

[35] Vgl. REINHARD MESSNER, Die Meßreform Martin Luthers und die Eucharistie der Alten Kirche, Innsbruck 1989, 207.

[36] Dreizehnte Plenartagung der gemeinsamen lutherisch-orthodoxen Kommission 2.-9. November 2006, Bratislava, Slowakische Republik, Das Mysterium der Kirche, D. Die Heilige Eucharistie im Leben der Kirche, Punkt 7: »Lutheraner und Orthodoxe bekräftigen gemeinsam die eschatologische Dimension der Eucharistie, durch die die Vergangenheit wie die Zukunft in die Gegenwart hineingebracht werden. Wenn das eschatologische Geheimnis der inkarnierte, gekreuzigte, auferstandene und erhöhte Christus ist, der in Herrlichkeit wiederkehrt, ist die Eucharistie, die uns zu ihm und ihn zu uns bringt, wahrhaft eschatologisch. Die Eucharistie bringt den Glaubenden und der Welt das Eschaton nahe. Sie bringt den Gläubigen das Heil und den Ungläubigen und den unwürdigen Teilhabenden das Gericht (1 Kor 11,27ff.). Indem Christus uns seinen heiligen Leib und sein heiliges Blut zu essen und zu trinken gibt, ist er uns leiblich jetzt genauso nahe wie seinen ersten Jüngern und allen, die ihm im Laufe der Zeiten nachgefolgt sind. Das Sakrament ist aber auch eine Vorwegnahme der zukünftigen Erlösung und ein Vorgeschmack des himmlischen Hochzeitsmahls des Lammes (Offb 19,9). Dieses Mahl, das Mahl des Reiches Gottes, umfasst zugleich die zukünftige Eschatologie der Parusie und die bereits eröffnete Eschatologie der Eucharistie. Darin vergibt Gott der Vater nicht nur unsere Sünden, sondern er nährt uns auch mit dem Leib und Blut seines Sohnes, so dass wir durch den Heiligen Geist für unseren irdischen Pilgerweg gestärkt werden, bis wir schließlich das Leben der zukünftigen Welt, das wir durch den Glauben bereits in verborgener Weise haben, in seiner Fülle besitzen.«

Zwischen Sündenbekenntnis und Schuldzuspruch

Die Zweckbestimmung des Gottesdienstes und das Confiteor

Konrad Müller

1. Entwicklungen

»Früher, da sind uns im Gottesdienst wenigstens noch die Sünden vergeben worden. Aber *das* machen die Pfarrer heute auch nicht mehr.«

Mit diesen Worten drückte ein Rummelsberger Diakon seine tiefe Enttäuschung darüber aus, dass ihm das vertraute Confiteor in den Gottesdiensten seiner Gemeinde weggenommen worden war.[1]

Diese Klage ist kein Einzelfall.

Sie nimmt auf eine Confiteor-Praxis im Eingangsteil des Gottesdienstes Bezug, die lange durch das Sündenbekenntnis der VELKD-Agende in der Ausgabe für Bayern aus dem Jahr 1959 geprägt gewesen war.[2]

Für die Frage nach der Bedeutung des Confiteor ist die Klage des Diakons deswegen von besonderem Interesse, weil in seiner Gemeinde Sonntag für Sonntag ein Confiteor in Gebrauch war. Das von der Agende vorgesehene Confiteor war in seiner Gemeinde nicht einfach gestrichen worden. Man hatte es nur verändert, aber offenkundig eben *so* verändert, dass der neue Text von dem Diakon als etwas grundsätzlich *Anderes, als ein neues liturgisches Element* empfunden worden ist.

Insofern drückt sich in dieser Klage ein Konflikt aus, bei dem es nicht nur um das Sündenbekenntnis für sich geht. Es geht auch darum, wie wir Gottesdienst verstehen. Diese Relation – zwischen der Gottesdienststruktur und ihren einzelnen Elementen – ist offenkundig zum Problem geworden. Weil, so viel will ich vorwegnehmen, verschiedenste Einflüsse die Funktion des Confiteor *und* die Funktion des Gottesdienstes, zu dem vielleicht auch ein Confiteor gehören sollte, haben undeutlich und fraglich werden lassen.

---

[1] Diese Äußerung fiel bei einer Bibelstunde zum Aaronitischen Segen Ende der 90er-Jahre, als im Gespräch die Frage aufkam, wieweit neue Formulierungen vorgegebener liturgischer Texte sinnvoll wären.

[2] Agende für evangelisch-lutherische Kirchen und Gemeinden, Bd. 1, Der Hauptgottesdienst mit Predigt und heiligem Abendmahl und die sonstigen Predigt- und Abendmahlsgottesdienste. Ausgabe Bayern, hg. v. d. Kirchenleitung der Vereinigten Evangelisch-Lutherischen Kirche Deutschlands, Berlin 1957 [1959], 198.

»Früher, da sind uns im Gottesdienst wenigstens noch die Sünden vergeben worden. Aber das machen die Pfarrer heute auch nicht mehr.«

2. Confiteorvarianten

An den Anfang meiner Ausführungen stelle ich die Frage: Was *ist* eigentlich ein »Confiteor«?

In Bayern ist das aktuelle Verständnis dieses liturgischen Elementes noch von der bayerischen Ausgabe der VELKD-Agende von 1959 bestimmt. Die VELKD-Agende war, wie es sich gehört, vier Jahre später von der bayerischen Landeskirche übernommen worden.[3] *Eine* bedeutsame Abweichung hat man allerdings eingetragen, und diese Abweichung betrifft eben das *Confiteor*.

In Bayern hat man sich nämlich für *jene* der beiden in der VELKD-Agende angebotenen Confiteor-Varianten entschieden, die lange umstritten und aus Gründen, die noch genannt werden, stets in Frage gestellt worden war.

---

[3] Sie löste die Agende von 1879/1932 ab. (Zur komplizierten Frage der Datierung vergleiche Hanns Kerner, Trügerische Gewissheiten, in: Andreas von Heyl/Konstanze Evangelia Kemnitzer (Hg.), Modellhaftes Denken in der Praktischen Theologie, Leipzig 2014, 103-113 [FS Klaus Raschzok]).
Diese »alte« bayerische Agende ist auch heute noch in vielen Gemeinden in Gebrauch. Sie kennt eine eigene Form des Confiteor, die im 19. Jahrhundert weit verbreitet war. In ihr ist das Sündenbekenntnis mit einem Kyrie und der Gnadenzuspruch mit dem Gloria verknüpft. Diese Verknüpfung will die Hörenden in einen psychischen Prozess führen, insofern hier in einem ersten Schritt in einem »Vorspruch« eine existentielle Grunderfahrung (beispielsweise der Schuld oder der Not) durch eine Kyrie aufgenommen wird. Auf dieses Kyrie folgt dann als zweites ein (häufig die Bibel zitierendes) Votum, das die Hörenden der gnädigen Zuwendung Gottes oder seines Beistandes versichert. Das von der Gemeinde gesungene Gloria nimmt dies im Dank und Lobpreis Gottes auf.
Die dialogische Struktur dieses liturgischen Elementes vermittelt die Bedeutung seiner einzelnen Teile (Vorsprüche, Kyrie und Gloria) unmittelbar der Gemeinde und macht es leichter verständlich als das Confiteor der Agenden, die von VELKD und EKU nach 1945 erarbeitet worden sind. Zugleich lässt es sich seitens der Liturginnen und Liturgen einfacher überarbeiten. Die »Vorsprüche« zu Kyrie und Gloria, die ja nicht nur Schuld und Vergebung thematisieren müssen, sondern beispielsweise auch eine bestimmte gesamtgesellschaftliche Aufgabe ansprechen und unter Verweis auf die biblischen Verheißungen zu einem entsprechenden Engagement aufrufen können, bestimmen, ob dieser Text in die Nähe einer Beichte, einer theologischen Besinnung, eines ethischen Appells oder einer seelsorgerlichen Handlung rückt.
Insofern lassen sich die folgenden Analysen zwanglos auch auf diese Form des Confiteor beziehen. Anhand der »Dokumentarischen Revuen«, die von der Beratungsstelle für Gottesdienste und andere Gemeindeveranstaltungen in Frankfurt veröffentlicht wurden und die ebenfalls auf dieser (auch in Hessen-Nassau gebräuchlichen) Form des Confiteor basieren, lassen sich die oben beschriebenen Vorgänge ebenfalls nachweisen.

2.1 Das »reguläre« Confiteor nach der VELKD-Agende, bayerische Ausgabe

Das von der bayerischen Landeskirche präferierte Confiteor beginnt mit einem im Wechsel von Liturg und Gemeinde gesprochenen Zitat von Psalm 124,8: »*Unsere Hilfe steht im Namen des Herrn, der Himmel und Erde gemacht hat.*«

Nach diesem Vorspruch beginnt das Sündenbekenntnis im engeren Sinn: Der Liturg spricht es der Gemeinde vor: *»Da wir hier versammelt sind in dem Namen des Herrn, um miteinander Gottes Wort zu hören, ihn im Gebet und Loblied anzurufen und in dieses Altares Gemeinschaft den Leib und das Blut Jesu Christi zu empfangen, so lasset uns zuvor gedenken unsrer Unwürdigkeit und vor Gott bekennen, daß wir gesündiget haben mit Gedanken, Worten und Werken, auch aus eigener Kraft uns von unserm sündigen Wesen nicht erlösen können. Darum nehmen wir Zuflucht zu der grundlosen Barmherzigkeit Gottes, unsers himmlischen Vaters, begehren Gnade um Christi willen und sprechen: Gott, sei mir Sünder gnädig.«*[4]

Der letzte Satz, der das Gebet des Zöllners aus dem Gleichnis vom Pharisäer und Zöllner wiedergibt, ist für die Gemeinde das Signal, auf das Sündenbekenntnis mit dem so genannten Misereatur zu antworten:

»Der allmächtige Gott erbarme sich unser. Er vergebe uns unsere Sünde und führe uns zum ewigen Leben.«

An dieses Misereatur schließt sich dann das letzte mehrere Sätze umfassende Element des Confiteor an. Ich werde es im Fortgang meiner Ausführungen den Sündenbekenntnis-Folgetext nennen: *»Der allmächtige, barmherzige Gott hat sich unser erbarmet, seinen einigen Sohn für unsere Sünde in den Tod gegeben und um seinetwillen uns verziehen, auch allen denen, die an seinen Namen glauben, Macht gegeben, Gottes Kinder zu werden, und ihnen seinen Heiligen Geist verheißen. Wer da glaubet und getauft wird, der wird selig werden. Das verleihe Gott uns allen.«*

Die Gemeinde beschließt das Confiteor mit einem »*Amen*«.

Diese Variante eines Confiteor weist eine Reihe von Charakteristika auf.

Was sofort auffällt: Dieses Confiteor ist ein dialogisches, im Kern drei- bzw. viergliedriges Element.

Der erste Teil, das *Sündenbekenntnis* im engeren Sinn, hat dem Confiteor seinen lateinischen Namen gegeben.

Auf dieses Sünden- oder Schuldbekenntnis folgt als Gemeindebitte das *Misereatur*. Diese Bitte um das Erbarmen Gottes ist schon früh mit dem Confiteor eng verbunden.[5]

---

[4] Agende 1959 (s. Anm. 2), 197f.

[5] Josef Andreas Jungmann schreibt: »Dabei finden wir das *Confiteor* im Stundengebet schon bei seinem ersten Auftauchen im 9. Jahrhundert, bevor eine Absolution hinzugetreten ist, regelmäßig von einer *Misereatur*formel begleitet. Schuldbekenntnis, vom Empfänger des Bekenntnisses mit Gebet erwidert, ist in den Klöstern seit ältester Zeit

Auf das Sündenbekenntnis und Misereatur schließt sich als drittes Element der von mir so genannte *Sündenbekenntnis-Folgetext* an.

Der Diakon, der eingangs zu Wort kam, hat diesen Text als Vergebungszuspruch, als Absolution verstanden. Streng genommen ist dieser Text allerdings keine Absolution, weil – zumindest nach damaliger Auffassung – wesentliche Elemente der Absolution wie der explizite, indikative Vergebungszuspruch[6] fehlen.

Was ist der Sündenbekenntnis- und Misereatur-Folgetext der VELKD-Agende in ihrer bayerischen Variante aber dann? Für einen unvoreingenommenen Hörer wirkt er eher wie eine Art Heilsgeschichte erinnernder, anamnetischer Predigt, die durch einen optativischen Wunsch abgeschlossen wird: »Wer da glaubet und getauft wird, der wird selig werden. Das verleihe Gott uns allen«.

Mit einem *Amen* macht sich dies die Gemeinde zu eigen. Jedenfalls dann, wenn sie das Amen mitspricht oder zustimmend mithört.

Ich fasse die Analyse des Confiteor der bayerischen Agende von 1959 noch einmal zusammen: Demnach stellt sich das Confiteor als ein im Kern viergliedriger Text dar, der durch die Abfolge von Sündenbekenntnis, Misereatur, Sündebekenntnis-Folgetext und einem abschließenden Amen gekennzeichnet ist.

Rechnet man die (im Wechsel zwischen Liturg und Gemeinde gesprochene) Zitation von Psalm 124,8 zum Confiteor hinzu, wäre das Confiteor sogar als sechsgliedriges, zusammen mit dem (ebenfalls dialogischen) eröffnenden »Im Namen des Vaters ...« sogar als achtgliedriges Element zu beschreiben.[7]

---

eine für kleinere Verstöße viel geübte Praxis.« (Josef Andreas Jungmann, Die lateinischen Bußriten in ihrer geschichtlichen Entwicklung, Innsbruck 1932 [Forschungen zur Geschichte des innerkirchlichen Lebens, 3./4. Heft], 282.) Vgl. auch Reinhard Messner, Feiern der Umkehr und Versöhnung, in: Gottesdienst der Kirche. Handbuch der Liturgiewissenschaft, hg. v. Hans Bernhard Meyer u.a., Teil 7/2, Sakramentliche Feiern I/2, Regensburg 1992, 9-240, 80.

[6] So lautet die Absolutionsformel in der neu bearbeiteten Ausgabe der *Agende für Evangelisch-Lutherische Gemeinden* von 1993 (Bd. III: Die Amtshandlungen, Teil III, Die Beichte, Hannover 1993, 32): »In der Vollmacht, die der Herr seiner Kirche gegeben hat, spreche ich euch [frei, ledig und] los: Euch sind eure Sünden vergeben. Im Namen ✠ des Vaters und des Sohnes und des Heiligen Geistes.«

[7] In der Agende für evangelisch-lutherische Kirchen und Gemeinden. Bd. 1: Der Hauptgottesdienst mit Predigt und heiligem Abendmahl und die sonstigen Predigt- und Abendmahlsgottesdienste. Ausgabe für den Pfarrer, Berlin 1955, 50*; ist das In-nomine dem Confiteor zugeordnet, aber in Klammern gesetzt. Die Zusammenstellung von In-nomine, Ps 124 und dem Confiteor im engeren Sinn ergibt eine interessante Auslegungsperspektive. An ihr wird sichtbar, wie die Abgrenzung liturgischer Elemente deren Verstehen beeinflusst. Gehen dem Confiteor im engeren Sinn das In-nomine und Ps 124 voran, ließe sich das Confiteor im Sinne dreier unmittelbar aufeinander folgender Voten gegen die Angst interpretieren: Gegen die Angst vor Gott (In-nomine), gegen die Angst vor den Mächten der Welt (Ps 124) und letztlich auch vor uns selbst

2.2 Die zweite, alternative Textfassung eines Confiteor in der VELKD-Agende von 1955

Die Abweichung zwischen der bayerischen und der nichtbayerischen Fassung der VELKD-Agende beim Sündenbekenntnis-Folgetext ist ein Hinweis darauf, dass sich hinter diesem Confiteor-Element offensichtlich ein wesentliches Problem des Confiteor verbirgt.

Schauen wir uns dazu an, was Christhard Mahrenholz, den man mit Fug und Recht als den Vater der VELKD-Agende bezeichnen darf, ursprünglich für die Agende vorgesehen hatte und als *seine* Variante für ganz Deutschland – außer Bayern – auch hat durchsetzen können. Das von Mahrenholz favorisierte Confiteor schließt nach dem Misereatur nicht mit einer Aussage darüber, dass Gott sich erbarmt hat, sondern mit einem Gebet, das der Liturg spricht:

»Nimm von uns, Herr, unsre Sünde und verleihe uns, daß wir mit lauterem Herzen und reinen Lippen diesen Gottesdienst begehen und dich preisen. Durch Jesum Christum, deinen Sohn, unsern Herrn.«[8]

Konnte man das bayerische Confiteor vielleicht noch als eine allgemeine Beichte verstehen, so ist dieses Verständnis oder Missverständnis in der Mahrenholzschen Fassung ausgeschlossen. Das Mahrenholzsche Gebet, das übrigens ebenfalls eine mittelalterliche Textgrundlage hat, ist *weit* entfernt von jeglicher Absolution. Was hat sich jener bayerische Diakon nur gedacht, möchte man fragen, dass er das allsonntägliche Confiteor als *Beichte* interpretiert hat! In Mahrenholz' Sündenbekenntnis-Folgetext wird nicht einmal mehr einen Hinweis auf Gottes gnädige Zuwendung gegeben, sondern das Sündenbekenntnis mit einem Gebet abgeschlossen, das eigentlich ein Gottesdienst-Vorbereitungsgebet ist. Ein Gottesdienst-Vorbereitungsgebet allerdings, muss man ergänzen, von durchaus besonderer Art: Es ist ein Gebet um *Reinheit*

(Sündenbekenntnis mit Gnadenzuspruch). Zwar können wir, mit den Worten des Confiteor gesprochen, nicht aus eigener Kraft selig werden, aber Gott hat uns Macht gegeben, seine Kinder zu werden.

Eine Streichung des In-nomine aus diesem Dreischritt setzt rezeptionsästhetisch (für die Hörerinnen und Hörer) an der Schöpfungstheologie an, eine Streichung des Psalms an offenbarungstheologischen Grundsätzen, die dann das Hören des folgenden Confiteor – in welcher Gestalt und Form auch immer – verändern.

Zur Veranschaulichung der Bedeutung der Frage, was eigentlich alles zum Confiteor hinzugerechnet werden darf, sei Martin Nicol, Weg im Geheimnis, Göttingen 2009, 269 zitiert, für den das Confiteor mit Ps 124,8 beginnt: »Dramatisch das Szenario: Auftakt ›im Namen des Herrn, der Himmel und Erde gemacht hat‹. In der Formel ist vom Geheimnis des Namens bis zur Evozierung des Uranfangs eigentlich genug enthalten, was Verstand und Vorstellungskraft übersteigt. In solchen Ungeheuerlichkeiten bewegen wir uns mit der Selbstverständlichkeit des Rituals. Wechselrede zwischen Liturg und Gemeinde, Zitat aus der Bibel – undramatisch eingeübt, praktikabel.«

[8] Agende für evangelisch-lutherische Kirchen und Gemeinden, Bd. 1: Der Hauptgottesdienst mit Predigt und heiligem Abendmahl und die sonstigen Predigt- und Abendmahlsgottesdienste, hg. v. d. Kirchenleitung der Vereinigten Evangelisch-Lutherischen Kirche Deutschlands, Ausgabe für den Pfarrer, Berlin 1955, 51*.

oder Reinigung und unterscheidet sich dadurch doch grundlegend von den heute üblichen Vorbereitungsgebeten, die eher die Abholung aus der Situation in den Vordergrund stellen und in ihren Vorbereitungsgebeten an die Bedürfnisse der Menschen anzuschließen versuchen.[9]

2.3 Ein Zwischenergebnis

Hinter dem Confiteor mit seiner drei-, vier-, sechs- oder achtgliedrigen Struktur können sich durchaus unterschiedliche liturgische Gattungen verbergen.

1. Es kann als *Vorbereitungsgebet* dienen. Dann hat der Sündenbekenntnis-Folgetext die Gestalt eines Gebetes mit der Bitte um Reinigung. Als Vertreter dieser Auffassung sei Christhard Mahrenholz genannt.

2. Man kann das Sündenbekenntnis aber auch als eine *allgemeine Beichte* verstehen. Dann folgt auf das Misereatur ein Vergebungszuspruch. So war jedenfalls die Auffassung des Diakons.

3. Oder man interpretiert das Confiteor als einen *Verkündigungsakt*. Dann enthält der Sündenbekenntnis-Folgetext Aussagen über das Heilshandeln Gottes in der Geschichte und schließt mit dem Wunsch, dass Gott auch uns gnädig sein möge.

4. In der Ausgabe des Evangelischen Gesangbuchs von 1995 für Bayern und Thüringen hat man sogar noch eine vierte Variante mit ins Spiel gebracht. Dort wird das, was früher Confiteor hieß, mit »*Der Mensch vor Gott*« überschrieben.[10] Nach dieser Auffassung wäre das Confiteor dann eigentlich eine Art von Bekenntnis in dialogischer Form, in dem sich die lutherische Unterscheidung des simul iustus et peccator abbilden würde.[11] Der Akzent des

---

[9] Siehe dazu das Beispiel eines Bußgebets aus dem Gottesdienstbuch unten 117f.

[10] Evangelisches Gesangbuch. Ausgabe für die Evangelisch-Lutherischen Kirchen in Bayern und Thüringen, München 1995, 1146.

[11] In der Sitzung des Arbeitskreises der Materialstelle für Gottesdienst vom 6. April 1992 berichtete laut Protokoll Pfr. Reinhold Morath dort »über den Diskussionsstand betreff der Einführung des neuen Gesangbuches. [...] Hinsichtlich der im Gesangbuch abzudruckenden Gottesdienstordnung ist in den zuständigen Leitungsgremien der bayerischen Landeskirche noch keine Entscheidung gefallen. Erwogen wird, auf eine feste Vorgabe zu verzichten und stattdessen die Möglichkeit zu geben, daß die Gemeinden ›ihre‹ Gottesdienstordnung in das Gesangbuch einlegen. Die Entscheidung scheint dabei weniger vor dem Hintergrund grundsätzlicher Erwägungen – etwa einem bewußten Verzicht auf eine für ganz Bayern verbindliche gemeinsame Gottesdienstordnung – getroffen zu werden als vielmehr auf Sachzwängen – etwa dem Fehlen eines konsensfähigen Konzeptes – zu beruhen.« Im (nicht mehr protokollierten) Nachgang zu diesem Tagesordnungspunkt kam nach dem Ende der Sitzung das Gespräch auch auf die Frage des Confiteor, das einer der angesprochenen kontroversen Diskussionsgegenstände gewesen war. In diesem Zusammenhang wurde auch darüber gesprochen, ob nicht das Confiteor weniger Beichtakt als vielmehr als ein liturgisches Element zu bewerten wäre, das den Gottesdienst mit einer »Erinnerung« daran eröffnet, wer »der Mensch vor Gott« wäre: Sünder und Gerechter zugleich.

Sündenbekenntnis-Folgetextes verschiebt sich in solcher Gattungsbestimmung von der Aussage, dass Gott sich unser erbarmt hat, auf das anthropologische Korrelat dieser theologischen Behauptung, das darin besteht, dass der Mensch nicht nur Sünder, sondern auch Gerechter ist. Der Schwerpunkt, der Fokus des Sündenbekenntnis-Folgetextes läge dann in der Feststellung, dass wir nicht nur gesündigt haben mit Gedanken, Worten und Werken, sondern dass Gott uns auch »Macht gegeben hat, Gottes Kinder zu sein«.[12]

An sich ist das Confiteor eine Art Interpretationsrätsel. Weil der Sündenbekenntnis-Folgetext wie eine Absolution gebaut sein kann oder wie ein Katechismustext zwischen Predigt- und Bekenntnisform changieren oder gar zum Gebet mutieren kann, lässt sich aus der Struktur des Confiteor für das Gesamt dieses liturgischen Elementes keine klare Gattungsbestimmung ableiten. Nicht einmal die Abgrenzung dessen, was zum Confiteor gehört, ist eindeutig. Man kann Ps 124,8 mit hinzunehmen oder nicht. Entsprechendes gilt auch für das In-nomine, das trinitarische Votum, das im damaligen Standardwerk der evangelischen Liturgiewissenschaft, in der »Leiturgia«, als Eröffnungs- oder Eingangssegen bestimmt worden ist.[13]

All diese Beobachtungen zeigen, dass die Frage, was das Confiteor ist beziehungsweise will, im evangelischen Bereich nicht leicht zu klären ist.

Dabei wäre es nicht unerheblich, darauf eine Antwort zu haben. Denn je nachdem, wie diese ausfiele, würde die Gemeinde zu Beginn des Gottesdienstes in eine ganz unterschiedliche Gestimmtheit geführt. Ein Perspektivwechsel, weg von der Liturgie und Theologie, hin zur Emotion, zum Erleben, zeigt dies auf. Es macht mit dem Gottesdienstbesucher eben etwas ganz anderes, ob er sich beispielsweise vor Gott stellt und um ein lauteres Herz betet, oder ob er, kaum dass der Gottesdienst begonnen hat, eine erste Kurzpredigt hört, die im Kontrast zu seiner Sündhaftigkeit Gottes Gnade groß machen will, oder ob er *in der Kirche* wieder als erstes in seine Biographie zurückgeführt wird, weil ihm seine eigene Doppelgesichtigkeit vor Augen geführt wird, wonach er vor Gott zugleich Sünder ist – und Gerechter.

Die »zuständigen Leitungsgremien« haben diesen Gedanken dann offensichtlich aufgegriffen. In Grundordnung 1 wird getitelt: »Vorbereitungsgebet – *Der Mensch vor Gott«* (Gesangbuch [s. Anm. 10], 1146), allerdings nicht, ohne diese im Titel liegende Neuinterpretation des Confiteor mit dem Versuch zu verbinden, die traditionellen Vorlagen mit zeitgemäßen Neuformulierungen zu aktualsieren (a.a.O., 1139).

[12] Die Frage, ob die theologisch-anthropologische Grundbestimmung des simul iustus et peccator in solcher auf die menschliche Erfahrungswirklichkeit bezugnehmenden Weise sachgemäß in ein liturgisches Element umgesetzt wurde, kann hier nicht diskutiert und entschieden werden.

[13] Vgl. Kurt Frör, Salutationen, Benediktionen, Amen, in: Leiturgia. Handbuch des Evangelischen Gottesdienstes, Bd. 2: Gestalt und Form des evangelischen Gottesdienstes, Kassel 1955, 569-597; das entsprechende Kapitel dieses Aufsatzes trägt die Überschrift: *Der trinitarische Eingangssegen,* 587.

Es hat nicht nur, aber auch etwas mit dieser Unklarheit dessen zu tun, was das Confiteor sein soll, dass Menschen auch höchst unterschiedlich auf dieses liturgische Element reagieren – dass die einen, wie der erwähnte Diakon, beim *bayerisch-agendarischen Confiteor* Entlastung erfahren konnten und können, während andere Gottesdienstbesucherinnen und -besucher sich vor allem angeklagt oder sogar beschimpft fühlen, wenn gleich am Anfang des Gottesdienstes das Thema von Sünde und Schuld intoniert wird.

Um den Eindruck zu vermeiden, dass hier zwischen zwei Textvarianten ein künstlicher Gegensatz konstruiert wird, obwohl sich doch die beiden bisher erwähnten Confiteorvarianten nur unerheblich voneinander unterscheiden würden,[14] sollen Christhard Mahrenholz und Otto Dietz als die beiden Confiteor-Kontrahenten der VELKD-Nachkriegs-Agende selbst zu Wort kommen.

Wir wissen bereits: Für Christhard Mahrenholz, den Vater der VELKD-Agende, war das Confiteor ein *Vorbereitungsgebet.* Mahrenholz begründet seine Einschätzung historisch. Er schreibt mit Blick auf unser Confiteor*:* Die »Vorbereitungsgebete der Liturgen wurden anfänglich wohl teils in der Sakristei, teils auf dem Wege zum Altar gebetet, schließlich wurde der ganze Vorbereitungsakt an den Altar verlegt. [...] Die lutherische Reformation hat demgemäß diesen Vorbereitungsakt in den meisten Kirchenordnungen nach dem Vorbild von Luthers Deutscher Messe als ein mit einem Formular ausgestattetes Stück der Gottesdienstordnung gestrichen, obwohl viele Agenden die Tatsache, daß der Pfarrer sich durch Gebet auf den Gottesdienst rüsten soll, erwähnen«[15]. Mahrenholz kommt deswegen zu dem Schluss, dass man zwar schon ein für Pfarrer und Gemeinde gemeinsames Gottesdienstvorbereitungsgebet an den Anfang des Gottesdienstes stellen kann, aber: »Eine Absolution haben wir mit voller Absicht vermieden, um aus der Rüsthandlung nicht eine Wiederholung der Beichthandlung zu machen, und damit letzten Endes Wert und Übung der Beichte empfindlich zu schmälern. Ein Rüstakt in der von uns vorgeschlagenen Form scheint uns theologisch und sachlich unbedenklich zu sein. Aber es sei nochmals betont: Der Rüstakt ist fakultativ [...]. Es hat schon seinen Grund gehabt, daß die alte Kirche und – bis auf geringe Ausnahmen – die Kirche der Reformation den Zugang zum Gottesdienst [...] nicht von einem sonntäglich vorher abzulegenden Bußbekenntnis und womöglich einer allsonntäglich sich wiederholenden speziellen Gnadenzusage abhängig macht, sondern die Gemeinde gleich in die ganze Fülle der göttlichen Gnadengaben

[14] Mit dieser Argumentation wurde es beim Gottesdienst-Buch abgelehnt, die bayrische Confiteor-Tradition zu berücksichtigen.

[15] Agende für evangelisch-lutherische Kirchen und Gemeinden (Entwurf), Bd. I: Der Hauptgottesdienst mit Predigt und Heiligem Abendmahl (Die evangelische Messe), bearb. von der Lutherischen Liturgischen Konferenz Deutschlands und dem Liturgischen Ausschuss der Vereinigten Ev.-luth. Kirche Deutschlands, o.O., 1951, 50f.

einführt und sie dafür danken läßt.«[16] Also: Mahrenholz wendet sich gegen das Confiteor mit Gnadenzusage, weil es erstens die Einzelbeichte schwächt und weil es zweitens den Zugang zum Gottesdienst von einer Art obligatorischem Beichtakt abhängig macht.

Ganz anders Otto Dietz, der bayerische Befürworter einer signifikant abweichenden Confiteorauffassung. Er kommt schon hinsichtlich der Frage, ob das Confiteor entfallen könne, zu einem deutlich anderen Urteil als Mahrenholz: »Um seiner grundsätzlichen Bedeutung willen«, schreibt er, »sollte das ›Sündenbekenntnis‘ mit der ihm folgenden Gnadenverkündigung in keinem luther. Hauptgottesdienst entfallen«.[17] Er begründet es mit dessen Bedeutung als Verkündigungs- oder Beichtakt: Es ist, schreibt er, in einem »gewissen Sinn ein Beichtgebet« wenn auch »*kein Ersatz für unsere Beichte. [Ihm fehlt]* gerade das *wesentlichste Stück der Beichte: die hl. Absolution als die persönliche* Lossprechung von unserer Schuld und die persönliche Zueignung der göttlichen Vergebung an *unser* mit den gerade von *uns* begannenen [sic!] Verfehlungen belastetes Leben.«[18] Aber es rückt doch zumindest die Gnade Gottes in ein helles Licht.

Was also ist das Confiteor? Ist es ein Beichtgebet? Eine allgemeine Beichte? Ein Vorbereitungsgebet? Ein Verkündigungsakt, der Gottes Zuwendung zu den Menschen allgemein zur Sprache bringt? Ein Verkündigungsakt, der ausdrückt, dass der »Mensch vor Gott« zugleich Gerechter und Sünder ist? Und: Ist es ein liturgisches Element, das unbedingt zum Hauptgottesdienst gehört, oder eines, auf das wir verzichten können?

Es zeigt sich jedenfalls: Innerhalb des Confiteor verdient der Sündenbekenntnis-Folgetext insofern besondere Beachtung, als sich in ihm – meistens indirekt – ein Anliegen ausdrückt, *dem das Confiteor* im Gottesdienst dienen soll. Dient es der inneren Vorbereitung? Der Reinigung? Der Entlastung? Oder soll es in die ganze Fülle der göttlichen Gnadengaben einführen?

Als Zwischenergebnis kann festgehalten werden: Erst im Zusammenspiel von drei- oder viergliedriger dialogischer Struktur, bedeutungstragenden Elementen wie einem Sünden- oder Schuldbekenntnis und *einer geklärten, einsichtigen Redeabsicht* wird – oder würde – das Confiteor als Text in seiner Bedeutung erkennbar und bestimmbar.

2.4 Die Dokumentarische Revue

In den 60er-, 70er- und 80er-Jahren hat man noch ein weiteres, neues Konzept des Confiteor entwickelt.

Den Hintergrund dafür bildete jene breite Gottesdienst-Reformbewegung, die sich praktisch-theologisch in Dieter Trautweins Dissertation *Lernprozess Gottesdienst* vielleicht am konsistentesten artikuliert hat und durch die Arbeit

---

[16] A.a.O., 52.
[17] Otto Dietz, Unser Gottesdienst, München ^{2}1983, 221 (Anm. 30).
[18] A.a.O., 33.

der *Beratungsstelle für Gottesdienste und andere Gemeindeveranstaltungen* – jetzt Zentrum Verkündigung in Frankfurt – eine große Wirkung entfalten konnte.

Für Dieter Trautwein zielte Gottesdienst nicht auf Gottesbegegnung, wie wir dies für Otto Dietz sicher behaupten können. Für ihn zielte Gottesdienst auf Veränderung der Welt. Gottesdienst sollte nach seiner Auffassung einen mehrstufigen Lernprozess abbilden. Dessen erste Stufe bestand darin, der Gemeinde eine konkrete Frage, ein konkretes Problem, eine Aufgabe nahezubringen. Dies konnte in einer Begrüßung geschehen, indem ein *Thema* etabliert wurde, das etwas mit dieser Welt zu tun hatte. Und dies konnte natürlich auch durch ein Confiteor erreicht werden. Trautwein spricht in diesem Zusammenhang von der Dokumentarischen Revue.

Die dialogische Gestalt des Confiteor bot hier besondere Möglichkeiten. Man konnte die Menschen im einleitenden Sündenbekenntnis darauf ansprechen, wo die Gemeinde oder die Kirche als Institution oder unsere Gesellschaft bei einem konkreten Thema versagt oder zumindest hinter den Möglichkeiten zurückgeblieben, also schuldig geworden war. Zugleich erlaubte der Sündenbekenntnis-Folgetext, darauf hinzuweisen, dass aus solcher Verschuldung durchaus ein Ausweg möglich wäre. Man hat also aus dem Mahrenholzschen Vorbereitungsgebet und aus der Dietzschen Allgemeinen Beichte ein Bußgebet gemacht. Wie es die Überschrift zu diesem Artikel mit Blick auf die unterschiedlichen Konzeptionen von Dietz und Trautwein formuliert: Man hat das traditionelle Sündenbekenntnis mit Vergebungszuspruch, das die Gemeinde entlasten wollte, in einen Schuldzuspruch mit Bußruf verwandelt, der die Gemeinde haftbar machte. Um ein Thema zu etablieren, das dann in der Predigt von der Bibel her beleuchtet wurde mit dem Ziel, Welt und Wirklichkeit zu verändern.

Um die rezeptionsästhetische Problematik und die Wirkung dieses Confiteor zu veranschaulichen, sei im Folgenden ein Beispiel zitiert. Dieser Confiteor-Text aus der gottesdienstlichen Praxis, inhaltlich befüllt im Sinne einer Dokumentarischen Revue, wurde Ende der 80er-Jahre der Materialstelle für Gottesdienst zugesandt, um bei Bedarf anderen Pfarrerinnen und Pfarrern, die sich thematisch im Gottesdienst beispielsweise mit der Apartheid befassen wollten, als Anregung und Hilfe zu dienen.

Um es vorwegzunehmen: Dieses Beispiel ist jetzt nicht sonderlich positiv. Ausgewählt wurde es nur, um den Hintergrund zu verdeutlichen, vor dem der eingangs zitierte Diakon zu dem Schluss kommen konnte: »Früher, da sind uns im Gottesdienst wenigstens noch die Sünden vergeben worden. Aber das machen die Pfarrer heute auch nicht mehr.«[19] Vergleicht man das folgende Beispiel mit dem agendarischen Confiteor, zeigt sich, wie sehr sich Confiteor-Texte rezeptionsästhetisch unterscheiden können. Confiteortexte können

---

[19] Es geht hier also nicht darum, das Konzept der »Dokumentarischen Revue« zu diskreditieren.

Himmel und Hölle sein, Gottes Gnade oder des Menschen Verderbtheit groß machen, ins Nachdenken, in die Betroffenheit, in den Ärger, in die Entlastung oder ins Beleidigtsein führen.

Jetzt also das sechsgliedrige, in der Struktur klassische Confiteor aus einem Gottesdienst der 80er-Jahre.

Unsere Hilfe steht im Namen des Herrn, der Himmel und Erde gemacht hat.

Gott hat uns zusammengerufen, weil er mit seinem Wort (und Sakrament) geben will, was wir brauchen. Deshalb antworten wir auch und bringen ihm Dank und Bitten in Gebeten, Liedern und mit unseren Gedanken dar.

(Bis dahin folgt dieser Text dem seinerzeit üblichen Schema. Doch jetzt wird das Thema etabliert:)

Vor Gott wird uns bewusst, daß wir aus eigener Kraft nicht so leben können, wie es ihm gefällt; daß wir an unseren Nächsten, aber ebenso auch an fernen Menschen schuldig werden.

Wir bekennen, daß uns das Los schwarzer unterdrückter Mitchristen meist viel zu wenig berührt.

Unsere Liebe hat diesem Leid gegenüber versagt.

Wir sind uns oft nicht einig darüber, was zu tun ist. Wir schrecken vor Konsequenzen zurück. Darum gestehen wir unsere Selbstsucht und Bequemlichkeit ein.

Herr, wir kommen zu dir und sprechen: Gott sei mir Sünder gnädig.

Der allmächtige Gott erbarme sich unser...

Der allmächtige, barmherzige Gott hat sich unser erbarmt. Er ist in Jesus arm und verachtet in unsere Welt gekommen, er ist verfolgt und getötet worden. Grund zur Hoffnung gibt allein sein Auferstehen.[20] *Sein Heilen läßt Heil erwarten. Seine Weisungen sind für uns maßgebend. Sein Geist wird die Gewissen schärfen und dem Volk Gottes Kraft zum Handeln geben. Das verleihe Gott uns allen.*

Amen.

Dieses Confiteor ist kein Sündenbekenntnis mit Vergebungszuspruch. Es ist Schuldzuspruch – ein Schuldzuspruch mit Bußruf, der – etwas heimtückisch – in die Sprachform einer Verheißung verpackt wurde: »Sein Geist wird die Gewissen schärfen und dem Volk Gottes Kraft zum Handeln geben. Das verleihe Gott uns allen.«

Vor allem zwei Veränderungen sind es, die diese 180-Grad-Drehung in der rezeptionsästhetischen Absicht des Confiteor bewirken: Die erste Änderung besteht in der Art des Sündenbekenntnisses – weg von der allgemeinen, unkonkreten Aussage, dass wir gesündigt haben mit Gedanken, Worten und Werken, hin zum Thema, das Schuld so konkret formuliert, dass stark bezweifelt werden kann, dass die Gemeinde in der Breite zugestimmt hat, wenn es

[20] Auch hier wird der Sündenbekenntnis-Folgetext durch eine Heilsgeschichte erinnernde »Anamnese« eingeleitet.

heißt: »Wir bekennen, daß uns das Los schwarzer unterdrückter Mitchristen meist viel zu wenig berührt. Unsere Liebe hat diesem Leid gegenüber versagt.« Und das zweite ist eben wieder unser Sündenbekenntnis-Folgetext. Er ist im Fall des Afrika-Confiteors nicht als Vorbereitungsgebet, nicht als Gnadenverkündigung, auch nicht als Vergebungszuspruch gestaltet worden, sondern als ein auf der Oberfläche der Sprache halbwegs gut in einer Verheißung versteckter, dennoch klar wahrnehmbarer ethischer Appell und Bußruf.

2.5 Grundentscheidungen des Gottesdienstbuchs

Erste Folgerungen sollen nun in Gestalt einer Auseinandersetzung mit dem Gottesdienstbuch vorgetragen werden.

Im Gottesdienstbuch hat man jenen mehrgliedrigen dialogischen Text, der mit dem Anfang des Gottesdienstes verbunden ist und der bei uns traditionellerweise Confiteor heißt, in Grundform (1) Vorbereitungsgebet genannt. In der erläuternden Rubrik heißt es zu diesem Vorbereitungsgebet: »Hier kann ein Gebet zur Sammlung der Gemeinde vor Gott (Buß- oder Eingangsgebet) gesprochen werden.« Das Gottesdienstbuch nimmt an dieser Stelle drei Traditionen auf: Erstens die Mahrenholzsche – Stichwort *Vorbereitungsgebet* –, dann die Trautweinsche – Stichwort *Bußgebet* – und schließlich neuere Entwicklungen, bei denen, wie das Gottesdienstbuch selbst schreibt, »das Vorbereitungsgebet erst einmal die Menschen, die von draußen zum Gottesdienst kommen, *abholen* muss: Sorgen und Unruhe, Freude und Hoffnung, Klage und Unvermögen können vor Gott ausgesprochen werden. Eine Einladung zu stiller Besinnung kann dazu helfen, sich für das gottesdienstliche Geschehen zu öffnen.« Interessant ist, dass sich das Gottesdienstbuch für *jede* noch in Gebrauch befindliche Tradition geöffnet hat außer für jene bayerische, für die sich damals Otto Dietz stark gemacht hat.[21]

Ansonsten kann man feststellen, dass sich beim Gottesdienstbuch zwei Beobachtungen wiederholen lassen, die wir bereits bei der Agende der 50er-Jahre gemacht haben.

Zum ersten: *Die Frage nach der Sprechintention des Confiteor bleibt weiterhin ungeklärt.* Während dies sich in der VELKD-Agende von 1955 aber nur in der Nebeneinanderstellung der von Mahrenholz beziehungsweise von Dietz bevorzugten Texte ausdrückt, geht das Gottesdienstbuch offen auf ein strukturalismusinspiriertes Konzept zu, bei dem sich unter der Globalüberschrift »Vorbereitungsgebet« ein »konservatives« Mahrenholz-Confiteor, ein progressiv-thematisches Bußgebet à la Trautwein oder ein seelsorgerlicher Abholungstext verbergen kann.

Zweitens: Faktisch erscheinen Theologie und Struktur als jene Kategorien, die liturgisches Handeln zu berücksichtigen habe. Bei liturgischem Handeln

---

[21] Nachdem ich im Rahmen des Stellungnahme-Verfahrens zum *Vorentwurf Erneuerte Agende* selbst auf diesen Sachverhalt deutlich hingewiesen habe, ist dies vermutlich nicht versehentlich geschehen. Vgl. auch Anm. 14.

ist nicht nur an die Fachwissenschaftlerinnen und Fachwissenschaftler zu denken, die Agenden ausarbeiten, sondern auch an die Pfarrerinnen und Pfarrer, die vor Ort einen Gottesdienst gestalten. *Mit dem Hinweis auf gemeinsame Strukturen werden dann rezeptionsästhetische Fragestellungen ausgeblendet.* Man tut so, als ob zwischen dem Beichtakt, der auf die Gewinnung von Vergebungsgewissheit zielt, und der Dokumentarischen Revue, die eine Bußgesinnung wecken will, rezeptionsästhetisch kein relevanter Unterschied bestehe. Aber man bedenke bitte: Für den eingangs erwähnten Diakon ist mit den Veränderungen des strukturell gleichbleibenden Confiteor nach meiner Einschätzung eine Lebensform, die vertraute Lebensform Gottesdienst, ja, eine Glaubenswelt verlorengegangen: »Früher«, so sein Diktum, »sind uns im Gottesdienst wenigstens noch die Sünden vergeben worden. Aber das machen die Pfarrer heute auch nicht mehr.« Dieser Diakon ist mit seinem Glauben alleingelassen worden.

Nun kann man das wollen. Das Leben geht weiter. Glaubensformen und Frömmigkeit verändern sich – und vielleicht verändern sie sich in jene Richtung, die Dieter Trautwein in seiner Dissertation *Lernprozess Gottesdienst* so eindrücklich beschrieben hat. Hier soll nicht für ein bestimmtes Verständnis des Confiteor plädiert werden, sehr wohl aber dafür, dass neben Theologie und Struktur weitere Maßstäbe treten müssen, wenn wir wieder zu einem geklärten Erleben des Gottesdienstes gelangen wollen.

2.6 Erfahrungsräume

Welche Folgen dieses sträfliche Vernachlässigen rezeptionsästhetischer Fragen im Bereich des Gottesdienstes haben kann, zeigt sogar ein Vorbereitungsgebetstext des Gottesdienstbuches selbst. Er findet sich unter der Rubrik »Bussgebet«[22]

»Wir sind hier«, beginnt dieser Text, »um gemeinsam Gott anzurufen, auf sein Wort zu hören und uns im heiligen Abendmahl mit unserem Herrn Christus zu vereinigen. In seiner Gegenwart dürfen wir loslassen: unsere Sorge und Ängste, was uns ratlos macht und was uns bindet – all unsere Schuld. Er lässt uns nicht los. In der Stille breiten wir jetzt vor ihm aus, was uns bedrückt und beschämt. «

Wir dürfen vermuten, dass jetzt Menschen vielleicht an ihre Arbeitslosigkeit denken, die sie verzweifeln lässt, oder an einen Streit, bei dem sie sich im Rückblick über ihr Verhalten schämen, oder an eine Schuld, die schwer auf ihnen lastet, oder an ihre Angst davor, wie es mit dem Kind weitergeht, oder an ihre finanziellen Sorgen. Weil abholend, hat dieser Text eine unendliche

---

[22] Genauer: »Bussgebet mit Kyrie – Gnadenzusage mit Gloria« (Evangelisches Gottesdienstbuch. Agende für die Evangelische Kirche der Union und für die Vereinigte Evangelisch-Lutherische Kirche Deutschlands, hg. v. d. Kirchenleitung der Vereinigten Evangelisch-Lutherischen Kirche Deutschlands und im Auftrag des Rates von der Kirchenkanzlei der Evangelischen Kirche der Union, Berlin 1999, 500).

Fülle von Erfahrungsräumen geöffnet. Durch die Gebetsstille, die jetzt folgt, tauchen die Menschen in das ein, was sie bewegt.

Nach der Gebetsstille ergreift der Liturg wieder das Wort: »Vor dir, Herr Jesus, und inmitten deiner Gemeinde gestehen wir ein: Wir haben Böses gedacht, lieblos geredet und unrecht gehandelt. Miteinander rufen wir dich an: Herr erbarme dich ...«[23]

Nun stellt sich die Frage: Ist dies eine kluge Fortsetzung dieser abholenden Einleitung des Bußgebetes? Ist es klug, die Aufmerksamkeit von Menschen beispielsweise auf ihre Gesundheit zu lenken, über die sie sich Sorgen machen, und dann mit dem Bekenntnis fortzufahren, dass wir Böses gedacht, lieblos geredet und unrecht gehandelt haben? – Die Autoren, die diesen Text geschrieben, und die Redaktoren, die diesen Text übersehen haben, sind meines Erachtens jedenfalls in die Falle eines theologie- und strukturfixierten Denkens geraten, das vergisst, dass *auch der Gedankengang, mit seinem jeweiligen rezeptionsästhetischen Profil,* zu jenen Grundkategorien von Liturgie und Predigt gehört, nach denen wir den Gottesdienst und seine Elemente wahrnehmen, deuten und erleben.

Der »Gedankengang«, auf den meine Argumentation zielt, ist etwas anderes und eben mehr als »Struktur« oder eine theologische Aussage. Mit »Gedankengang« ist eine Aussagefolge, eine *Erzählung,* ein Narrativ gemeint. Diese »Erzählung« hat natürlich eine Struktur. Und sie hat auch so etwas wie einen Fokus, einen Hauptgedanken. Sie ist jedoch zugleich *mehr, weil in ihr ein Weg sichtbar wird, den diejenigen, die unsere Gottesdienste besuchen, mitgehen sollen.* In der Confiteor- und Gottesdienst-Narration bilden sich nicht nur Strukturen und Gedanken ab – die leitenden Erzählungen der Lebensform »Glaube« wollen in ihr *erlebt* werden. Erlebt werden, so dass sie uns hinein führen in die Erfahrung der Vergebung. Oder hinein in die Erfahrung von Entfremdung, die uns ethisch motiviert. Oder hinein in die Vorstellung eines Anderen, Heiligen, dessen Wort uns zum Glauben und zu Gehorsam herausfordert.

---

[23] Vgl. a.a.O., 501. Das dem Kyriegesang folgende »Gnadenwort« kann die Irritationen, die durch die Diastase zwischen den abholenden Eingangsformulierungen und dem Schuldbekenntnis nach der Gebetsstille ausgelöst werden können, wohl kaum wieder ausgleichen. Es lautet: »Der allmächtige Gott hat sich unser erbarmt und vergibt uns durch Jesus Christus unsere Schuld. So bezeugt das Evangelium: Das geknickte Rohr wird er nicht zerbrechen und den glimmenden Docht wird er nicht auslöschen.« Das Bußgebet schließt mit einem »Gloriagesang«.
Zu dieser Confiteor-Form, die im 19. und 20. Jahrhundert weit verbreitet war, schreibt das Gottesdienstbuch: »Eine andere Ausformung des Vorbereitungsgebets ist im 19. Jh. dadurch entstanden, dass man ein Sündenbekenntnis unmittelbar in den Kyrie-Gesang der Gemeinde übergehen ließ.« (a.a.O., 493)

3. Das Drama hinter dem Confiteor

Im Confiteor überschneiden sich *zwei* Gedankengänge. Der eine ist *im* Confiteor selbst durch seine dialogische, vier-, sechs- oder achtgliedrige Struktur angelegt. Mit Mahrenholz könnte man diesen Gedankengang so umschreiben: Wir kommen in den Gottesdienst. Er ist ein Raum der Gottesbegegnung und des Gebetes. Auf dieses Geschehen bereiten wir uns vor, wenn wir uns daran erinnern, dass wir uns aus eigener Kraft nicht von unserem sündigen Wesen erlösen können, und bitten um Gottes Beistand, damit wir mit lauteren Herzen und reinen Lippen ihn loben, ihm danken und sein Wort hören können.

Der Dietzsche »Gedankengang« beginnt anders: Wir kommen in den Gottesdienst – und erfahren dort als erstes, dass Gott sich uns gnädig zuwendet. Wir befehlen Gott unsere Schuld an, die uns belastet, und hören, dass er uns die Sünden vergibt, dass Gott uns an sich heranlässt.

Bei Trautwein steht am Anfang Bestürzung: Bestürzung darüber, wie gebrochen diese Welt ist, und wie entfremdend. Aber wir können diese Welt ändern ...

Dies ist das eine.

Der andere Gedankengang ist derjenige des Gottesdienstes selbst.

Während für Otto Dietz der Gottesdienst sich nach dem Eingangsteil in liturgischen Formen der Gottesbegegnung fortsetzt, weil Christus im Evangelium selbst zu uns spricht und uns im Sakrament des Altars begegnet, und während Christhard Mahrenholz den Gottesdienst stärker als Gebetsakt und Gebetsschule gestaltet,[24] denkt Dieter Trautwein eben diese Gottesdienst-Grunderzählung anders. Für ihn hören und bedenken wir im Gottesdienst, was die Bibel von uns erwartet und fordert. Wir blicken auf die Welt und lassen uns darauf ein, einen neuen Schritt zu wagen auf eine bessere Zukunft hin. Die Predigt hat diskursiven Charakter und führt uns im besten Fall in die *Aktion.*

Lässt sich *jede »Confiteor-Erzählung«* mit jeder »Gottesdienst-Erzählung« beliebig mischen? Lässt sich eine Confiteor-Erzählung, die uns vor Gott stellt, wirklich gut mischen mit einem Rest-Gottesdienst, der politische Fragen diskutiert? Und macht solch eine Mischung Sinn? Bedeutende Liturgiker wie Trautwein, wie Dietz oder wie Mahrenholz meinten jedenfalls, man solle in der Art, wie man die einzelnen liturgischen Elemente gestaltet, im Grund-Gedankengang und Grund-Bild des Gottesdienstes bleiben – und ihn auch nicht von Sonntag zu Sonntag variieren. Denn wer Entlastung sucht, will nicht beschuldigt werden. Wer Orientierung sucht, geht in den Widerstand, wenn er das Gefühl hat, hier wird nicht geklärt, sondern vertröstet. Und wer hofft, dass der Gottesdienst sein Leben relativieren, zurechtrücken könnte, ist nicht begeistert, wenn er zu Beginn eben dieses Gottesdienstes in abholender Weise

---

[24] Siehe den Beitrag von Klaus Raschzok, unten 19-53.

wieder an die Hand genommen und in jene Situationen zurückgeführt wird, die er doch für eine Stunde zurücklassen zu können gehofft hatte ...

Unter Strukturen liegen Sätze und Symbole. Hinter Theologien stehen Erzählungen.

Wenn wir mit unseren Gottesdiensten die Menschen berühren und bewegen wollen, dann wäre es nicht schlecht, wenn wir eine *geklärte* Confiteor-Erzählung und eine geklärte Gottesdiensterzählung hätten. Damit denen, welche die Gottesdienste besuchen, deutlich wird, ob dieser Gottesdienst sie motivieren und strategisch ausrichten *oder* sie seelsorgerlich der vergebenden Zuwendung Gottes vergewissern *oder* sie in welcher Hinsicht auch immer mit dem Wort Gottes konfrontieren will ...

Zur Rezeptionsästhetik gehört das Mitbedenken dessen, was Texte (und Strukturen) bei Menschen auslösen – und es gehört dazu auch die Klärung der Frage, welche Grunderzählung sich hinter einer Gottesdienstordnung oder Liturgie, die in einer Agende abgedruckt wird, verbirgt, und welche Grunderzählung einen Gottesdienst leitet. Diese Grunderzählung will dann abgestimmt sein mit jener Erzählung, die ein Confiteor erzählt – was auch immer dann das Confiteor sein mag.

Die Schriftlesung in den verschiedenen Gottesdiensttraditionen

Dramaturgische Analysen

Thomas Melzl

1. Hinführung

Damit verschiedene Gottesdiensttraditionen überhaupt hinsichtlich der Schriftlesung dramaturgisch analysiert werden können, bedarf es zunächst einer doppelten Näherbestimmung. Zum einen: Welches sind eigentlich die *verschiedenen Gottesdiensttraditionen*, die unter diesem Gesichtspunkt dramaturgisch analysiert werden sollen? Und zum anderen: Was bedeutet eigentlich, verschiedene Gottesdiensttraditionen *dramaturgisch* zu analysieren?

1.1 Typologie liturgischer Formfamilien[1]

Im Folgenden werden idealtypisch vier Formfamilien unterschieden, wobei die vierte Familie eher ein Container für eine Vielzahl von Ausformungen ist, deren gemeinsames Merkmal u.a. in der Freiheit von jeglicher agendarischer Festsetzung besteht:

Die Göttliche Liturgie
Die abendländische Messform
Der Predigtgottesdienst
Die Freie Ordnung

Diese vier Formfamilien bilden ein Spektrum mit den beiden Enden der Göttlichen Liturgie auf der einen und der Freien Ordnung auf der anderen Seite. Dazwischen sind die abendländische Messform und der Predigtgottesdienst angesiedelt. Dieses Spektrum reicht von der Eucharistie zum Wort, vom hochgradig verdichteten Ritus zu Formen geringerer Ritualisierung, von der Komplexität zur Konzentration und Einfachtheit.

Als die gebräuchlichste Ausformung der Göttlichen Liturgie betrachten wir die heilige und göttliche Liturgie des Johannes Chrysostomos (gest. 407). Innerhalb der Mess-Form widmen wir uns der katholischen Messe nach der Messre-

---

[1] Vgl. Thomas Melzl, Einheit und Vielfalt des Gottesdienstes. Eine evangelische Perspektive, in: JLH 51 (2012), 19-48.

form des Zweiten Vatikanischen Konzils und der evangelischen Messe, wie sie in Agende I der VELKD aus dem Jahr 1955 und in Grundform I des Evangelischen Gottesdienstbuch aus dem Jahr 1999 vorliegt. Als Predigtgottesdienst dient uns die Erste Form des Gottesdienstes der Reformierten Liturgie aus dem Jahr 1999. Als Beispiel einer Form mit starken Tendenzen hin zu einer Freien Ordnung wählen wir den Gottesdienst der Evangelisch-methodistischen Kirche Deutschlands. In diesem Zusammenenhang werden außerdem die Gottesdienste der Mennoniten, der Baptisten und der Heilsarmee in den Blick genommen.

Für das Verständnis dieser vier Formfamilien ist die Annahme leitend, dass in allen diesen Ausprägungen christlichen Gottesdienstes unterschiedliche konfessionelle Codes wirksam sind, die durch jeweils andere Bezugnahmen auf biblische Traditionen und biblische Texte entstanden sind.[2] Diese Bezugnahmen bestehen nicht nur darin, dass in nahezu allen Kirchen regelmäßig Abschnitte aus der Heiligen Schrift im Gottesdienst vorgelesen werden. Der Gottesdienst aller Kirchen ist auch darin an der Heiligen Schrift orientiert, dass zahlreiche Schriftworte in liturgische Elemente Eingang gefunden und die Sprache der Gebete und Lieder geprägt haben. Einige Schriftstellen haben schließlich auch zur Strukturierung und Dramatisierung der Liturgie selbst beigetragen, indem diese entweder symbolisch re-inszeniert werden, ihre mit ihnen verbundene biblische Geschichte imaginiert wird oder indem sie zur tiefenstrukturellen Grundlage der Liturgie geworden sind.

1.2 Anmerkungen zum Begriff der Dramaturgie in gottesdienstlicher Abzweckung

Wenn wir hier den ursprünglich dem Theater zugehörigen Begriff der »Dramaturgie« aufgreifen, dann verwenden wir ihn nicht im streng theaterwissenschaftlichen Sinn.[3] Wir gehen für unsere Zwecke lediglich davon aus, dass der Gottesdienst eine Dramaturgie haben kann, weil er ein – von welchen Gesichtspunkten auch immer geleitetes – strukturiertes Geschehen ist.[4]

Dieses Geschehen hat mindestens drei Dimensionen: (1) Dramaturgisch hat der Gottesdienst einen gestalteten Handlungsablauf, bei dem die einzelnen Teile sich in der Reihenfolge voraussetzen und sinnvoll aufeinander aufbauen, im Gegensatz zu lediglich nacheinander aufgereihten Elementen. (2) Dramaturgisch lebt der Gottesdienst vom Wechsel zwischen Spannung und Entspan-

---

[2] Vgl. hierzu die instruktive Habilitationsschrift von Gregor Etzelmüller, ...zu schauen die schönen Gottesdienste des Herrn. Eine biblische Theologie der christlichen Liturgiefamilien, Frankfurt/Main 2010.

[3] Vgl. dazu Christel Weiler, Art. Dramaturgie, in: Erika Fischer-Lichte u.a. (Hg.), Metzler Lexikon Theatertheorie, Stuttgart 2005, 80b-83a.

[4] Vgl. Gottfried Fischborn, Theatralität – Dramaturgie – Dramatisierung. Einige Bemerkungen zum Problemfeld, in: Ders., Politische Kultur und Theatralität. Aufsätze, Essays, Publizistik. Mit einem Vorwort von Joachim Fiebach, Frankfurt/Main 2012, 15-24, 16.

nung, Verdichtung und Dehnung. Unter einer Dramaturgie des Gottesdienst wäre dann auf die Art und Weise zu achten, wie sich Wort-Handlungseinheiten verdichten, welche Schwerkraftzentren gebildet werden, die besonders bedeutungsvoll sind, auf die hin alles zustrebt, die zu einem großen Höhepunkt oder auch zu vielen kleinen Höhepunkten führen. (3) Die Dramaturgie eines Gottesdienstes muss sich letztlich der Frage stellen, welche Geschichte erzählt werden soll und welche tatsächlich erzählt wird.

Für die Frage nach der Dramaturgie eines Gottesdienstes ist der strukturelle Aufbau eines Gottesdienstes von Bedeutung. Allerdings lässt sich die Frage nach der Dramaturgie nicht allein mit Blick auf seine Struktur beantworten. Ein wesentlicher Faktor sind die konkreten aufgeführten Texte, die neben ihrem *Inhalt* eine *temporale* (wann und wie lange), *lokale* (Ort im Raum, z.B. Altar oder Kanzel) und *personale* (das Wie der Aufführung) Komponente haben. Aufgrund dieser Texte kann die Dramaturgie eines Gottesdienstes letztlich nur an einem konkreten Gottesdienst ermittelt werden – und würde zunächst einmal auch nur für diesen einen konkreten Gottesdienst gelten.

Dieser induktive Weg dramaturgischer Analyse müsste dann mit den theologischen Bestimmungen von Gottesdienst abgeglichen werden, um herauszufinden, ob die in den theologischen Bestimmungen von Gottesdienst angelegten Dramaturgien mit den tatsächlich performativ umgesetzten Dramaturgien übereinstimmen.

Zwischen der Theologie des Gottesdienstes und der Feier eines Gottesdienstes stehen als vermittelndes Scharnier Agenden, Mess- oder Kirchenbücher oder andere Vorlagen. Je mehr wir uns in dem oben vorgestellten Spektrum der rechten Seite nähern, desto mehr gewinnt die induktive Seite an Übergewicht. Die Gottesdienste der Freien Ordnung sind fast ausschließlich nur als Einzelfälle zu greifen.

Für unseren Exkurs in die Welt der Schriftlesungen können wir nicht den induktiven Weg beschreiten, sondern werden uns in erster Linie an die Vermittlungsform zwischen den theologischen Bestimmungen und der liturgischen Praxis, also an die Agenden, Mess- und Kirchenbücher sowie ihre Einleitungen und Einführungen halten.

Schon in diesen Einführungen zeigt sich, dass nicht selten auf die Metapher des Weges zurückgegriffen wird, um die Dramaturgie eines Gottesdienstes zu beschreiben. Und selbst dort, wo nicht ausdrücklich von einem Weg gesprochen wird, so deutet doch die Redeweise von einem Höhepunkt oder einer Mitte, auf die hin alles zustrebt, auf eine implizite Verwendung der Weg-Metapher hin. Die Weg-Metapher verdeutlicht den Charakter des Gottesdienstes »als sequenzielle Folge von sinnvoll aufeinander bezogenen Elementen. Zugleich bildet sich in ihr der Bezug auf Erfahrungen von Veränderung,

Durchgang und Übergang ab, wie sie sich auch in verschiedenen biblischen Erzählungen spiegeln.«[5]

Freilich ist immer bei allen Begriffen, die wir für das Verständnis des Gottesdienstes übernehmen, zu fragen, ob die mit dem Begriff vermittelte Anschauung nicht nur unsere Wahrnehmung schärft, sondern auch eintrübt. Ein Vorteil der Weg-Metapher liegt aber darin, dass sie den äußeren Weg des Durchschreitens von liturgischen Formen im Gottesdienst mit dem inneren Weg des mit ihnen verbundenen Erlebens verbindet.[6]

Es ließe sich sicher leicht eine Übereinstimmung aller (hier dargestellten) Gottesdiensttraditionen darüber herstellen, dass der Weg, der in der Liturgie beschritten wird, zu einer Begegnung zwischen Gott und Menschen führen soll. Nur der Verlauf dieses Weges wird jeweils unterschiedlich bestimmt. Eine Differenz besteht in der Auffassung, welche vorbereitenden Akte es braucht und an welchem Punkt des Gottesdienstes die Begegnung mit Gott, als am Dichtesten und Intensivsten erreicht, gedacht und womöglich auch erlebt wird. Dabei ist festzustellen, dass entweder ein besonderes Gewicht auf dem (in der Predigt verkündigten) Wort oder auf dem Sakrament (der Feier des Heiligen Abendmahls) oder auf beidem liegt. Für unser Thema ist zu klären, welche Rolle die Schriftlesungen dabei spielen, und welche Stellung ihnen im Gesamtgefüge des Gottesdienstes zukommt.

2. Zwischen Eucharistie und Wort – Dramaturgische Analysen der Schriftlesung

Die oben benannten vier liturgischen Formfamilien gehen hinsichtlich der Schriftlesung und ihrer Stellung im gesamten Gottesdienst unterschiedliche Allianzen ein. Drei tiefenstrukturelle Typen lassen sich unterscheiden:

1) Die eucharistische Prävalenz auf dem liturgischen Weg
2) Die doppelte Ausrichtung auf Wort und Sakrament
3) Die Zentralstellung der Predigt

Zu diesen drei Allianzen tritt als der absolute liturgische Opponent die stille Andacht der Quäker hinzu, auf die zur Vervollständigung des Spektrums kurz gesondert eingegangen wird.

---

[5] ALFRED EHRENSPERGER, II B 01 Weg und Raum als Dimensionen der Liturgie, in: Liturgische Orientierung der Deutschschweizerischen Liturgiekommission, zugänglich auf www.gottesdienst-ref.ch, Fassung vom Mai 2006, 1. Vgl. dazu auch: ANDREAS MARTI, Weg und Raum als Metaphern von Liturgie und Gemeindegesang, in: JLH 39 (2000), 179-190, bes. 179-183.

[6] Vgl. RALPH KUNZ, Gottesdienst evangelisch reformiert. Liturgik und Liturgie in der Kirche Zwinglis, Zürich [2]2006, 297f.

2.1 Die eucharistische Prävalenz auf dem liturgischen Weg

2.1.1 Die Göttliche Liturgie

Der heiligen und göttlichen Liturgie des Johannes Chrysostomos kommt im Spektrum der gottesdienstlichen Formfamilien der höchste Grad an Ritualisierung zu. Sie weist ein äußerst dichtes Gewebe an miteinander verbundenen Worten, Zeichen und Handlungen auf, die mit symbolischer Bedeutung aufgeladen sind. Dadurch wird die Göttliche Liturgie zu einem heiligen Drama, in dem »das große Heilsgeschehen von der Inkarnation bis zur Geistsendung anschaulich gemacht«[7] wird. Die Rollen der liturgisch handelnden Personen (Priester, Diakon, Chor, Lektor) sind präzise festgelegt. Die gesprochenen und gesungenen Texte sind in ihrem Wortlaut sprachlich fixiert und scheinen förmlich aus der Heiligen Schrift herausgewoben zu sein.[8]

Aus diesen Texten wird ersichtlich, in welchem Vorstellungsrahmen sich die Göttliche Liturgie bewegt: Die Göttliche Liturgie greift explizit und implizit auf die alttestamentliche Tempeltheologie zurück,[9] die allerdings durch das Neue Testament, vor allem den Hebräerbrief (z.B. Hebr 8,1f.; 9,11) und die Offenbarung (z.B. Offb 21,3) vermittelt zu sein scheint.[10] Der Rückgriff auf diese kultischen Traditionen der Bibel hatte weitreichende Konsequenzen für die Ausgestaltung der Göttlichen Liturgie, u.a. für die charakteristische Unterscheidung zwischen den beiden Bereichen vor und hinter der Ikonostasenwand, in denen sich die Göttliche Liturgie abspielt, und für das Bewusstsein, Gottesdienst vor dem Angesicht Gottes und gemeinsam mit seinem himmlischen Hofstaat zu feiern. In der Göttlichen Liturgie werden »die Grenzen zwi-

[7] Friedrich Heiler, Die Ostkirchen, München 1971, 226.

[8] Vgl. Fairy v. Lilienfeld (Hg.), Die Göttliche Liturgie des Hl. Johannes Chrysostomos mit den besonderen Gebeten der Basilius-Liturgie im Anhang, Heft C Einführung in den Gottesdienst der orthodoxen Kirche mit besonderer Berücksichtigung des eucharististischen Gottesdienstes (Göttliche Liturgie), Erlangen ²2000, VI (= Oikonomia Bd. 2 Heft C).

[9] Vgl. Etzelmüller, ...zu schauen die schönen Gottesdienste (s. Anm. 2), 41.58 u.ö.

[10] Vgl. Anastasios Kallis (Hg.), Die Göttliche Liturgie der Orthodoxen Kirche. Deutsch – Griechisch – Kirchenslawisch, Münster ⁶2005, XI u. XIV. Der Verweis auf den Hebräerbrief und die Offenbarung als Erklärung für die Göttliche Liturgie zeigt im Übrigen, dass diese Traditionen auch gegen die Intention der neutestamentlichen Schriften selbst aufgegriffen werden. Folgt man der Theologie des Hebräerbriefs dann wird – nach Peter Wick, Die urchristlichen Gottesdienste. Entstehung und Entwicklung der frühjüdischen Tempel-, Synagogen- und Hausfrömmigkeit, Stuttgart ²2003, 322 – durch das durch Christus selbst ein für allemal dargebrachte Opfer eigentlich jeder weitere Gottesdienst ausgeschlossen. Obwohl also der Hebräerbrief eine Analogie zum Jerusalemer Tempelkult schafft, wird dieser gerade durch die Überbietung in Jesus Christus überwunden und kann von daher eigentlich kein Vorbild für den eigenen Gottesdienst sein.

schen Himmel und Erde, Gegenwart und Zukunft bzw. Endzeit überschritten.«[11]

Die Göttliche Liturgie kennt drei Teile: Die Gabenbereitung – Die Liturgie der Katechumenen – Die Liturgie der Gläubigen.

Aufgrund der hochgradigen Ritualisierung, bei der es buchstäblich auf jedes Detail ankommt, erlaubt sich eine abstrahierende Darstellung eigentlich nicht. Für die hier vorgelegte Untersuchung ist eine Komplexitätsreduktion aber unumgänglich. Die Liturgie der Katechumenen baut sich daher – sehr vereinfacht – wie folgt auf:[12]

Gebete und Gesänge

Eröffnungslobpreis – Großes Bittgebet – 1. Antiphon – Kleines Bittgebet – 2. Antiphon – Kleines Bittgebet – 3. Antiphon

Kleiner Einzug

Der Priester übergibt dem Diakon das Evangelienbuch – Der Diakon trägt das Evangelienbuch durch die nördliche Tür in das Kirchenschiff bis vor die Königstür, wobei ihn Leuchter mit brennenden Kerzen begleiten – Der Priester spricht das Gebet des Einzugs und den Einzugs-Segen – Der Diakon reicht dem Priester das Evangelienbuch zum Kuß – Er hebt es hoch und ruft: »Weisheit! Stehet aufrecht!« – Priester und Diakon verneigen sich vor dem Evangelienbuch und gehen durch die Königstür zurück in den Altarraum – Das Evangelienbuch wird zurück auf den Altartisch gelegt.

Trishagion und Zeremonie des Thrones

Noch während Priester und Diakon in den Altarraum zurückkehren, beginnt der Chor mit hymnischen Gesängen – Der Chor singt das Trishagion – Diakon und Priester sprechen das Trishagion – Der Priester segnet die Kathedra des Bischofs.

Epistellesung

Der Diakon tritt vor die Königstür und ruft: »Laßt uns aufmerken!« – Der Lektor nimmt den Apostolos vom Priester entgegen, küßt dabei die Hand des Priesters und stellt sich in die Mitte der Kirche – Der Lektor liest einen Psalmvers (Prokeimenon), den der Chor nachsingt – Der Diakon ruft: »Weisheit!« – Der Lektor liest die Überschrift der Perikope – Der Diakon ruft: »Laßt uns aufmerken!« – Der Lektor liest die Perikope – Der Diakon spricht zum Lektor: »Friede dir!« – Der Chor singt dreimal das Halleluja – Dabei verneigt sich der Lektor und übergibt dem Priester den Apostolos.

---

[11] Vgl. KALLIS (s. Anm. 10), XII.

[12] Vgl. FAIRY V. LILIENFELD (Hg.), Die Göttliche Liturgie des Hl. Johannes Chrysostomos mit den besonderen Gebeten der Basilius-Liturgie im Anhang, Heft A Griechisch-Deutsch unter Mitarbeit v. RUTH ALBRECHT/KARL CHRISTIAN FELMY/MARTIN GEORGE, Erlangen [2]2000, bes. 22G-47G (= Oikonomia, Bd. 2 Heft A), aber auch KALLIS, Göttliche Liturgie (s. Anm. 10), bes. 44-88.

Evangelienlesung

Der Diakon beräuchert den Altar, den Altarraum und den Priester – Der Priester spricht leise das Gebet des Evangeliums – Der Diakon bittet um den Segen – Der Priester bekreuzigt den Diakon und segnet ihn – Der Priester ruft aus der Königstür: »Weisheit! Laßt uns aufrecht stehend das heilige Evangelium anhören!« – Der Diakon verneigt sich und nimmt das Evangelienbuch aus den Händen des Priesters, geht aus der nördlichen Tür heraus, wobei ihm wieder Lichter vorausgetragen werden, und legt das Evangelienbuch auf das Lesepult, das vor der Königstür steht – Der Priester spricht: »Frieden allen!« – Der Diakon leitet die Lesung ein – Der Priester ruft zur Aufmerksamkeit – Der Chor singt: »Ehre sei dir, Herr« – Der Diakon liest die Perikope – Der Priester spricht zum Diakon: »Friede sei dir, dem Verkünder des Evangeliums« – Der Chor singt: »Ehre sei dir, Herr« – Der Diakon überreicht das Evangelienbuch dem Priester – Der Priester küßt das Evangelienbuch und legt es auf den Altartisch – Es kann eine Homilie folgen – Die Türen werden wieder geschlossen.

Gebete

Litanei für die Gläubigen – Litanei für die Verstorbenen – Litanei für die Katechumenen

Entlassung der Katechumenen

Audienz beim erhöhten Herrn

Wenn wir von der anfänglichen Sequenz lobpreisender Gebete und Gesänge absehen, so ist die erste auch für die dann erst sehr viel später folgenden Schriftlesungen bedeutsame Sequenz der sogenannte Kleine Einzug.

Mit dem Kleinen Einzug wird »das Kommen des menschgewordenen Wortes«[13] in die Welt dargestellt und sein Leben von seiner Geburt bis zu seiner Erhöhung imaginiert.[14] Dabei wird vor allem auf die johanneische Theologie rekurriert. Der mit dem Evangelienbuch symbolisierte Christus kommt dem Johannesprolog gemäß durch eine Seitentür, d.h. unerkannt in die Welt.[15] Der Einzug selbst wird im Gebet des Einzugs als Einzug der Engel gedeutet, die – wie schon in der lukanischen Weihnachtsgeschichte – eine Verbindung zwischen der himmlischen Wirklichkeit und der irdischen Realität schaffen und nun gemeinsam mit den Menschen Gott preisen.[16] Die Lichter, die die Prozession begleiten, deuten auf das Licht hin, das in die Finternis kam (Joh 1,4f.) und das dann zum Licht der Welt wird, von dem Erleuchtung (durch das Lesen aus den Heiligen Schriften) ausgeht. Die Elevation des Evangelienbuches in der Mitte der Prozession, die eine Entsprechung in der Elevation des »Lammes« in der Liturgie der Gläubigen hat, könnte dann auf seine Kreuzigung

---

[13] HANS-DIETER DÖPMANN, Gottesdienst im orthodoxen Kontext, in: ^{3}HdL, 129-139, 134.
[14] Vgl. ETZELMÜLLER, ...zu schauen die schönen Gottesdienste des Herrn (s. Anm. 2), 67.
[15] Vgl. MARTIN NICOL, Kult um die Bibel und Kultur des Lesens, in: RUDOLF FREIBURG u.a. (Hg.), Kultbücher, Würzburg 2004, 1-13, 4.
[16] Vgl. KALLIS, Göttliche Liturgie (s. Anm. 10), 62.

hindeuten.[17] Aber erst nach seiner Verherrlichung, nachdem er in den Himmel als der erhöhte Herr aufgenommen worden ist, kann er auch als Auferstandener und damit als gegenwärtige Stimme in der Lesung des Evangeliums vernommen werden. Diese Aufnahme in den Himmel am Ende des Kleinen Einzugs wird einerseits durch den Lobgesang der himmlischen Heerscharen, das Trishagion (Vgl. Jes 6,3; Offb 4,8), verdeutlicht. Andererseits aber auch durch die Worte des Priesters unterstrichen, der Mt 21,9 im Zusammenhang mit der Zeremonie des Thrones rezitiert: »Gelobt sei, der da kommt im Namen des Herrn.« Damit wird an den Einzug Jesu in Jerusalem erinnert. Weil aber hinter der Ikonostasenwand gleichsam der Himmel beginnt, versinnbildlicht der Eingang des Priesters ins Heiligtum auf diese Weise den Einzug Jesu in das himmlische Jerusalem.[18] Und wenn der Bischof auf dem Bischofssitz Platz nimmt, dann »weist er damit auf die Thronbesteigung Christi in seiner Herrlichkeit hin.«[19]

Damit ist insgesamt ein Thronbesteigungsritual dargestellt worden, das sich an biblischen Vorbildern orientiert (wie z.B. Psalm 42), bei dem man aber sicher auch hofstaatliche Einflüsse aus der Zeit der Entstehung der Göttlichen Liturgie wird berücksichtigen müssen. Für das Hören der folgenden Schriftlesungen könnte das bedeuten, dass es sich bei der Schriftlesung um eine Audienz beim himmlischen Herrscher handelt, dem man sich nur mit dem gebotenen Respekt nähern darf. Nicht umsonst wird die Gemeinde beständig zum »Aufrecht stehen« und zum »Aufmerken« aufgefordert. Dem himmlischen Herrscher wird aber nicht nur Ehrfurcht entgegengebracht, er wird auch liebend verehrt. So finden sich neben den ehrfurchtheischenden Aufmerksamkeits-Rufen auch Zeichen der Liebe, wie das Küssen des Evangelienbuches.

Aufgrund der ersten Prozession (der Kleine Einzug) ist bei der zweiten Prozession (des Evangelienbuches für die Evangelienlesung) nun eindeutig geworden, dass hier die Stimme des erhöhten Herrn spricht, der nicht fern ist, sondern durch sein zuvor inszeniertes Kommen ganz nah geworden ist. Im liturgischen »Jetzt« der Lesung kehrt er zurück als der Auferstandene.[20] Und wie der Auferstandene so segnet auch der Priester die Gemeinde mit dem Friedensgruß bevor der Diakon mit der Lesung aus dem Heiligen Evangelium beginnt.

Eucharistie als Paradigma

Es genügt aber nicht, die Schriftlesung in der Göttlichen Liturgie nur im Rahmen der Liturgie der Katechumenen zu erklären. Die Doppelstruktur von Liturgie der Katechumenen und Liturgie der Gläubigen, von Kleinem und Gro-

---

[17] Im Johannesevangelium ist »Erhöhung« neben »Verherrlichung« terminus technicus für die Kreuzigung Jesu, vgl. Joh 8,28.
[18] Vgl. HEILER, Ostkirchen (s. Anm. 7), 212f.
[19] KALLIS, Göttliche Liturgie (s. Anm. 10), 70.
[20] Vgl. ETZELMÜLLER, ...zu schauen die schönen Gottesdienste des Herrn (s. Anm. 2), 86.

ßem Einzug, von Schriftlesung und Eucharistie, muss berücksichtigt werden. Für diese Doppelstruktur hat die Emmausgeschichte (Lk 24) Pate gestanden.[21] Allerdings wird der in der Emmausgeschichte angelegte liturgische Weg von der in der Göttlichen Liturgie bis heute erhalten gebliebenen Arkandispziplin in gewisser Weise unterlaufen: Nicht alle werden den gesamten Weg zu Ende mitgehen, die Katechumenen werden am Ende des Wortgottesdienstes entlassen, das Heilige ist nur für die Heiligen da. Diese Trennung widerspricht aber dem Narrativ der Emmausgeschichte grundlegend, da es dort entscheidend auf den gesamten Vollzug des Weges ankommt, der nämlich in der Mahlgemeinschaft mit dem auferstandenen Herrn gipfelt. Nur wer den liturgischen Weg bis zum Ende mitgeht, dem erschließt sich der Zusammenhang von Wort und Eucharistie, und zwar so, dass das, was mit dem Vorlesen der Heiligen Schrift begonnen hat, seine Vollendung in der Kommunion findet.[22]

Vermutlich aufgrund dieser Trennung der Liturgie der Katechumenen von der Liturgie der Gläubigen ist das erste Wegstück aufgewertet worden, und zwar so, dass die Eucharistie das Paradigma abgibt, von dem her auch die Schriftlesung verstanden werden muss. Von der Eucharistie her gewinnt deshalb auch die Schriftlesung eucharistischen Charakter. Wie nämlich in der Eucharistie Brot und Wein geteilt werden, so wird in der Schriftlesung das Wort der Weisheit geteilt.[23] Die Katechumenen »erfahren eine eucharistische Teilhabe am Wort der Weisheit, das Leben spendet.«[24] Biblischer Hintergrund für diese Sakramentalität des Wortes ist wiederum das Johannesevangelium, wo es nicht nur heißt: »Wer mein Fleisch ißt und mein Blut trinkt, hat das ewige Leben« (Joh 6,54), sondern auch: »Wer mein Wort hört ..., hat das ewige Leben« (Joh 5,24).[25] Dem entspricht auch, dass das stille Gebet des Evangeliums vor der Evangelienlesung um die Gabe der Gotteserkenntnis bittet, also nach dem biblischem Vorbild der Emmausjünger ein Augenöffnen für das Verständnis der Schrift (vgl. Lk 24,45). Und doch fallen die Gewichtungen allein schon durch die Bezeichnungen als Kleiner und als Großer Einzug eindeutig zugunsten der Eucharistiefeier aus. Die Begegnung im Wort wird durch die Begegnung im Mahl noch übertroffen. So liegt denn auch der Höhepunkt der Göttlichen Liturgie »in der Anaphora, wenn auf den Aufruf des Priesters: ›Erheben wir die Herzen!‹ die Gemeinde zusichert: ›Wir haben sie beim Herrn‹.«[26]

---

[21] Vgl. Vasile Hristea, Vom Sehen des Wortes. Wort und Sakrament in dem orthodoxen Gottesdienst, in: Hans-Peter Grosshans/Malte Dominik Krüger (Hg.), In der Gegenwart Gottes. Beiträge zur Theologie des Gottesdienstes, Frankfurt/Main 2009, 67-83, 68.

[22] Vgl. a.a.O., 81.

[23] Vgl. Nicol, Kult um die Bibel (s. Anm. 15), 4.

[24] Kallis, Göttliche Liturgie (s. Anm. 10), 72.

[25] Vgl. ebd.

[26] A.a.O., XXI.

2.1.2 Die katholische Messe nach der Messreform

Die bereits in der zweiten Sitzungsperiode des Zweiten Vatikanischen Konzils (29. September bis 4. Dezember 1963) beschlossene Erneuerung der Liturgie (vgl. SC 50) führte zur einer Überarbeitung der Messordnung in zwei Schritten, die in der Veröffentlichung des Missale Romanum am 26. März 1970 gipfelte. Das Messbuch in deutscher Sprache folgte im Jahr 1975.[27]

Maßgeblich für die Überarbeitung des (freilich erst später so genannten)[28] Wortgottesdienstes war die zweite Forderung der Liturgiekonstitution, den Tisch des Gotteswortes reicher zu bereiten und die Schatzkammer der Bibel weiter aufzutun (vgl. SC 51). Diese Forderung hat zunächst zu einem Neuansatz der Leseordnung mit einer dreigliedrigen Schriftlesung in einem dreifachen Lesejahr (A, B und C) geführt hat.[29] Dies wiederum hatte zur Folge, dass im Wortgottesdienst eine dritte Schriftlesung aus dem Alten Testament konstitutiv eingeführt worden ist.[30]

Die Messordnung besteht aus vier Teilen: Eröffnung – Wortgottesdienst – Eucharistiefeier – Abschluss. Die Schriftlesungen haben ihren Ort im Wortgottesdienst mit folgendem Aufbau[31]:

Erste Lesung
[Ruf]
[kurze Stille]
Erster Zwischengesang: Antwortpsalm

[27] Die Feier der Heiligen Messe. Messbuch. Für die Bistümer des deutschen Sprachgebietes. Authentische Ausgabe für den liturgischen Gebrauch, Teil II: Das Meßbuch deutsch für alle Tage des Jahres außer der Karwoche, Freiburg und Basel ²1988; dazu: Allgemeine Einführung in das Römische Meßbuch, in: Dokumente zur Meßfeier, hg. v. Sekretariat d. Deutschen Bischofskonferenz, Bonn 1985, 7-89 (= AEM), sowie: Grundordnung des Römischen Messbuchs. Vorabpublikation zum Deutschen Messbuch (3. Auflage), 12. Juni 2007 (= GROM).

[28] In der Tridentinischen Messe zählte der später so genannte Wortgottesdienst noch zur Vormesse, war also deutlich abgeschieden vom »eigentlichen« Zentrum des Geschehens. Eine Wirkung des Zweiten Vatikanischen Konzils war im Übrigen auch die Einführung eines eigenständigen Wortgottesdienstes.

[29] Die Leseordnung für die Meßfeier, Bd. 1: Sonn- und Festtage, hg. u. übersetzt v. d. Liturgischen Instituten in Salzburg, Trier und Zürich, Trier 1969; eine überarbeitete Neuauflage wurde 1981 publiziert. Diese ist in deutscher Übersetzung zugänglich über: Dokumente zur Erneuerung der Liturgie, Bd. 2: Dokumente des Apostolischen Stuhls 4.12.1973-3.12.1983, hg. v. HEINRICH RENNINGS/MARTIN KLÖCKENER, Kevelaer 1997 (= OLectM).

[30] Freilich wurde der Gebrauch unter Berücksichtigung des ortsüblich Möglichen dahingehend freigegeben, dass diese Lesung auch entfallen kann.

[31] Die Feier der Heiligen Messe. Messbuch (s. Anm. 27), 334-342.

Zweite Lesung
[Ruf]
Zweiter Zwischengesang: Halleluja
Evangelium
Homilie
Glaubensbekenntnis
Fürbitten

Die Aufwertung des Wortgottesdienstes und der feiernden Gemeinde

Die dramaturgische Frage nach dem Höhepunkt der Messfeier beantwortet die »Allgemeine Einführung in das Römische Messbuch« zwar mit dem Verweis auf das eucharististische Hochgebet.[32] Der Wortgottesdienst hat aber im Gefolge der Messreform des Zweiten Vatikanischen Konzils eine massive Aufwertung erfahren.[33] Er wird nicht nur in engsten Zusammenhang mit der Eucharistiefeier gesetzt, so dass von einem »einzigen Kultakt« (SC 56) gesprochen werden kann. Der Wortgottesdienst besitzt auch einen eigenen Höhepunkt in der Verkündigung des Evangeliums,[34] auf die wiederum die anderen Lesungen hinführen.[35] Die Lesungen gelten insgesamt als zentraler Bestandteil des Wortgottesdienstes (und nicht die Homilie).[36]

Interessant ist nun zu beobachten, wie die Lesungen mit den übrigen Bestandteilen des Wortgottesdienstes (Homilie, Glaubensbekenntnis, Allgemeines Gebet, Schweigen und Gesänge) verschränkt werden. Diese Verschränkung ist sowohl struktureller als auch ekklesiologisch-spiritueller Natur.

Die ekklesiologisch-spirituelle Verschränkung besteht in einem stärkeren Einbezug der Gemeinde, wie sie in der Liturgiekonstitution gefordert wurde: Die feiernde Gemeinde soll zu »voller, tätiger und gemeinschaftlicher Teilnahme« (SC 21) geführt werden.[37] In der Konsequenz dieser Forderung der

[32] Vgl. AEM I, 54.

[33] Vgl. dazu Hanns Peter Neuheuser, Das Bild vom Tisch des Wortes und des Brotes. Kernaussagen der Liturgiekonstitution zum Verhältnis von Wortliturgie und Eucharistiefeier, in: Ders. (Hg.), Wort und Buch in der Liturgie. Interdisziplinäre Beiträge zur Wirkmächtigkeit des Wortes und Zeichenhaftigkeit des Buches, St. Ottilien 1995, 133-169.

[34] Allerdings erst in der Neufassung der Allgemeinen Einführung in das Römische Messbuch, vgl. GROM 60.

[35] Vgl. OLectM 1981 Pr 10, zitiert nach Dokumente Bd. 2, 531.

[36] Vgl. AEM I,3 und GROM 55.

[37] Die vorkonziliare Situation beschreibt Luis Alonso Schökel: Das Wort Gottes auf dem Konzil. Das Bild vom Brot des Lebens, in: Neuheuser, Wort und Buch (s. Anm. 33), 123-131, 126: »Liturgische Lesung mit dem Rücken zur Gemeinde in Latein und

Liturgiekonstitution liegt es, wenn die »Allgemeine Einführung in das Römische Messbuch« den Wortgottesdienst im Grunde zu einer Sache der Gemeinde erklärt. Die neue Grundordnung des Römischen Messbuchs geht sogar noch darüber hinaus, wenn dort festgestellt wird, dass die Gemeinde beim Allgemeinen Gebet eine »priesterliche Funktion«[38] übernimmt.

Damit ist aber nicht nur eine ekklesiologische Aufwertung der Gemeinde intendiert, sondern auch ihre spirituelle Seite angesprochen. In diesem Sinn macht sich die Gemeinde das in den Lesungen verkündete Wort Gottes in den Gesängen zu eigen, im Glaubensbekennntis bezeugt sie ihre Treue gegenüber dem Wort Gottes, und zu beten vermag die Gemeinde nur, weil sie zuvor durch das Wort Gottes gestärkt worden ist.[39]

In dieser Bestimmung wird aber zugleich die strukturelle Verschränkung deutlich: Das, was in den Lesungen verkündet wird, soll im Gesang, im Glaubensbekenntnis und im Gebet seine Aufnahme, seine Fortführung und seine Vollendung finden. Damit ist mehr ausgesagt als dass es sich bei diesem Wechselspiel von Lesungen auf der einen und Gesang, Glaubensbekenntnis und Gebet auf der anderen Seite »nur« um das Verhältnis von Wort und Antwort handelt, wie es in erstaunlicher sprachlicher Nähe zu reformatorischer Theologie heißen kann. Es geht hier vielmehr darum, dass sich die in den Schriftlesungen vergegenwärtigte biblische Geschichte in der gegenwärtigen Tradition der Kirche je und je fortschreibt. Dieses Motiv liegt der gesamten Messe zugrunde.

Erschließung der Heilsgeschichte auf dem Weg zur Eucharistie

Im eucharistischen Hochgebet verdichtet sich das in der gesamten Liturgie (nach)vollzogene Pascha-Mysterium. Auf dieses Ziel hin ist auch der Wortgottesdienst ausgerichtet. Denn der Wortgottesdienst soll »den Gläubigen Schritt für Schritt die Heilsgeschichte in ihren verschiedenen Phasen und Geschehnissen in Erinnerung« rufen, und dadurch deutlich machen, »daß die Feier der Eucharistie als Vergegenwärtigung des Pascha-Mysteriums Christi hier und jetzt die Heilsgeschichte weiterführt.«[40] Damit wird die katholische Messe insgesamt als Weg-Liturgie gekennzeichnet, die in dieser Steigerung zwischen Wortgottesdienst und Eucharistiefeier die biblische Emmausgeschichte (Lk 24) imaginiert, die doppelt anamnetisch angelegt ist. Dieser analoge anamnetische Charakter verbindet Wortgottesdienst und Eucharistiefeier zu einem einheitlichen Kultakt.[41]

---

ohne Einstimmung – darauf hörte man nicht, man verstand sie nicht, sie ließ unbeeindruckt.«.

[38] Vgl. GROM 69.

[39] Vgl. AEM I,33.

[40] OLectM 1981 Pr 61, zitiert nach Dokumente Bd. 2, 547.

[41] Vgl. Reinhard Messner, Einführung in die Liturgiewissenschaft (UTB 2173), Paderborn u.a. 2001, 191f. u. 201ff.

Trotz der Metapher der beiden Tische, die zumindest eine Gleichrangigkeit signalisiert und damit trotz der Aufwertung des Wortgottesdienstes, wird man angesichts der in der Emmausgeschichte und dann auch in der Verbindung von Wortgottesdienst und Eucharistiefeier angelegten Teleologie dennoch davon sprechen müssen, dass die Schriftlesungen funktional – unter dem Aspekt der Anamnese – auf die Feier der Eucharistie ausgerichtet sind.[42] Der Wortgottesdienst bereitet die Eucharistiefeier vor, die Eucharistiefeier vollendet den Wortgottesdienst.[43]

Allianz mit der Göttlichen Liturgie

Mit dieser Verhältnisbestimmung zwischen Wortgottesdienst und Eucharistiefeier steht die Messfeier der römisch-katholischen Kirche in nächster Nähe zur Göttlichen Liturgie mit ihren beiden Einzügen. Überhaupt weisen die Göttliche Liturgie und die Messfeier in diesem Teil des Gottesdienstes manche äußeren wie inneren Ähnlichkeiten auf.

Eine äußere Ähnlichkeit besteht in der Verehrung des Evangelienbuches. Weil die reale Gegenwart Christi gleichsam auf das Buch ausstrahlt, das dieses Wort enthält, wird ihm eine Ehrung zuteil, wie sie im Grunde nur Christus selbst gelten kann.[44] Eine innere Ähnlichkeit besteht darin, dass nach katholischem Verständnis im Evangelium nicht der historische, sondern der erhöhte Herr spricht.[45] Christus ist in seinem Wort gegenwärtig,[46] »wenn die heiligen Schriften in der Kirche gelesen werden« (SC 7).[47] Ähnlich ist daher auch das sakramentale Verständnis des Wortes Gottes,[48] ja des gesamten Vorgangs der

---

[42] Vgl. dazu auch: Burkhard Neumann, Wort und Sakrament aus katholischer Sicht, in: Peter Mörbel/Ralf Birkner (Hg.), Sichtbares Wort und hörbares Sakrament. Über das Verhältnis von Kommunion und Kommunikation im Gottesdienst, Bonn 2014, 7-24, 13.

[43] Vgl. Jakob Baumgartner, Das Verkündigungsanliegen in der Liturgiereform des II. Vatikanischen Konzils, in: Theologische Berichte VI. Liturgie als Verkündigung, hg. v. Josef Pfammatter/Franz Furger, Zürich Einsiedeln Köln 1977, 123-165, 131.

[44] Vgl. Otto Nussbaum, Zur Gegenwart Gottes/Christi im Wort der Schriftlesung und zur Auswirkung dieser Gegenwart auf das Buch der Schriftlesungen, in: Neuheuser, Wort und Buch (s. Anm. 33), 65-92, 81.

[45] Vgl. Etzelmüller, ...zu schauen die schönen Gottesdienste des Herrn (s. Anm. 2), 105.

[46] Der Ausrichtung auf die Feier der Eucharistie mit dem Höhepunkt des eucharistischen Hochgebets entspricht auch die Vorstellung der Gegenwart Christi im Gottesdienst, die in Sacrosanctum Concilium folgendermaßen hierarchisiert wird: 1) Opfer der Messe, 2) Sakramente, 3) Wort, 4) Gebet und Gesang, vgl. SC 7. Diese Hierarchie kann dynamisch im Sinn einer Bewegung aufgefasst werden, die von der Messe ausgeht und in den Sakramenten, im Wort und in Gebet und Gesang entfaltet wird, vgl. Schökel, Das Wort Gottes auf dem Konzil (s. Anm. 37), 125.

[47] Vgl. dazu auch AEM I,9 und GROM 29.

[48] Vgl. Guiseppe Lorizio, Die Sakramentalität des Wortes von »Dei Verbum« zu »Verbum Domini«, in: Eilert Herms/Lubomir Žak (Hg.), Sakrament und Wort im Grund und Gegenstand des Glaubens. Theologische Studien zur römisch-katholischen und

Schriftlesung: in Analogie zur Austeilung der Eucharistie kann von einer Speisung durch das Wort gesprochen werden.[49] Ähnlich sind daher zwar auch die vorbereitenden Akte des Diakons auf die Verkündigung des Evangeliums, es wird dabei aber jeweils auf unterschiedliche biblische Traditionen rekurriert.

In der Göttlichen Liturgie greift die Vorbereitung des Diakons zur Verlesung des Evangeliums ein weihnachtliches Motiv auf:[50]

> Priester: Durch die Fürbitten des heiligen, glorreichen Apostels und Evangelisten (Name), gebe Gott dir, dem Verkündiger, das Wort in großer Kraft, zur Erfüllung des Evangeliums seines geliebten Sohnes, unsers Herrn Jesu Christi.
>
> Diakon: Amen, Amen, Amen. Mir geschehe, wie du gesagt hast.

Hier wird die Verkündigungsszene zwischen Gabriel und Maria aus Lk 1 von Priester und Diakon re-inszeniert. Der Priester wird für den Diakon zum Engel und der Diakon nimmt sich diese Worte wie Maria zu Herzen (vgl. Lk 1,38).[51] Ein nicht zu vernachlässigender Aspekt ist die Verbindung durch die Fürbitte, die zwischen dem Apostel und Evangelisten, aus dessen Evangelium gelesen wird, und dem Diakon, der aus dem Evangelium liest, hergestellt wird. Die Göttliche Liturgie findet ja im Angesicht der Ewigkeit und damit aller statt, die in die himmlische Herrlichkeit vorausgegangen sind, also auch der Apostel und Evangelisten. Der Diakon, für den der Apostel und Evangelist bittet, wird dadurch gewissermaßen zum Verkündiger des Evangeliums an des Evangelisten statt, aus dessen Evangelium der Diakon liest.

In der katholischen Messe ist der Akzent ein anderer.[52] Bei der Vorbereitung verneigt sich der Diakon vor dem Priester und erbittet den Segen, den ihm der Priester zuspricht:

---

evangelisch-lutherischen Lehre, Tübingen 2011, 110-139. Gerade das nachsynodale Apostolische Schreiben »Verbum Domini« Papst Benedikts XVI. aus dem Jahr 2010 spricht von einer »Sakramentalität des Wortes Gottes« und setzt die Gegenwart Christi in der Eucharistie mit seiner Gegenwart im Wort in Analogie.

[49] Beispielsweise in der Dogmatischen Konstitution über die göttliche Offenbarung, in der es heißt: »Die Kirche hat die Heiligen Schriften immer verehrt wie den Herrenleib selbst, weil sie, vor allem in der heiligen Liturgie, vom Tisch des Wortes Gottes wie des Leibes Christi ohne Unterlaß das Brot des Lebens nimmt und den Gläubigen reicht. [...] Und solche Gewalt und Kraft west im Worte Gottes, daß es für die Kirche Halt und Leben, für die Kinder der Kirche Glaubensstärke, Seelenspeise und reiner, unversieglicher Quell des geistlichen Lebens ist.« (DV 21).

[50] v. LILIENFELD, Göttliche Liturgie (s. Anm. 12), 85 (41G).

[51] Vgl. ETZELMÜLLER, ...zu schauen die schönen Gottesdienste des Herrn (s. Anm. 2), 48.

[52] Nebenbei bemerkt: Ein weihnachtliches Motiv findet sich in der katholischen Messe an anderer Stelle, nämlich dort, wo der Diakon die Gemeinde bei der Einleitung in die Verlesung des Evangeliums grüßt. Dieser Gruß erinnert an den Gruß Gabriels, mit dem er Maria grüßt: »Sei gegrüßt, du Begnadete! Der Herr sei mit dir!« (Lk 1,28), vgl. HER-

> Der Herr sei in deinem Herzen und auf deinen Lippen, damit du sein Evangelium würdig verkündest. Im Namen des Vaters und des Sohnes † und des Heiligen Geistes.

Dieses Segenswort weist eine Analogie zu dem Gebet des Priesters auf, dass dieser vor der Verkündigung des Evangeliums betet, wenn kein Diakon anwesend ist. Dann nämlich betet der Priester:

> Heiliger Gott, reinige mein Herz und meine Lippen, damit ich dein Evangelium würdig verkünde.

Dabei handelt es sich um eine verkürzte Form des in der tridentinischen Messe gebeteten *Munda cor meum*, das selbst seine eigene Deutung mitliefert, wenn es dort weiter geheißen hat: »Wie du einst die Lippen des Propheten Isaias mit glühendem Steine gereinigt hast, reinige auch mich in deinem gnädigen Erbarmen und laß mich so dein heiliges Evangelium würdig verkünden. Durch Christus, unsern Herrn. Amen.«[53] Damit wird auf eine Szene in der Berufungsvision des Propheten Jesaja angespielt. Allerdings geht es dort nur um die Lippen, nicht aber um das Herz, so dass Jes 6,6f. zumindest nicht die einzige biblische Tradition sein dürfte, die hier im Hintergrund prägend gewirkt hat.
Da beim Segenswort des Priesters der Aspekt des Entsündigens nicht mehr auftaucht, kann noch einmal nach anderen biblischen Bezügen gefragt werden. Zu denken wäre in erster Linie an die Stelle Röm 10,8: »Das Wort ist dir nahe, es ist in deinem Mund und in deinem Herzen. Gemeint ist das Wort des Glaubens, das wir verkündigen«, in der Dtn 30,14 zitiert wird: »Nein, das Wort ist ganz nah bei dir, es ist in deinem Mund und in deinem Herzen, du kannst es halten.« Aber auch Spr 22,18 sollte beachtet werden: »Schön ist es, wenn du sie [= die Worte von Weisen, TM] in deinem Innern bewahrst; sie mögen fest wie ein Zeltpflock auf deinen Lippen haften.« Wenn Paulus in Röm 10,8 unter Rückgriff auf Dtn 30,14 der Gemeinde in Rom das Wort des Glaubens anbefiehlt, dann verkündet der Diakon das Evangelium zwar nicht gleichsam in apostolischer Würde, vielmehr nimmt der Priester in dieser Anrede an den Diakon die Rolle des Apostels ein. Aber der Diakon wird dann doch in einen apostolischen Traditionszusammenhang gestellt, der in der Sukzession von der Urkirche bis zur Gegenwart dem Wort Gottes die Treue hält, und den er durch die Verkündigung des Evangeliums fortsetzen soll.[54]

MANN J. WEBER, Der Dienst des Diakons an Wort und Buch, in: NEUHEUSER, Wort und Buch (s. Anm. 33), 353-384, 379.

[53] Zitiert nach JOHANNES BRINKTRINE, Die Heilige Messe, Paderborn [3]1950, 110.

[54] Auf die mit dieser rituell dargestellten Hochschätzung des Evangeliums einhergehenden Gefahr einer Abwertung der Epistellesung, vor allem aber einer Lesung aus dem Alten Testament kann hier nur hingewiesen aber nicht eingegangen werden, vgl. dazu: BENEDIKT KRANEMANN, Anmerkungen zur Dramaturgie des Wortgottesdienstes der Meßfeier, in: ANSGAR FRANZ (Hg.), Streit am Tisch des Wortes? Zur Deutung und

2.2 Erste Zwischenbilanz

Göttliche Liturgie und katholische Messe verleihen den Schriftlesungen ein dramaturgisches Gewicht im gesamten Verlauf der Liturgie, indem sie sie in besonderer Weise inszenieren: durch mehrere vorbereitende und nachbereitende Akte seitens desjenigen, der die Lesungen vortragen darf, aber auch durch die Verehrung der Bücher, aus denen die Lesungen vorgetragen werden. Dabei ist eine Steigerung hin zum Evangelium festzustellen, die zugleich das damit verbundene Verständnis der Präsenz des Göttlichen in der Heiligen Schrift bzw. im Akt der Verlesung offenlegt. In dieser Hinsicht erhält die Schriftlesung sogar eucharistischen Charakter.
Auf dem Emmaus-Weg, der von Göttlicher Liturgie und katholischer Messe implizit liturgisch wiederholt wird, erweisen sich die Schriftlesungen einerseits als unentbehrlich. Andererseits bleibt eine Differenz zwischen den Schriftlesungen und der Eucharistie bestehen: Die Schriftlesungen sind doch »nur« eine Etappe auf dem Weg zum eigentlichen Höhepunkt des Gottesdienstes, der in der Eucharistie gesehen wird.

2.3 Die doppelte Ausrichtung auf Wort und Sakrament

2.3.1 Die evangelische Messe nach Agende I[55]

Die im Jahr 1955 erschienene Agende I der VELKD ist das Ergebnis einer liturgischen Erneuerungsbewegung und eines liturgiewissenschaftlichen Diskurses, die bis in die 1930er Jahre zurückreichen.

In Agende I werden vier (oder fünf)[56] Gottesdienstteile unterschieden: Eingangsteil – Wortteil – Sakramentsteil – Schlussteil. Der Aufbau des Wortteils ist folgender:

Bedeutung des Alten Testaments und seiner Verwendung in der Liturgie, St. Ottilien 1997, 759-768.

[55] Agende für evangelisch-lutherische Kirchen und Gemeinden. Erster Band: Der Hauptgottesdienst mit Predigt und heiligem Abendmahl und die sonstigen Predigt- und Abendmahlsgottesdienste. Ausgabe für den Pfarrer, hg. v. d. Kirchenleitung d. VELKD, Berlin 1955 (= Agende I); Ordnung der Predigttexte, hg. v. d. Lutherischen Liturgischen Konferenz Deutschlands, Berlin 1958. Zur Einführung in Entstehung und Anlage, vgl. Christhard Mahrenholz, Die Agende für evangelisch-lutherische Kirchen und Gemeinden, Band I, in: Musicologica et Liturgica. Gesammelte Aufsätze von Christhard Mahrenholz. Als Festgabe zu seinem 60. Geburtstag 11. August 1960 hg. v. Karl Ferdinand Müller, Kassel 1960, 430-471.

[56] Nach Christhard Mahrenholz lässt sich der Hauptgottesdienst in fünf Abschnitte gliedern, in: 1. das Rüstgebet, 2. den Eingangsteil, 3. den Wortteil, 4. den Sakramentsteil und 5. den Schlussteil, vgl. Christhard Mahrenholz, Kompendium der Liturgik des Hauptgottesdienstes. Agende I für evangelisch-lutherische Kirchen und Gemeinden und Agende I für die Evangelische Kirche der Union, Kassel 1963, 57.

Epistel
Halleluja
Graduallied
Evangelium (mit Rahmung)
(gesungenes Credo)
Predigt
Predigtlied
Abkündigungen
Dankopfer
Allgemeines Kirchengebet

Verschiedene Arten von Zeugnis

Beim Entwurf des Wortteils der evangelischen Messe war man um die Wiederherstellung einer bis auf die Reformationszeit zurückgeführten idealen Ordnung bemüht, so dass nicht nur zwei Schriftlesungen als Normalfall eingeführt werden, sondern auch die Rahmung des Evangeliums erneuert wird.[57] Aufgrund dieser Idealisierung der Reformationszeit konnte man sich zu einer Lesung aus dem Alten Testament nicht entschließen, obwohl »die alte Kirche zumeist drei Schriftlesungen hatte«[58].

Die Einleitung in Agende I deutet den Eingangsteil und den Wortteil der evangelischen Messe in einer symmetrischen Entsprechung von drei aufeinanderfolgenden Stücken: So wie das Eingangsgebet aus den drei Stücken: Kyrie, Gloria und Kollektengebet besteht,[59] so besteht der Wortteil aus den drei Stücken: Epistel (mit Halleluja und Graduallied), Evangelium (mit Credo) und Predigt (mit Predigtlied).[60] An dieser Aufzählung wird etwas von der Strukturlogik dieser Sequenz deutlich:

Epistel, Evangelium und Predigt gehören in aller ihrer Unterschiedlichkeit eng zusammen, werden sie doch unter dem gemeinsamen Begriff des »Zeug-

---

[57] Vgl. Entwurf. Agende für evangelisch-lutherische Kirchen und Gemeinden, Erster Band: Der Hauptgottesdienst mit Predigt und Heiligem Abendmahl (Die evangelische Messe), Teil 1 (Vorwort und Ordinarium), bearbeitet v. d. Lutherischen Liturgischen Konferenz Deutschlands und dem Liturgischen Ausschuß der VELKD, 1951, 37 u. 39. Dieses umfängliche Vorwort hat Christhard Mahrenholz später als »Kompendium der Liturgik« herausgegeben.

[58] Vgl. a.a.O., 34.

[59] Vgl. Agende I (s. Anm. 55), 43*.

[60] Vgl. a.a.O., 46*.

nisses« vereint.[61] Auch wenn allein das Wort der Predigt als das »gegenwärtige Christuszeugnis« anerkannt wird und Epistel und Evangelium »nur« Zeugnis von dem geschichtlichen Christusereignis ablegen[62], so scheinen sie in ihrer Steigerung auf die Predigt hin doch unentbehrlich zu sein. Es ist als würde man sich über die Etappen von Epistellesung (Zeugnis der Apostel) und Evangelienlesung (Zeugnis der Taten und Worte Christi) immer mehr der Predigt als dem gegenwärtigen Christuszeugnis nähern.

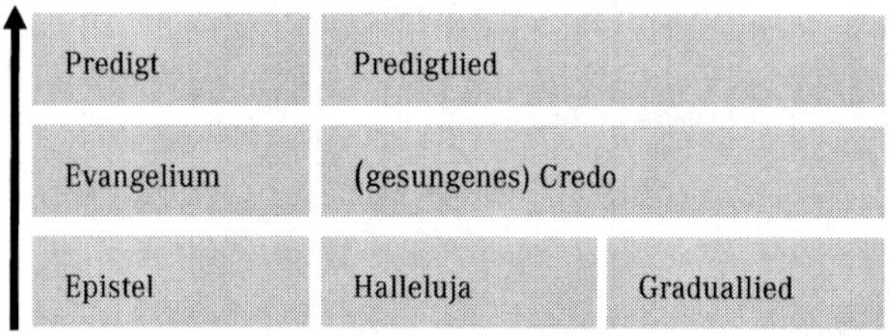

Trotz der engen Verbindung, die damit zwischen den Lesungen und der Predigt hergestellt wird, gilt dennoch allein die Predigt und nicht die Lesungen, als »wesentlichstes Stück des Wortteiles«[63]. Damit wird an der in der Reformationszeit angelegten Vorrangstellung der Predigt gegenüber der Schriftlesung festgehalten. Während in der katholischen Messe nach der Messreform die Schriftlesungen also funktional auf die Eucharistie ausgerichtet sind, so sind die Schriftlesungen in der evangelischen Messe auf die Predigt hin ausgerichtet. Die Gegenwärtigkeit Christi, die in der Göttlichen Liturgie und in der katholischen Messe, für die Lesung aus dem Evangelium behauptet wird, verlagert sich in der evangelischen Messe also auf die Predigt.

Die Einleitung zu Agende I steht allerdings in einer gewissen Spannung zu dem, was *Christhard Mahrenholz* (1900-1980) in seinem »Liturgischen Kompendium« geäußert hat. Dort kann er nämlich durchaus die Aussage treffen, dass in der Lesung des Evangeliums Christus unmittelbar zu den Gläubigen spricht.[64] Dadurch würde nämlich der Gefahr gewehrt, »die Fleischwerdung des Wortes nicht als reale Tatsache ernstzunehmen«, sondern »sie zu einem geistigen Prinzip zu verdünnen und zu verharmlosen.«[65] Damit erhielte also in der Deutung eines Agendenvaters zumindest die Lesung des Evangeliums eine der Predigt ähnliche Stellung, die das Evangelium zum Höhepunkt der Lesungen – nicht des Wortteils – werden lässt.

---

[61] Gefragt werde müsste natürlich, woher der Begriff des »Zeugnisses« rührt, was an dieser Stelle leider nicht geschehen kann.
[62] Vgl. Agende I (s. Anm. 55), 45*.
[63] Vgl. ebd.
[64] Vgl. MAHRENHOLZ, Kompendium der Liturgik (s. Anm. 56), 60.
[65] A.a.O., 68.

Das Wort als Gabe

Die evangelische Messe besteht – nach eigenem Bekunden[66] – aus den beiden Höhepunkten: Wortverkündigung und Sakramentsausteilung.[67] In dem Bild der beiden Höhepunkte werden Wort und Sakrament sowohl einander gleichgestellt als auch zu einer (unauflöslichen) Einheit verbunden. Diese Gleichstellung hat mehrere Implikationen.

(1) Sie ist Ausdruck der Intention von Agende I, die sonntägliche Feier des Heiligen Abendmahls als Normalform evangelischen Gottesdienstes durchzusetzen. Damit ist zunächst grundsätzlich an der in der Emmausgeschichte vorgezeichneten Weg-Liturgie festgehalten. Allerdings wird, im Gegensatz zur Göttlichen Liturgie und zur katholischen Messe, in dem entscheidenden Punkt davon abgewichen, dass nicht die Eucharistie als das alleinige Ziel des Weges aufgefasst wird, sondern Wort und Sakrament als gleichwertig nebeinander gestellt und miteinander verbunden werden.[68] Diese Auffassung kann als ein Ertrag der jüngeren liturgischen Bewegung angesehen werden.[69]

---

[66] Vgl. Agende I (s. Anm. 55), 42*.

[67] Die summarische Formel »Wort und Sakrament« müsste freilich differenziert betrachtet werden, zumal hinsichtlich der Frage, was denn eigentlich alles mit »Wort« gemeint ist, vgl. dazu z.B. MICHAEL MEYER-BLANCK, Wort und Sakrament im evangelischen Gottesdienst, in: MÖRBEL/BIRKNER, Sichtbares Wort (s. Anm. 42), 25-36.

[68] In der konfessionellen Liturgik des 19. Jahrhundert war das noch anders: Wilhelm Löhe (1808-1872) z.B. setzt den zweiten Gipfel der Eucharistiefeier deutlich höher an als den ersten Gipfel der Wortverkündigung, vgl. Agende für christliche Gemeinden des lutherischen Bekenntnisses, hg. v. WILHELM LÖHE, Nördlingen 1844, o.S: »Ich möchte den Gedankengang der Liturgie des Hauptgottesdienstes mit einem zweigipfeligen Berge vergleichen, dessen einer Gipfel, wie etwa bei Horeb und Sinai, niedriger ist, als der andere. Der erste Gipfel ist die Predigt, der zweite das Sacrament des Altars, ohne welchen ich mit einen vollendeten Gottesdienst auf Erden nicht denken kann. Man ist bei dem Hauptgottesdienste immer im Steigen begriffen, bis man bei dem Tisch des Herrn angelangt ist, wo man nichts Höheres mehr über sich hat, als den Himmel, und deshalb nur noch im Nunc dimittis einen entsprechenden Ausdruck für das inwendige Sehnen findet.«.

[69] Vgl. z.B. das Kapitel »Wort und Sakrament« in: WOLFGANG TRILLHAAS, Evangelische Predigtlehre, München ^{3}1948, 23-31. Trillhaas mag kein typischer Vertreter der jüngeren liturgischen Bewegung sein. Er war aber Mitglied der von Otto Dietz gegründeten Liturgischen Arbeitsgemeinschaft (L.A.G.) der Evangelisch-Lutherischen Kirche in Bayern in den 1930er und 1940er Jahren, vgl. THOMAS MELZL, 60 Jahre Lutherische Liturgische Konferenz in Bayern. Ein Kapitel bayerischer Kirchengeschichte, in: CHRISTIAN SCHMIDT/DERS., Gottesdienst leben. 60 Jahre Lutherische Liturgische Konferenz in Bayern (LLKB), Nürnberg 2011, 19-88, 31. Vgl. auch RAPHAEL SCHULTE, Die Wort-Sakrament-Problematik in der evangelischen und katholischen Theologie, in: Theologische Berichte (s. Anm. 43), 81-122, der drei Gruppen möglicher Zuordnungen von Wort und Sakrament unterscheidet. Die erste Gruppe setzt sich aus Vertretern der liturgischen Erneuerungsbewegung zusammen. Sie stellen das Sakrament dem Wort gleich (vgl. SCHULTE, Die Wort-Sakrament-Problematik [s. Anm. 69], 85-88).

(2) Die prinzipielle Gleichstellung von Wort und Sakrament, die mit *Götz Harbsmeier* (1910-1979) als die *eine* Gabe verstanden werden kann, die lediglich auf zweierlei Weise mitgeteilt wird,[70] hat den Austausch zwischen Wort und Sakrament möglich gemacht, also sowohl zu einem sakramentellen Verständnis des Wortes als auch zu einem worthaften Verständnis des Sakraments geführt. Dieser Austausch geht evangelischerseits freilich eher vom Wort in Richtung Eucharistie denn umgekehrt von der Eucharistie in Richtung Wort, wenn z.B. das Sakrament als Wortgeschehen herausgestellt wird – im Gegensatz zur Göttlichen Liturgie und zur katholischen Messe, wo der Sakramentscharakter des Wortes betont wird.[71]

(3) Wenn es aber nicht nur in Wort und Sakrament um die eine Gabe Gottes geht, sondern wenn – nach Mahrenholz – sogar das Wesen der Liturgie in der »Gleichzeitigkeit von Gabe und Aufgabe, Geschenk und Opfer«[72] besteht, und sich diese Gleichzeitigkeit von Gabe und Aufgabe als Tiefenstruktur im Wortteil des Gottesdienstes als »Wechsel zwischen Wortdarbietung und Gesang«[73] abbildet, die nicht mit einem Wechsel von Wort und Antwort gleichgesetzt werden darf, dann könnte sich darin ein eucharistisches Verständnis der Schriftlesung andeuten, oder vielmehr: dann werden Wort und Sakrament – wie bei Harbsmeier – über den Begriff der Gabe in ein analoges Verhältnis gesetzt, so dass man auch für die evangelische Messe die Aussage wagen darf: So wie sich uns Christus in Wein und Brot schenkt, so schenkt er sich auch in seinem (nicht nur verkündigten, sondern auch gelesenen) Wort.

Strukturelle und dramaturgische Betrachtungsweise

Klaus Raschzok hat plausibel gemacht, dass Agende I als ein doppelter Gebetsweg von Liturg und Gemeinde angelegt ist, angefangen vom vorbereitenden Sakristeigebet des Liturgen bzw. des stillen Gebets des Gottesdienstbesuchers zu Beginn des Gottesdienstes bis hin zum stillen Gebet des

---

[70] Vgl. Götz Harbsmeier, »Wort und Sakrament« in ihrer Bedeutung für die Erneuerung des Gottesdienstes, in: Ders., Das wir die Predigt und sein Wort nicht verachten, München 1958, 41-69, 41.

[71] Nur nebenbei sei bemerkt, dass sich in dieser Vorstellung Harbsmeiers entgegen der Intention von Agende I ein Stück lutherische Abendmahlsfrömmigkeit durchgesetzt hat, für die eine evangelische Messe auch ohne die Feier des Heiligen Abendmahls als vollwertiger Gottesdienst gilt. Die eine Gabe kann demnach suffizient auch nur im Wort entgegen genommen werden. Die darin enthaltene Logik kommt dann vollends im reformierten Gottesdienst zum Tragen, wenn hier die Aussagen getroffen werden kann: Gott könne »sich uns in der Predigt des Evangeliums ganz schenken wie im Abendmahl.« (Johannes Dürr: Der reformierte Gottesdienst und die liturgische Erneuerungsbewegung, Zollikon 1959, 15). Insofern gilt dann doch, dass in den protestantischen Kirchen bei der Formel »Wort und Sakrament« der Akzent eher auf dem Wort liegt (vgl. Schulte, Die Wort-Sakrament-Problematik [s. Anm. 69], 84).

[72] Vgl. Mahrenholz, Kompendium der Liturgik (s. Anm. 56), 15.

[73] A.a.O., 71.

Liturgen nach dem Ende seines Dienstes.[74] Drei Beobachtungen im Umfeld der Schriftlesungen unterstützen diese Sichtweise:

(1) Wie bereits erwähnt wird der dreigliedrige Aufbau des Wortteils mit dem dreigliedrigen Eingangsgebet verglichen. Ein solcher Vergleich mag sich als strukturelle Spielerei aufgrund der Dreizahl ergeben haben. Es könnte aber auch sein, dass man innerhalb des Vergleichs tatsächlich vom Gebet her gedacht hat. In diesem Fall wäre die vergleichsgebende Seite ausschlaggebend. Die Schriftlesungen werden mit dem Gebet verglichen und nicht umgekehrt. Das könnte wiederum darauf hinweisen, dass die Gebete der Agende der große strukturelle Rahmen sind, in den sich auch die Schriftlesungen einordnen: Die Gebete umgeben die Schriftlesungen, führen auf sie hin oder von ihnen weg.

(2) Im Entwurf von Agende I war noch ein stilles Gebet vor der Verlesung des Evangeliums vorgesehen, das der inneren Vorbereitung des Lektors dient.[75]

> Der Herr sei in meinem Herzen und auf meinen Lippen, daß ich mit Vollmacht und Freudigkeit sein heiliges Evangelium verkündige.[76]

Durch dieses stille Gebet wäre also zumindest auch die Lesung des Evangeliums in den gesamten Gebetsweg eingebettet gewesen. Es hätte – mindestens für den Lektor aber sicher auch für die Gemeinde, die jenes stille Gebet beobachtet hätte – das Evangelium als ein besonders bedeutsames Element der Liturgie herausgestellt. Die dahinter stehende Auffassung rückt dieses Gebet und vor allem seine Aussage über das, was die Lesung des Evangeliums bedeutet, in nächste Nähe zur Göttlichen Liturgie bzw. zur katholischen Messfeier: Schon die Lesung des Evangeliums ist Verkündigung, und zwar in einer Weise, die zuvor einer Vorbereitung des Lesenden bedarf, da er hier mit etwas Heiligem umzugehen gedenkt. Diese Auffassung des »heiligen Evangeliums« ist aber offenkundig nicht kompatibel mit der Auffassung von der Zeugenschaft des Evangeliums, die sich letzten Endes durchgesetzt hat, so dass dieses stille Gebet entfallen musste.

Sein Ausfall kann im Spektrum der Liturgiefamilien zudem als eine weitere Vereinfachung gegenüber der Göttlichen Liturgie aber auch der katholischen Messe gewertet werden. Diese Tendenz zur Vereinfachung setzt sich dann im Predigtgottesdienst fort, wenn nicht mehr zwischen verschiedenen Lesungen aus den unterschiedlichen Teilen der Heiligen Schrift unterschieden wird.

---

[74] Vgl. seinen Aufsatz in diesem Band, unten 19-53.

[75] Vgl. Entwurf. Agende für evangelisch-lutherische Kirchen und Gemeinden (s. Anm. 57), 75.

[76] Agende für Evangelisch-Lutherische Kirchen und Gemeinden. Das Ordinarium (Teildruck aus dem Entwurf zu Band I), bearbeitet von der Lutherischen Liturgischen Konferenz Deutschlands und dem Liturgischen Ausschuss der VELKD, Berlin 1952, 15f.

(3) Die Einbettung der Schriftlesungen in einen umfassenden Gebetsweg wird auch an dem Gebet sichtbar, das auf dem Übergang zwischen dem ersten Teil des Gottesdienstes hin zur Schriftlesung steht. Allerdings nur, wenn der Unterschied zwischen einer strukturellen und einer dramaturgischen Betrachtungsweise beachtet wird.

Nach dem Strukturmodell gibt es einen Bruch nach dem Kollektengebet[77], da dieses Gebet nach historischer Erkenntnis den Eingangsteil des Gottesdienstes zusamenfassend beschließt.[78] Dramaturgisch werden aber oft ganz andere Zusammenhänge hergestellt. Das gemeinsame Stehen zu dem die Gemeinde schon beim Kollektengebet aufgefordert wird, verbindet das Kollektengebet zumindest dramaturgisch – nicht strukturell – mit den folgenden Lesungen. Dies mag ein Grund dafür gewesen sein, das Kollektengebet eher im strukturellen Zusammenhang mit den Lesungen zu sehen und es – wie in der reformierten Liturgietradition – als Gebet vor der Schriftlesung zu verstehen und entsprechend zu formulieren.[79]

---

[77] Dazu: Walter Schubert, Die Kollekte im evangelisch-lutherischen Gottesdienst, in: LJ 19 (1969), 177-192; Frieder Schulz, Das Kollektengebet. Seine Frühgeschichte, die theologische Bedeutung seiner Gestalt und die Probleme seiner Rezeption in der Gegenwart. Mit einem Nachtrag, in: Walter Blankenburg/Herwarth von Schade/Kurt Schmidt-Clausen (Hg.), Kerygma und Melos, FS Christhard Mahrenholz, Kassel 1970, 40-56; Alexander Deeg, Das Kollektengebet. Ein Plädoyer, in: Christian Lehnert (Hg.), »Denn wir wissen nicht, was wir beten sollen...« Über die Kunst des öffentlichen Gebets, Leipzig 2014, 38-48.

[78] Dass dies selbst nach dem Zweiten Weltkrieg keineswegs als eine gesicherte Erkenntnis gegolten hat, kann Aussagen *Karl Ferdinand Müllers* (1911-1974) entnommen werden, der die in der Zeit nach dem Zweiten Weltkrieg entstandenen Gottesdienstordnungen in drei Abschnitte gliedert: (1) nach dem Confiteor vom Introitus bis zum Gloria in excelsis, (2) von der Salutatio bis zum Lied nach der Predigt, (3) vom Fürbittengebet bis zum Segen, vgl. Karl Ferdinand Müller, Die Neuordnung des Gottesdienstes in Theologie und Kirche. Ein Beitrag zur Frage nach den theologischen Grundlagen des Gottesdienstes und der liturgiegeschichtlichen Entwicklung in der Gegenwart, in: Liemar Hennig (Hg.), Theologie und Liturgie. Eine Gesamtschau der gegenwärtigen Forschung in Einzeldarstellungen, Kassel 1952, 197-339, 289. Müller sieht die Salutatio vor dem Kollektengebet als ein Hinweis für den Beginn eines neuen Abschnitts an und rückt die Kollekte damit strukturell an die Lesungen heran, wodurch sich der Charakter des Kollektengebets verändert.

[79] Müller, Die Neuordnung des Gottesdienstes (s. Anm. 78), 296, unterscheidet zwischen Text- und Themakollekte auf der einen und der altkirchlichen Kollekte auf der anderen Seite. »Während die Textkollekte sich nicht scheut, Worte der Lesung vorwegzunehmen oder zu interpretieren, greift die Themakollekte das Gesamtthema der Lesung auf und verwendet es als ›Leitmotiv‹, indem das Gerüst der alten Kollekte beibehalten, ihr Inhalt aber gleichsam aktualisiert und auf die Lesung abgestimmt wird.« Entspricht der Textkollekte das »Gebet vor der Schriftlesung« in reformierter Tradition, so dürfte die Themakollekte dem »Gebet des Tages« entsprechen, wie es in das Evangelische Gottesdienstbuch aufgenommen worden ist. Das »Gebet des Tages« orientiert sich inhaltlich am Proprium des Tages; weil für dieses Proprium das Evangelium (im

Unter dem Aspekt des Gebetsweges hätte das Kollektengebet – dramaturgisch und aszetisch – eine *äußere* (Stehen) und eine *innere* (Ruhe, Erwartung) Haltung bewirkt und dadurch einen Raum im Hörenden eröffnet, in dem die Verlesung der Heiligen Schrift Eingang finden kann. Es müsste also auch der Charakter dieses Gebets als ein Gebet der (inneren) Sammlung beachtet werden, das als solches – dramaturgisch, nicht strukturell – die nachfolgende Schriftlesung vorbereitet.

2.3.2 Grundform I des Evangelischen Gottesdienstbuchs

Das zum 1. Advent 1999 in den allermeisten[80] Gliedkirchen der Evangelischen Kirche der Union (EKU) und der Vereinigten Evangelisch-Lutherischen Kirche Deutschlands (VELKD) eingeführte Gottesdienstbuch will nicht nur die unterschiedlichen lutherischen, unierten und reformierten Gottesdiensttraditionen zusammenführen, sondern auch die »*spirituelle* und *liturgische* Entwicklung der letzten Jahrzehnte zum Ausdruck«[81] bringen.

Wir betrachten die Grundform 1 (der ausgeführten Liturgie)[82], die sich in die bekannten vier Teile gliedert: A) Eröffnung und Anrufung – B) Verkündigung und Bekenntnis – C) Abendmahl – D) Sendung und Segen. Teil B ist wie folgt aufgebaut:

[Lesung aus dem Alten Testament]
[Gesang]
Epistel
Halleluja
Gesang
Evangelium
<Glaubensbekenntnis>
Gesang
Predigt

Zusammenspiel mit den anderen Lesungstexten, dem Introituspsalm, dem Wochenlied, dem Wochenspruch usw.) ausschlaggebend ist, ist es fast unvermeidlich, dass auch das »Thema« des Evangeliums in diesem Gebet anklingt, auch wenn es nicht strukturell darauf bezogen ist.

[80] Es gibt auch Ausnahmen, wie z.B. die Evangelisch-Lutherische Kirche in Bayern.

[81] Evangelisches Gottesdienstbuch. Agende für die Evangelische Kirche der Union und für die Vereinigte Evangelisch-Lutherische Kirche Deutschlands, hg. v. d. Kirchenleitung der VELKD u. i. A. d. R. v. d. Kirchenkanzlei der EKU, Berlin [3]2003, 13a.

[82] Vgl. a.a.O., 62.

[Gebet/Gemeinsames Schuldbekenntnis]
[Kanzelsegen]
Lied/Musik/Stille
Glaubensbekenntnis
Dankopfer (dazu: Lied/Musik)
[Gebet zum Dankopfer]
Abkündigungen
Fürbittengebet

Auflösung der Struktureinheit

In Grundform 1 sind die Anzahl wie die liturgische Form der Lesungen variabel gestaltet: Es sind eine bis drei Lesungen vorgesehen, die Einleitungen und Abschlüsse der Lesungen können variiert und auch die Gesänge können durch andere ersetzt werden. Nach *Peter Cornehl* werden »zumindest potentiell die feste Verbindung der liturgischen Stücke untereinander« aufgelöst »und neue Kombinationen möglich« gemacht.[83]

Dieser Kombinationsreichtum ist allerdings um den Preis einer fundamentalen Entscheidungsschwäche erkauft worden. Zwar werden dadurch auch die Errungenschaften der liturgischen Avantgarde der 1960er und 1970er Jahre aufgenommen, wie es ja das Ziel des Strukturpapiers war. Diese führen aber hinsichtlich der Lesung zu einer Auflösung der Lesesequenz als Lesesequenz, so dass hier Hybride, Mischformen und fließende Übergänge zwischen Lesung und Predigt entstehen können. Soll das aber bedeuten, dass im kreativen Bedarfsfall alle Schriftlesungen entfallen können? Und wäre damit dann nicht auch ausgesagt, dass eine Schriftlesung nicht länger konstitutiv für einen evangelisch verstandenen Gottesdienst ist? Jedenfalls macht es die implizit notwendige Gestaltungsarbeit schwer, von einer (anhand der Ordnung ersichtlichen) Dramaturgie zu sprechen, da diese ja nicht strukturell feststeht, sondern sich im kreativen Prozess der Gestaltung immer erst noch ergibt.

Altes Testament – addiert nicht integriert

Auf den ersten Blick scheint die Veränderung gegenüber Agende I auf der strukturellen Ebene nicht ins Gewicht zu fallen. Beide Sequenzen scheinen äußerst ähnlich aufgebaut. Man kann sogar fragen, ob sich durch die strukturelle Schmiegsamkeit der Liturgie nicht sogar der Vorteil ergeben hat, dass

---

[83] Vgl. PETER CORNEHL, Was können wir von der Erneuerten Agende erwarten?, in: PTh 79 (1990), 479-485, 481.

jede Kirche und Kirchengemeinde ihre gewohnte Lesetradition beibehalten kann, egal, ob diese nun aus einer oder zwei Lesungen besteht? Und muss nicht auch in Rechnung gestellt werden, dass das Evangelische Gottesdienstbuch sogar noch in positiver Weise über Agende I hinausgeht, indem es eine Lesung aus dem Alten Testament einführt.[84]

Diese Einführung beruht – ähnlich wie beim Wortgottesdienst der katholischen Messe – auf einer, wenn auch vergleichsweise geringen, Änderung der Leseordnung.[85] Die zum 1. Advent 1978 in Kraft getretene revidierte Lese- und Predigttextordnung setzt nämlich drei Lesungen (Altes Testament, Epistel, Evangelium) voraus, die auch in Lektionar und Perikopenbuch entsprechend ihrer liturgischen Reihenfolge gesetzt sind.[86] Für diese Änderung hat die neue Leseordnung der katholischen Kirche eine beträchtliche Rolle gespielt.[87]

Darüber hinaus kommen in dieser Einführung sowohl das vierte Kriterium des Evangelischen Gottesdienstbuches, den »lebendigen Zusammenhang mit den Gottesdiensten der anderen Kirchen in der Ökumene« zu wahren, als auch das siebte Kriterium, mit Israel als dem erstberufenen Gottesvolk bleibend verbunden zu sein, zum Tragen.

Im Gegensatz zur katholischen Messe hinterlässt das Evangelische Gottesdienstbuch freilich den Eindruck, eine Lesung aus dem Alten Testament lediglich addiert, aber nicht integriert zu haben. Ihr folgen dieselben liturgischen

---

[84] Die Lesung aus dem Alten Testament gehört in der entfalteten Form nicht nur fakultativ hinzu, vgl. Evangelisches Gottesdienstbuch (s. Anm. 81), 41. In der ausgeführten Liturgie allerdings ist sie dann fakultativ gesetzt, vgl. a.a.O., 62.71. Im Vorentwurf Erneuerte Agende war die Lesung aus dem Alten Testament noch nicht fakultativ gesetzt, vgl. Erneuerte Agende. Vorentwurf, i. A. d. R. d. EKU – Bereich Deutsche Demokratische Republik, d. R. d. EKU – Bereich Bundesrepublik Deutschland und Berlin West, d. Kirchenleitung d. VELK i. d. Deutschen Demokratischen Republik u. d. Kirchenleitung d. VELK Deutschlands erarbeitet v. d. Arbeitsgruppe »Erneuerte Agende«, gem. hg. v. d. VELKD, Lutherisches Kirchenamt, u. d. EKU, Kirchenkanzlei, Hannover 1990, 35.54. Zur Integration des Alten Testament vgl. Helmut Schwier, Die Erneuerung der Agende. Zur Entstehung und Konzeption des »Evangelischen Gottesdienstbuches«, Hannover 2000, 421-423 (= LNF 3).

[85] Vgl. Erneuerte Agende, Vorentwurf (s. Anm. 84), 13. Folgt man dem Lektionar aus dem Jahr 1978, dann sollte die Einführung einer Lesung aus dem Alten Testament allerdings gerade nicht zu einer Vermehrung der Schriftlesungen im Gottesdienst führen, vgl. Lektionar für Evangelisch-Lutherische Kirchen und Gemeinden. Neue Ausgabe – Probetext – Studienausgabe, i. A. d. Generalsynode d. VELKD hg. v. Lutherischen Kirchenamt i. V. m. einer Arbeitsgruppe u. d. Lutherischen Liturgischen Konferenz, Hamburg 1978, 8.

[86] Das war in der Lese- und Predigttextordnung aus den Jahren 1953 bzw. 1958 noch anders. Dort werden nur die beiden Lesungen aus Epistel (mit einigen wenigen Texten aus dem Alten Testament) und Evangelium angeboten, vgl. Christhard Mahrenholz, Begleitwort zur 2. Auflage des Lektionars für Evangelisch-Lutherische Kirchen und Gemeinden, Hannover 1961, 4.

[87] Vgl. Herwarth von Schade, Einführung, in: Liturgische Konferenz (Hg.), Perikopenbuch mit Lektionar, Hannover [7]2005, 12-24.

Elemente wie der Epistellesung. Dadurch wird die Lesung aus dem Alten Testament der Epistellesung zwar gleichgestellt und kann mit ihr ausgetauscht werden.[88] Eine wirkliche Einbettung der alttestamentlichen Schriftlesung hätte aber einen größeren Eingriff in die Struktur zur Folge haben müssen, für den man sich offensichtlich nicht entscheiden konnte.

Hierfür hätte man sich an der katholischen Messe orientieren können. Dort wird zwar zunächst die Lesung aus dem Alten Testament mit dem Psalmengesang verbunden,[89] aber der Responsorialpsalm steht aufgrund der Leseordnung mit allen Lesungen in Beziehung, wodurch ein eigener Textraum entsteht.[90] Der Antwortpsalm fungiert hier als ein »Dialogpartner«[91], wobei im Dialog der Gemeinde die verschiedenen Texte miteinander zu sprechen (bzw. zu singen) beginnen. Eine solche strukturelle Integration der Lesung aus dem Alten Testament in die Sequenz der Schriftlesung in Grundform 1 des Evangelischen Gottesdienstbuches hätte nicht nur ihre liturgietheologische Plausibilität erhöhen, sondern auch ihre Umsetzung in der Praxis nachhaltig unterstützen und womöglich auch dem in die Krise geratenen Psalmensingen eine neue Basis im evangelisch-lutherischen Gottesdienst geben können.

Änderung im Schriftverständnis

Schon in Agende I ist zwischen einem Zeugnis aus der Vergangenheit (in den Schriftlesungen) und einem gegenwärtigen Christuszeugnis (in der Predigt) unterschieden worden. Diese Unterscheidung, so sehr sie, wenn man sich ihrer Konsequenz ganz bewusst wird, langfristig der Stellung der Heiligen Schrift in der Liturgie wie im persönlichen Glaubensleben geschadet hat, war doch immer noch von der Überzeugung getragen, eine personale Begegnung mit dem dreieinigen Gott zu ermöglichen.[92]

---

[88] Vgl. Evangelisches Gottesdienstbuch (s. Anm. 81), 41: »*Die drei Lesungen können auch folgendermaßen aufgeteilt werden: Altes Testament oder Epistel – Evangelium – Predigttext.*« [im Original kursiv].

[89] Vgl. dazu Ansgar Franz, Der Psalm im Wortgottesdienst. Einladung zur Besichtigung eines ungeräumten Problemfeldes, in: Georg Steins (Hg.), Leseordnung. Altes und Neues Testament in der Liturgie, Stuttgart 1997, 138-146.

[90] Martin Nicol unterbreitet für seinen evangelischen Wortgottesdienst einen sehr ähnlichen Vorschlag, vgl. Martin Nicol, Weg im Geheimnis. Plädoyer für den Evangelischen Gottesdienst, Göttingen 2009, 158f. Schon im Lektionar von 1978 wird darauf hingewiesen, dass eine Lesung aus dem Alten Testament mit dem Graduallied beantwortet wird und nicht mit dem Halleluja, da dieses nach der Epistel oder dem Evangelium erfolgt, vgl. Lektionar für Evangelisch-Lutherische Kirchen und Gemeinden (s. Anm. 85), 8.

[91] Ökumenischer Arbeitskreis evangelischer und katholischer Theologen, Schriftverständnis und Schriftgebrauch. Abschließender Bericht, in: Wolfhart Pannenberg/Theodor Schneider (Hg.), Verbindliches Zeugnis, Bd. 3: Schriftverständnis und Schriftgebrauch, Freiburg i. Br./Göttingen 1998, 288-389, 339.

[92] Vgl. dazu die oben S.140 geäußerte Anschauung von Mahrenholz zum Evangelium.

Dass eine Begegnung mit Gott auch das Anliegen des Evangelischen Gottesdienstbuches ist, soll gar nicht in Abrede gestellt werden. Allerdings scheinen sich hier die Gewichte nun doch eher in Richtung einer Darstellung des Glaubens an Gott zu verlagern. Im ersten Fall der Agende I würde in den Schriftlesungen eine Begegnung mit Gott stattfinden, im zweiten Fall des Evangelischen Gottesdienstbuches »nur« oder immerhin noch eine Begegnung mit einem Text, der vom Glauben an diesen Gott spricht.

Dies wird nicht zuletzt daran deutlich, wie die Lesung aus dem Alten Testament bzw. die Epistellesung abgeschlossen werden: Im Evangelischen Gottesdienstbuch hat man es nämlich nicht mehr mit dem *Wort des lebendigen Gottes* zu tun, sondern nurmehr mit *Worten der Heiligen Schrift*. Diese Differenz mag gering erscheinen, könnte aber ein Hinweis darauf sein, dass sich das liturgische Schriftverständnis im Einklang mit dem Gottesdienstverständnis gewandelt hat. Wie der Gottesdienst nämlich nurmehr den Glauben der versammelten Gemeinde darstellt, so sprechen auch die verlesenen Texte nurmehr vom Glauben einer Gruppe von Menschen an Gott.[93]

2.4 Zweite Zwischenbilanz

Die Doppelspitze von Wort und Sakrament ist ein signifikantes Merkmal evangelisch-lutherischen Gottesdienstes, die in der liturgischen Praxis freilich nicht durchgehalten und zumeist zugunsten des Wortes aufgehoben wird. Die sich darin ausdrückende lutherische Abendmahlsfrömmigkeit wird gerade durch diese prinzipielle Gleichstellung von Wort und Sakrament unterstützt, da bereits alles auch im Wort gegeben wird. Dies wertet das Wort in gewisser Hinsicht eucharistisch auf. Allerdings wird innerhalb des Wortes doch deutlich zwischen dem »nur« verlesenen Wort und dem gepredigten Wort Gottes unterschieden; das gepredigte Wort ist dem verlesenen Wort eindeutig überlegen. In Analogie zur katholischen Messe, wo die Schriftlesungen in gewisser Weise das Verständnis der Eucharistie vorbereiten, sollen die Schriftlesungen in der evangelischen Messe zum Verständnis der Predigt beitragen. Die Unmittelbarkeit des Göttlichen, die die Göttliche Liturgie und die katholische Messe im Medium der Schrift und im Ritual ihrer Verlesung behaupten, kann

---

[93] Die Frage, ob das überhaupt anders sein kann, muss dahingestellt bleiben. Die veränderte Sichtweise zwischen Agende I und Evangelischem Gottesdienstbuch muss auch vor dem Hintergrund eines Wandels in der Hermeneutik gelesen werden. Dem müsste weiter nachgegangen werden, was aber hier nicht geleistet werden kann. Zu fragen ist beispielsweise, ob sich nicht auch schon der Begriff des »Zeugnisses«, der in Agende I angewandt worden ist, der hermeneutischen Theologie der Zeit nach dem Zweiten Weltkrieg verdankt, und zwar in Brechung zu der Deutung dessen, was in der Verlesung aus der Schrift geschieht bzw. geschehen soll bei Mahrenholz und anderen. Zu fragen ist daher weiter, ob im Evangelischen Gottesdienstbuch sehr viel stärker eine kritische Theologie rezepiert worden ist, als dies in Agende I der Fall war. Zu fragen ist schließlich, wie man mit dieser Spannung zwischen einer kritischen Theologie und einer liturgischen Theologie umgeht, die je andere Schriftverständnisse haben.

in der evangelischen Messe nicht in gleicher Weise nachvollzogen werden. Hier liegt der Akzent deutlicher auf der Mittelbarkeit, der in der liturgischen Entwicklung zwischen Agende I und Evangelischem Gottesdienstbuch eher noch stärker geworden ist.

2.5 Die Zentralstellung der Predigt

Der Predigtgottesdienst der refomierten Gottesidensttradition und die meisten Gottesdienstformen der Freien Ordnung haben die Zentralstellung der Predigt gemein.[94] Im Folgenden werden daher der Predigtgottesdienst der reformierten Tradition, der Gottesdienst der Evangelisch-methodistischen Kirche, der Gottesdienst der Mennoniten und Baptisten, sowie der Gottesdienst der Heilsarmee untersucht.

2.5.1 Der Predigtgottesdienst nach reformierter Tradition

Mit dem Predigtgottesdienst betrachten wir die dritte Grundgestalt des Gottesdienstes, die in der reformierten Tradition eine kirchentypische Ausprägung gewonnen hat.[95]

Wir legen die Erste Form der 1999 erschienen Reformierten Liturgie zugrunde, bei der sowohl eine Schriftlesung als auch das Abendmahl vorgesehen sind. Die Kirchenbücher von 1951 und 1983 unterscheiden noch zwischen einem »Gottesdienst mit Predigt und Abendmahl« und einem »Predigtgottesdienst«, wobei sich eine Schriftlesung nur im Predigtgottesdienst findet.[96] Die Strukturübersicht der Ersten Form erweckt den Anschein, als wäre

---

[94] Vgl. z.B. für die Evangelisch-methodistische Kirche: HOLGER ESCHMANN, Gottesdienst und Liturgie in freikirchlicher Sicht, in: BURKHARD NEUMANN/JÜRGEN STOLZE (Hg.), Aus dem Glauben leben. Freikirchliche und römisch-katholische Perspektiven, Paderborn/Göttingen 2014, 127-148, 131. Vgl. für den Bund Evangelisch-Freikirchlicher Gemeinden: VOLKER SPANGENBERG, Aspekte freikirchlichen Gottesdienstverständnisses. Das Beispiel des Deutschen Baptismus, in: HANS-PETER GROSSHANS/MALTE DOMINIK KRÜGER (Hg.), In der Gegenwart Gottes. Beiträge zur Theologie des Gottesdienstes, Frankfurt/Main 2009, 33-56, 39f. Vgl. für die Heilsarmee: The Salvation Army Handbook of Doctrine, London 2010, 304, in dem die Predigt als ein herausragendes Merkmal des Gottesdienstes angesehen wird. Vgl. für die Mennoniten: Leitfaden, hg. i. A. d. Verbandes deutscher Mennonitengemeinden, Sinsheim o.J., 7.

[95] Wir beschränken uns im Folgenden im Wesentlichen auf die deutschen Verhältnisse: Reformirtes Kirchenbuch. Vollständige Sammlung der in der reformirten Kirche eingeführten Kirchengebete und Formulare zum praktischen Gebrauch eingerichtet, v. AUGUST EBRARD, Zürich 1846; ERNST WOLF/MARTIN ALBERTZ (Hg.): Kirchenbuch. Ordnungen für die Versammlungen der nach Gottes Wort reformierten Gemeinden deutscher Zunge, München 1941; Kirchenbuch. Gebete und Ordnungen für die unter dem Wort versammelte Gemeinde, hg. im Auftrag des Moderamens des Reformierten Bundes, Neukirchen-Vluyn 1951; KARL HALASKI u.a. (Hg.), Kirchenbuch. Gebete und Ordnungen für die unter dem Wort versammelte Gemeinde, Neukirchen-Vluyn [3]1983; PETER BUKOWSKI u.a. (Hg.), Reformierte Liturgie. Gebete und Ordnungen für die unter dem Wort versammelte Gemeinde, Neukirchen-Vluyn [2]2000.

[96] Vgl. Kirchenbuch 1983 (s. Anm. 95), 11f.

das Abendmahl integraler Bestandteil des Gottesdienstes. Die ausgeführte Beispielliturgie zur Ersten Form dagegen reduziert diesen Anspruch dann allerdings auf eine Kann-Bestimmung.[97] Der Aufbau dieser Ersten Form lautet wie folgt:

Glockengeläut
Musik zum Eingang
Eingangswort
Psalm oder Lied
[Gottes Gebot]
Eingangsgebet mit Sündenbekenntnis
[Gnadenspruch]
[Gebet vor der Schriftlesung]
Schriftlesung
[Worte nach der Schriftlesung]
Glaubensbekenntnis
Predigtlied
Sammlung für die Diakonie
Predigt
Psalm oder Lied nach der Predigt
[Abendmahl]
Bekanntmachungen und Abkündigungen
Dankgebet und Fürbitten
Lied
Segen
Musik zum Ausgang
Sammlungen

[97] Vgl. Reformierte Liturgie (s. Anm. 95), 39.

Auf dem Weg zur Predigt

Es war eine wegweisende Entscheidung als *Huldrych Zwingli* (1484-1531) den mittelalterlichen Prädikantengottesdienst dem Messgottesdienst vorgezogen, ihn zur Basis seines reformatorischen Wirkens gemacht und damit die (reformatorische) Predigt zum Zentrum des Gottesdienstes erhoben hat.[98]

Gegenüber der Göttlichen Liturgie zeichnet sich schon die abendländische Messform durch eine Vereinfachung aus. Im reformierten Predigtgottesdienst wird diese Einfachheit zu Schlichtheit und Konzentration, vor allem zu einer Konzentration auf das verkündigte Wort Gottes in der Predigt.[99] Damit ändert sich auch die grundlegende Geschichte: Nicht mehr das Lukasevangelium mit seiner Emmaus-Weg-Liturgie steht prägend im Hintergrund, sondern das paulinisch-apostolische Ideal: »Der Glaube kommt aus der Predigt, die Predigt aber durch das Wort Christi« (Röm 10,17).

Wenn Göttliche Liturgie und katholische Messe das Sakrament über das Wort stellen, die evangelische Messe das Wort dem Sakrament gleichordnet, so wird hier nun das Wort in gewisser Weise über das Sakrament gestellt. Man muss der These *Karl Barths* (1886-1968) – vor allem was Luthers Sicht der Dinge betrifft – nicht zustimmen, dass die Reformation es gewagt habe, »das Verhältnis von Sakrament und Predigt umzukehren. Genau auf dem Höhepunkt des christlichen Gottesdienstes, auf dem in der katholischen Kirche die eucharistische Wandlung vollzogen wird, wird im Protestantismus gepredigt. Genau den ernsten beziehungsvollen, aber gegenüber dem eigentlichen kirchlichen Zentrum dogmatisch und kultisch unverkennbar nur supplementären Charakter, den dort die Predigt hat, haben bei uns die Sakramente.«[100] In der typischen Barthschen Zuspitzung ist diese These sicher zu einseitig. Auf das reformierte Gottesdienstverständnis wirft sie aber ein bezeichnendes Licht.

Nach dem »Reformirten Kirchenbuch« des späteren Erlanger Theologen *Johann Heinrich August Ebrard* (1818-1888) aus dem Jahr 1846, ist die Pre-

---

[98] Das bedeutet freilich nicht, dass die Feier des heiligen Abendmahls zur Nebensächlichkeit erklärt würde oder von geringerem Wert wäre. Das Gegenteil ist der Fall. Gerade die Seltenheit steigert seine Bedeutung. Zum reformierten Abendmahlsgottesdienst in der Schweiz vgl. Alfred Ehrensperger, Der evangelisch-reformierte Abendmahlsgottesdienst in den Kirchen der deutschsprachigen Schweiz. Sein Charakter, sein Aufbau und seine Vorbereitung, in: JLH 44 (2005), 9-41, bes. 10-12. Es geht hier vielmehr darum, die »zentrale Stellung und Bedeutung der Predigt im Gottesdienst« als »das größte Erbe« der reformierten Kirche (vgl. Dürr, Der reformierte Gottesdienst [s. Anm. 71], 21) herauszustellen und zu würdigen.

[99] Vgl. Dürr, Der reformierte Gottesdienst (s. Anm. 71), 5: »In der Mitte des reformierten Gottesdienstes steht die *Predigt*, die Verkündigung des Wortes Gottes.«.

[100] Karl Barth, Menschenwort und Gotteswort in der christlichen Predigt. Begründete Thesen, vorgetragen am 25.-26. November 1924 in Königsberg bei Danzig, in: Friedrich Wintzer (Hg.), Predigt. Texte zum Verständnis und zur Praxis der Predigt in der Neuzeit, München 1989 (= Theologische Bücherei, Bd. 80), 95-116, 96.

digt der Höhepunkt des reformierten Gottesdienstes.[101] Obwohl Ebrard den Zweck des Cultus darin sieht, »die heil. Schrift, als die Kunde von der historischen Erlösungsthat, den Gliedern der Kirche fort und fort darzureichen, und so den vom heil. Geist zu wirkenden inwendigen-Herzensglauben möglich zu machen und zu veranlassen, oder wo er schon besteht, durch stets neue Darreichung der h. Schrift zu fördern«[102] fehlt eine eigenständige Schriftlesung im Aufbau der Liturgie.[103] Denn die Darreichung der heiligen Schrift soll »nicht in einem bloßen trocknen Hingeben oder Vorlesen derselben« bestehen, sondern in der Gestalt ihrer Vermittlung, also in der Predigt.[104]

Auch noch nach dem Kirchenbuch aus dem Jahr 1983 konzentriert sich das Wort Gottes derart stark auf die Predigt, dass andere Formen, die womöglich auch Wort Gottes sein könnten, nicht in den Blick kommen.[105] Die Schriftlesung zählt daher auch nicht zu den »wesentlichen Stücken« des Gottesdienstes.[106] Eine Schriftlesung als eigenständiges liturgisches Element neben dem Predigttext wird immerhin vorgeschlagen, und zwar in einer bestimmten Bewegungsrichtung: Sie wird als ein »zum Predigttext hinführendes Zeugnis« verstanden.[107]

In dieser Bestimmung schwingt eine Anschauung von der Dramaturgie reformierten Gottesdienstes mit, die schon der besagte Johann Heinrich August Ebrard seinem »Reformirten Kirchenbuch« zugrunde gelegt hat.[108] Ebrard geht von zwei Bewegungen aus: einer aufsteigenden Bewegung hin zur Predigt, die »vom Bedürfnis des Heils durch die Bitte um den Beistand des h. Geistes zur Heilsverkündigung« getragen ist, und einer absteigenden Bewegung von der Predigt weg, die »durch die Bitte um speziellen und allgemeinen Segen zum Segen selber« führt.[109] Dass diese Anschauung keineswegs nur dem 19. Jahrhundert zuzurechnen ist, zeigen Aussagen Karl Barths im Vorwort einer Sammlung seiner Gebete.[110] Dort beschreibt Barth den Gang des Gottesdienstes, der mit der Begrüßung beginnt und zum gemeinsamen Gesang fortschrei-

---

[101] Vgl. Reformirtes Kirchenbuch (s. Anm. 95), XII. u. AUGUST EBRARD, Versuch einer Liturgik vom Standpunkte der reformirten Kirche, Frankfurt/Main 1843, 39 (§40).

[102] A.a.O., 7 (§13).

[103] Der Aufbau, den Ebrard vorschlägt, ist: Sündenbekenntnis – Bußvers (Lied) – Gebet vor der Predigt – Predigtlied – Text und Predigt – Predigtlied – Gebet nach der Predigt – Segen, vgl. a.a.O., XIV.

[104] Vgl. EBRARD, Versuch einer Liturgik (s. Anm. 101), 7 (§14) u. 14 (§27) u. 39 (§63).

[105] Vgl. Kirchenbuch 1983 (s. Anm. 95), 7.

[106] Ebd.

[107] A.a.O., 40.

[108] Vgl. dazu insgesamt: LUCA BASCHERA, Die reformierte Liturgik August Ebrards (1818-1888). Entstehung, Gestalt und heutige Relevanz, Zürich 2013 (= Praktische Theologie im reformierten Kontext 5).

[109] Vgl. Reformirtes Kirchenbuch, (s. Anm. 95), XIV. Vgl. dazu schon EBRARD, Versuch einer Liturgik (s. Anm. 101), 9 u. 40ff. (§65-§71).

[110] Vgl. KARL BARTH, Gebete, München 1963.

tet. »Er geht fort in der Aussprache ihres Dankes, ihrer Buße, ihrer besonderen Bitte um Gottes Gegenwart...« und »steigt auf zur Predigt, in der die Anrufung in Auslegung und Anwendung [...] eines Schriftwortes zur Anrede und Verkündigung wird.« Von da aus geht es »absteigend zum Schlußgebet, in welchem die Aussage der Predigt [...] straff zusammenzufassen ist, in welchem sich aber der Gottesdienst vor allem als möglichst ausgebreitete Fürbitte [...] nach außen [...] der übrigen Kirche und Welt hin zu öffnen hat.« Dann folgt ein zweiter Gemeindegesang und der Segen.[111] Auch bei Barth sucht man also eine eigenständige Schriftlesung vergebens.

Das eine Wort Gottes und seine liturgischen Gestalten

Die Mittelpunktsstellung der Predigt im reformierten Gottesdienst ist durch die radikale Wort-Gottes-Theologie vor und nach dem Zweiten Weltkrieg einerseits noch bekräftigt worden.[112] Andererseits trug sie aber auch zu ihrer Überwindung bei. Denn von der Zentralperspektive des Wortes Gottes her konnten nun auch alle anderen Elemente des Gottesdienstes als Wort Gottes verstanden werden.[113]

In der Reformierten Liturgie von 1999 werden daher neben der Predigt auch andere Formen des »Sprechens Gottes« genannt: jetzt auch die »Lesungen aus der Heiligen Schrift« und das »sichtbare Wort« von Taufe und Abendmahl.[114] Zu ergänzen wären sicher noch die Gebete und die Musik, die auch »Verkündigungscharakter gewinnen« können.[115]

In der Konsequenz des *einen* Wortes Gottes, das sich in verschiedenen liturgischen Gestalten zeigt, liegt es auch, dass nicht mehr in einer Rangfolge zwischen Altem Testament, Epistel und Evangelium unterschieden wird, sondern es nur noch den Platzhalter »Schriftlesung« gibt. Hierin liegt eine bedeutsame Differenz zur Göttlichen Liturgie und zur katholischen Messe, für welche der Lesung aus *dem* Evangelium der höchste Stellenwert zukommt, weil hier Christus selbst spricht.[116]

---

[111] Vgl. a.a.O., 7f. Barth war sich desen durchaus bewusst, dass seine »allzu reformierte[n] ›liturgische[n]‹ Konzeption [keinen] allgemeinen Beifall finden werde«.

[112] Zur Wort-Gottes-Theologie vgl. Ulrich H. J. Körtner, Theologie des Wortes Gottes. Positionen – Probleme – Perspektiven, Göttingen 2001.

[113] Man könnte dies den liturgischen Ertrag der Barmer Theologischen Erklärung nennen, der von dem lutherischen Theologen Hans Asmussen (1898-1968) am Konsequentesten verfolgt worden ist. Die Barmer Theologische Erklärung nennt in These 1 Jesus Christus »das eine Wort Gottes, das wir zu hören, dem wir im Leben und im Sterben zu vertrauen und zu gehorchen haben.« Bei Hans Asmussen, Die Lehre vom Gottesdienst, München 1937, 7 (= Gottesdienstlehre, Bd. 1) heißt es: »Jesus Christus ist das eine Wort Gottes an uns und das eine Heil Gottes für uns.«

[114] Vgl. Reformierte Liturgie (s. Anm. 95), 24f.

[115] A.a.O., 27.

[116] Das ist prinzipiell auch noch in der evangelischen Messe der Fall. Schon Luther hatte zwar zwischen dem Evangelium und den Evangelien differenziert, konnte »Evan-

Die Gemeinde und ihre Vorbereitung

Der Blick auf die Erste Form der Reformierten Liturgie hinterlässt einen paradoxen Eindruck: Einerseits wird in der reformierten Tradition eine eigenständige Schriftlesung bis hin zu ihrem völligen Verschwinden vernachlässigt, andererseits aber kann der Schriftlesung eine besondere Aufmerksamkeit zuteil werden. Diese kann nämlich umrahmt werden von einem »Gebet vor der Schriftlesung« und einem »Wort nach der Schriftlesung«[117].

Das »Gebet vor der Schriftlesung« wird in der Reformierten Liturgie als ein »Kollektengebet« (!) verstanden, das den Gebetsteil abschließt und »mit der Bitte um das rechte Hören des göttlichen Wortes zu den Lesungen«[118] überleitet. Ein Beispielgebet lautet:

> Gnädiger und heiliger Gott. Du hast uns nach deinem Bild geschaffen. Gib uns Weisheit, dich zu erkennen; Eifer, dich zu suchen, Augen, dich zu erblicken, ein Herz, über dich nachzudenken und ein Leben, dich zu verkündigen. Durch Jesus Christus, unseren Herrn. Amen.[119]

Die typologische Nähe dieses Gebets zum stillen »Gebet des Evangeliums« in der Göttlichen Liturgie ist gleichermaßen frappierend wie verwunderlich, da sich die reformierte Tradition ja gerade durch eine durch und durch kultkriti-

---

gelium« also auch in den Episteln und im Alten Testament finden, vgl. WA 10,I,1 (Ein klein Unterricht, was man in den Evangeliis suchen und gewarten soll, 1522): »Darumb soll man wissen, das nur eyn Euangelium ist, aber durch viel Apostel beschrieben. Eyn iglich Epistel Pauli und Petri, dazu Actuum Luce, ist eyn Euangeli, ob sie wol nit alle werck und wort Christi ertzelen, ßondernn eynß kurtzer unnd weniger denn das ander begreyfft. [...] Ja auch die propheten, die weyl sie das Euangelium vorkundigt und von Christo gesagt haben, alß hie S.Paulus meldet und yderman wol weyß, ßo ist yhr lere an dem selben ortt, da sie von Christo reden, nichts anders denn das ware lautter recht Euangelium, alß hetts Lucas oder Mattheus beschrieben...« Vgl. auch Luthers Vorrede auf das Neue Testament von 1522: »So sehen wyr nu, das nicht mehr, denn ein Euangelion ist, gleych wie nur eyn Christus, Syntemal Euangelion nichts anders ist noch seyn kan, denn eyn predigt von Christo Gottis vnd Dauids son, war Gott vnd mensch, der fur vns mit seym sterben vnd aufferstehen, aller menschen sund tod vnd helle vberwunden hat, die an yhn glewben, das also, das Euangeli eyn kurtz vnd lang rede mag seyn, vnd eyner kurtz, der ander lange, beschreyben mag.« (WA DB 6,2). Dennoch hat sich auch im Luthertum die Überlegenheit der Evangelienlektion in Anküpfung an die Tradition fortgesetzt, wenn beispielsweise Michael Praetorius (1571-1621) das Evangelium als caput et principale des Tages bezeichnen kann, vgl. Michael Praetorius, Syntagmatis Musici Tomus Primus, Wittenberg 1615, 48.

[117] Kirchenbuch 1983 (s. Anm. 95), 40; Reformierte Liturgie (s. Anm. 95), 177-181. Es werden angeführt: Ps 33,4; 119,92; 119,105; Mt 24,35; Lk 11,28; Joh 17,17; Hebr 4,12.

[118] Reformierte Liturgie (s. Anm. 95), 38. Die Bezeichnung dieses Gebetes als Kollektengebet ist freilich irreführend. Man nimmt weder dem Kollektengebet noch dem Gebet vor der Schriftlesung etwas, wenn man beide als eigenständige Gattungen von Gebet unterscheidet und sie nicht vermischt.

[119] A.a.O., 173.

sche Haltung auszeichnet.[120] Das »Gebet des Evangeliums« in der Göttlichen Liturgie lautet:

> Entzünde in unseren Herzen, menschenfreundlicher Herrscher, das lautere Licht deiner Gotteserkenntnis und öffne die Augen unseres Verstandes zur Erkenntnis der Verkündigungen deines Evangeliums. Flöße uns auch die Furcht vor deinen seligen Geboten ein, auf daß wir alle unsere fleischlichen Begierden vernichten, einen geistlichen Wandel führen und alles nach deinem Wohlgefallen sinnen und tun. Denn du bist die Erleuchtung unserer Seelen und Leiber, Jesus Christus, unser Gott, und dir senden wir Lobpreis empor, zugleich mit deinem anfanglosen Vater und deinem allheiligen und gütigen und lebensspendenden Geist, jetzt und immerdar, und von Ewigkeit zu Ewigkeit. Amen.[121]

Was in der Göttlichen Liturgie nur still vom Priester gesprochen wird, und damit gewissermaßen untergründig an der Gemeinde wirkt, wird in der Reformierten Liturgie nun von der Gemeinde vor Gott gebracht. Darin drückt sich nicht nur ein charakteristischer Zug reformierter Liturgietradition aus, der den Gottesdienst zur Sache der Gemeinde macht.[122] Es zeigt auch den spirituellen Kontext an, in dem diese Gebetsgattung ihren Ursprung und ihren Sitz im Leben hat. Durch dieses Gebet wird die folgende Lesung nämlich als »lectio divina« verstanden, die ihren Ort in einer geistlichen Gemeinschaft hat, die aus Zeiten gemeinsamen Hörens und Lesens der Heiligen Schrift und aus Zeiten individuellen Bibelstudiums besteht.[123]

Das »Gebet vor der Schriftlesung« wäre damit eine Konsequenz aus der Konzentration auf das exklusive und souveräne Wort Gottes, dem eine einzigartige Wirkmächtigkeit eignet.

Darf man die oben genannte Umkehrung von Wort und Sakramet, die Barth als ein ausschlaggebendes Moment der Reformation herausstellt, bereits als einen Hinweis auf ein sakramentelles Wortverständnis deuten, wenn nun die Predigt an die Stelle des Sakraments tritt? Und sollte sich in dieser kleinen fakultativen Sequenz eines »Gebets vor der Schriftlesung« im reformierten Predigtgottesdienst ein sakramentales Wortverständnis erhalten haben, das

---

[120] Vgl. KUNZ, Gottesdienst evangelisch reformiert (s. Anm. 6), 395.

[121] v. LILIENFELD, Göttliche Liturgie (s. Anm. 12), 83.

[122] Vgl. Reformierte Liturgie (s. Anm. 95), 25: »Es ist ein Kennzeichen des evangelischen Gottesdienstes, dass an seiner liturgischen Gestaltung die gesamte Gemeinde, einzelne Gruppen aus der Gemeinde und Einzelpersonen beteiligt sind und im gottesdienstlichen Geschehen zusammenwirken. Evangelischer Gottesdienst kann nur als »Konzelebration« gestaltet werden: Er kann auf die Gemeinde als erste und wichtigste Liturgin nicht verzichten.«

[123] BRUNO BÜRKI, Die Form des reformierten Gottesdienstes, in: LUCA BASCHERA u.a. (Hg.), Gemeinsames Gebet. Form und Wirkung des Gottesdienstes, Zürich 2014, 121-144, weist darauf hin, dass in der »Liturgie de l'Eglise Réformée de France« (1950/1963) »der erste Vorschlag für die ›Prière d'illumination‹ vor der Schriftlesung der mittelalterlichen *Imitatio Christi* entnommen ist« (134).

darum weiß, dass Gott in seinem Wort (also nicht allein im ausgelegten Wort der Predigt) zu uns spricht, und man sich dieses Wortes nur mit einer Vorbereitung im Gebet nähern kann?

2.5.2 Die Agende der Evangelisch-methodistischen Kirche

Der Freien Ordnung mangelt es fast vollständig derjenigen Literatur, auf die wir uns bislang maßgeblich gestützt haben: Agenden und Gottesdienstordnungen, aber auch begleitende Werke, die etwas zum Gottesdienstverständnis aussagen. Aus diesem Grund greifen wir auf den Gottesdienst der Evangelisch-methodistischen Kirche zurück, der freilich nur teilweise der Freien Ordnung zugerechnet werden kann. Denn die evangelisch-methodistische Kirche ist nicht nur bischöflich verfasst, sie besitzt auch eine regelrechte Agende. Darin kommt das anglikanische Erbe dieser Kirche zum Tragen, das in Spannung steht zu ihrem Erbe aus der Erweckungsbewegung und ihrer Orientierung am Gottesdienst der Württembergischen Landeskirche.[124] So spiegelt sich denn auch in ihrer Agende[125] genau diese Spannung zwischen Ordnung und Freiheit wider.

Die Agende der Evangelisch-methodistischen Kirche hat in ihrer Grundform, dem Predigtgottesdienst, bis zur Predigt folgenden Aufbau:[126]

Vorspiel
Eingang
Biblisches Grußwort

[124] Vgl. THOMAS ROSCHER/HOLGER ESCHMANN, Der evangelisch-methodistische Gottesdienst zwischen Tradition und Erneuerung, in: BASCHERA, Gemeinsames Gebet (s. Anm. 123), 183-207, 199f. Schon in: HOLGER ESCHMANN, Zwischen Ordnung und Freiheit. Anmerkungen zu Gottesdienst und Agende der Evangelisch-methodistischen Kirche, in: STEFAN SCHWEYER (Hg.), Freie Gottesdienste zwischen Liturgie und Event, Münster 2012, 39-46; vgl. auch WALTER F. KLAIBER, Building up the House of God: Sunday Worship in German Methodism, in: KAREN B. WESTERFIELD TUCKER (Hg.), The Sunday Service of the Methodists. Twentieth-Century Worship in Worldwide Methodism. Studies in Honor of James F. White, Nashville 1996, 283-304, 283.291.

[125] Die jetzt vorliegende Fassung der Agende verdankt sich dem Zusammenschluß zweier eigenständiger methodistischer Kirchen- und Gottesdiensttraditionen im Jahr 1968, der Methodist Church mit der Evangelischen Vereinigten Brüderkirche zur Evangelisch-methodistischen Kirche, die zu einem Kompromiss im Gottesdienstformular geführt hat, vgl. KLAIBER, Building up the house (s. Anm. 124), 292.

[126] feiern und bekennen. Ordnungen, Gebete und Bekenntnisse für den Gottesdienst in der Evangelisch-Methodistischen Kirche, Stuttgart 1994; Intranet Agende der Evangelisch methodistischen Kirche, hg. v. d. Evangelisch-methodistischen Kirche in Deutschland 2008, erarbeitet v. Agendeausschuss i.A. d. Zentralkonferenz d. Evangelisch-methodistischen Kirche in Deutschland.

Gemeindelied
Alttestamentliche Schriftlesung
Lobpreis (Ehre sei dem Vater)
Neutestamentliche Lesung
Lobpreis (Halleluja)
Gebet
[Glaubensbekenntnis]
Anbetungslied
Bekanntgaben
Zeit der Gemeinschaft/Fürbitten
Chorlied oder Gemeindelied
Predigt

Die drei Dimensionen Evangelisch-methodistischen Gottesdienstes
Um die Schriftlesung im Kontext des Evangelisch-methodistischen Gottesdienstes besser einordnen zu können, soll das Gottesdienstverständnis der Evangelisch-methodistischen Kirche im Folgenden zunächst kurz skizziert werden.
Der Gottesdienst der Evangelisch-methodistischen Kirche weist drei Dimensionen auf,[127] die in der Theologie der Evangelisch-methodistischen Kirche den drei Dimensionen der »Kirche als Lebensraum der Gnade«[128] entsprechen: (1) die Begegnung mit Gott, (2) die Begegnung untereinander und (3) die Beziehung zu den Menschen außerhalb der Kirche, und die sich – nach *Thomas Mozer* – in drei Geschehensbereichen widerspiegeln.[129] Die erste Dimension Evangelisch-methodistischen Gottesdienstes ist dabei so gewichtig, dass sie den beiden anderen Dimensionen zugrunde liegt.

(1) Die Lehrtradition der Evangelisch-methodistischen Kirche ordnet den Gottesdienst grundsätzlich den sogenannten Gnadenmitteln zu.[130] Gnadenmittel sind die von Gott eingesetzten »›Kanäle‹, durch welche er den suchenden, erweckten, im Glauben stehenden und um die rechte Gestaltung ihres Lebens

---

[127] Vgl. Klaiber, Building up the house (s. Anm. 124), 303.
[128] Vgl. Walter Klaiber/Manfred Marquardt, Gelebte Gnade. Grundriß einer Theologie der Evangelisch-methodistischen Kirche, Stuttgart 1993, 293f.
[129] Vgl. Thomas Mozer, Begeistert Gott feiern. Liturgie verstehen und gestalten, Stuttgart 2005, 78.
[130] Vgl. Klaiber/Marquardt, Gelebte Gnade (s. Anm. 128), 330 u. 332.

bemühten Menschen seine vorlaufende, rechtfertigende und heiligende Gnade vermittelt.«[131] Der Gottesdienst ist also der Ort, an dem die Gemeinde das empfängt, was sie braucht, um »neu aufzubrechen auf den Weg, den Gott sie in dieser Welt führen will.«[132] Die Mitte dieses Gottesdienstes ist das Gotteslob, »im Hören des Wortes, im Singen und Beten der Münder und der Herzen und dann auch der Hände.«[133] Diese erste Dimension des Gotteslobs kommt insbesondere im ersten Geschehensbereich der Agende zum Tragen, der die Sequenz vom Vorspiel bis zum Anbetungslied umfasst.

(2) Als eine Besonderheit der meisten freikirchlichen Gottesdienstformen gilt die Betonung der Gemeinschaft, die in der Evangelisch-methodistischen Kirche ein großes Gewicht durch die eingeräumte »Zeit der Gemeinschaft« erhält.[134] In dieser »Zeit der Gemeinschaft« werden besondere Anliegen und persönliche Zeugnisse zum Zweck der Förderung der Gemeinschaft geteilt.[135] Diese zweite Dimension der Gemeinschaft kommt insbesondere im zweiten Geschehensbereich der Agende zum Tragen und umfasst die Sequenz der Bekanntgaben und die Zeit der Gemeinschaft mit den Fürbitten.

(3) Die Verkündigung des Evangeliums gilt als das Hauptstück des Gottesdienstes der Evangelisch-methodistischen Kirche.[136] Das Hören des Wortes Gottes ist – wie der Gottesdienst insgesamt – ein von Gott verordnetes Gnadenmittel.[137] So betont *Heinz Schäfer*: Die Liturgie ist nicht unabhängig von der Predigt zu sehen, sie soll vielmehr zum Skopus des Predigttextes hinführen und das Gehörte vertiefen. »Alles Singen, die Schriftlesungen, die Gebete [...] sind ›Diener des Wortes‹ und haben keine andere Aufgabe, als dem versammelten Volk Gottes die Botschaft seines Herrn wichtig und groß zu machen.«[138] Diese dritte Dimension der Zurüstung durch das Wort der Predigt, mit der anschließenden Sendung in die Welt, ist Brennpunkt des dritten Geschehensbereichs der Agende, der die Sequenz vom Chorlied bis zum Nachspiel umfasst.

---

[131] Intranet-Agende (s. Anm. 126), 12.

[132] Klaiber/Marquardt, Gelebte Gnade, (s. Anm. 128), 330.

[133] A.a.O., 331. Vgl. dazu auch: Manfred Marquardt, Theologie des Gotteslobs, Wuppertal 1990 (= Chor und Gemeinde, Heft 32).

[134] Vgl. dazu auch Joachim Georg, Gemeinschaft. Das dritte Kennzeichen des Gottesdienstes. Ein Vortrag, Stuttgart 1994 (= EmK heute 83/1994).

[135] Vgl. Andreas Weiss, Kirchenrecht der Evangelischen Landeskirche in Württemberg und ausgewählter evangelischer Freikirche, Tübingen 2012, 402.

[136] Art. XIII des Glaubensbekenntnisses der Evangelischen Gemeinschaft, in: Verfassung, Lehre und Ordnung der Evangelisch-methodistischen Kirche, Auf Beschluss der Zentralkonferenz in Deutschland, Ausgabe 2012, Stand: April 2014 (Internetfassung), 47.

[137] A.a.O., 50.

[138] Heinz Schäfer, Der Gottesdienst in der Evangelisch-methodistischen Kirche. Unmaßgebliche Überlegungen eines Teilhabers, Stuttgart 1988, 5 (= EmK heute Heft 58).

Doxologisches Verständnis der Schriftlesung
Die beiden Schriftlesungen Alten und Neuen Testaments, die nach eigener Aussage zu den wesentlichen Kennzeichen eines Evangelisch-methodistischen Gottesdienstes gehören,[139] stehen im Zentrum des ersten Geschehensbereiches. Sie gehören damit zu den ersten Worten, die im Gottesdienst gesprochen werden. Nicht Akte der Reinigung, nicht Gesänge und Gebete stehen also am Anfang des Gottesdienstes, sondern das Wort der Heiligen Schrift Alten und Neuen Testaments.

Dass es sich sowohl um eine Lesung aus dem Alten[140] und eine Lesung aus dem Neuen Testament handelt, ist eine Konsequenz aus der Glaubenslehre der Evangelischen Gemeinschaft[141]. Dort lautet der vierte Artikel:

> Wir glauben, daß die Heilige Schrift Alten und Neuen Testaments das prophetische und apostolische Grundzeugnis von Gottes Heilsoffenbarung in Jesus Christus ist, das der Heilige Geist uns als Wort Gottes verstehen und als Richtschnur des Glaubens und Lebens zu gebrauchen lehrt.[142]

Der erste Geschehensbereich, in dem es inbesondere um das Lob Gottes geht, bildet eine in sich geschlossene Einheit. Die Lesungen sind daher nicht funktional auf einen anderen Geschehensbereich ausgerichtet, sie sind also weder Vorbereitung auf die Predigt noch auf die Gemeinschaft. Unter dem Leitgedanken der Verherrlichung Gottes haben sie ihren Sinn in sich selbst und bilden mit den Elementen von »Dank, Lob und Anbetung«[143] eine große umfassende Doxologie.

Vielleicht darf man diesen herausragenden methodistischen Ansatz seiner eigenen Logik getreu so weiterdenken: Wenn in der Verlesung der Heiligen Schrift die »großen Taten Gottes« verkündet werden, dann ist das selbst schon Lob Gottes – und die Gemeinde wird durch das Hören der »großen Taten Gottes« zum Gotteslob angestiftet. Gott bereitet sich damit selbst das Lob durch sein Wort und durch die durch sein Wort hervorgerufene Antwort des Menschen. Als Eingang in den Gottesdienst sind es somit die Schriftlesungen, die

---

[139] Vgl. Intranet-Agende (s. Anm. 126), 14.

[140] Einer besonderen Beachtung ist dabei die Lesung aus dem Alten Testament wert, die von Anfang an ein integraler Bestandteil Evangelisch-methodistischen Gottesdienstes war, vgl. Klaiber, Building up the house (s. Anm. 124), 293.

[141] Wie bereits in Anm. 125 erwähnt ist die Evangelisch-methodistische Kirche aus dem Zusmmenschluß von Evangelischer Vereinigter Brüderkirche mit der Bischöflichen Methodistenkirche hervorgegangen. Das Beibehalten von Glaubensartikel der Evangelischen Gemeinschaft erklärt sich daraus, dass die Evangelische Vereinigte Brüderkirche erst 1945 durch die Verbindung von Evangelischer Gemeinschaft und der Vereinigten Brüder in Christo entstanden ist.

[142] Verfassung, Lehre und Ordnung der Evangelisch-methodistischen Kirche (s. Anm. 136), 46.

[143] Vgl. Mozer, Begeistert Gott feiern (s. Anm. 129), 78. Vgl. dazu auch Intranet-Agende (s. Anm. 126), 14.

in Verbindung mit den weiteren lobpreisenden Elementen den Grund im Gotteslob legen, auf dem die anderen Geschehensbereiche und damit der gesamte Gottesdienst aufbauen. So sehr auch die Predigt als das Zentrum des Evangelisch-methodistischen Gottesdienstes angesehen wird, so sehr steht sie also auf der Grundlage einer doxologisch verstandenen Schriftlesung.

2.5.3 Der Gottesdienst der Mennoniten und Baptisten

An der Agende der Evangelisch-methodistischen Kirche konnte die Beobachtung gemacht werden, die Schriftlesungen in den Eingangsbereich des Gottesdienstes zu ziehen. Ähnliche Tendenzen zeigen auch die Gottesdienste der Mennoniten und der Baptisten. In diesem Bereich der Freien Ordnung sind allerdings nur relativ wenige liturgische und liturgiewissenschaftliche Texte vorhanden.

Zunächst bilden wir den Ablauf des mennonitischen Gottesdienstes bis zur Predigt ab:[144]

Präludium
Votum
Begrüßung
Lied
Schriftlesung
Gebet
Lied
Mitteilungen
Anbetung
Gebet
Predigt

Ganz ähnlich wie in der Evangelisch-methodistischen Kirche gehört die Schriftlesung im mennonitischen Gottesdienst in den eröffnenden Teil des Gottesdienstes hinein, der doxologischen Charakter aufweist: »Wir rufen Gott an, loben ihn in Psalmen, durch Bibellesung und Gebet und bitten um die Anwesenheit des Geistes Gottes unter uns.«[145] Der Schriftlesung wird also

[144] Vgl. Leitfaden (s. Anm. 94), 9 und Mennonitisches Gesangbuch, hg. v. d. Arbeitsgemeinschaft Mennonitischer Gemeinden in Deutschland u. d. Konferenz der Mennoniten der Schweiz (Alttäufer), München 2004, 1053-1055.

[145] A.a.O., 1053.

auch hier die Funktion der Anbetung und der Lobpreisung Gottes zugeschrieben.[146]
Im Bund Evangelisch-Freikirchlicher Gemeinden (BFEG) ist anders als bei den Mennoniten zwar weder ein Ablauf noch eine Ordnung des Gottesdienstes zur verbindlichen Orientierung vorgeschlagen.[147] Dennoch findet sich am Ende einer Diskussion um die Gestaltung des Gottesdienstes, die sich in den 1960er Jahre zugetragen hat, das folgende Beispiel für eine »erweiterte Gottesdienstordnung«, dessen ersten Teil »Anbetung« im Folgenden dargestellt wird:[148]

Stille
Vorspiel (oder Chorlied)
Eingangsspruch als Gruß
Gemeinsames Lied
Schriflesung
Antwort: Halleluja oder Amen
Anbetung
Chorlied

Vom Vorbild des urchristlichen Gottesdienstes her werden »Anbetung«, »Verkündigung« und »Gemeinschaft« als die »drei *unveräußerlichen und unwandelbaren Stücke* des Gottesdienstes« bestimmt.[149] Dass damit aber noch kein Aufbauprinzip eines baptistischen Gottesdienstes beschrieben ist, zeigt das erwähnte Beispiel einer »erweiterten Gottesdienstordnung«, die vier Teile aufweist: (1) Anbetung, (2) Gemeinschaft, (3) Verkündigung, (4) Dank. Dennoch ist es bezeichnend, dass die Schriftlesung im ersten Teil der »Anbetung« und nicht im dritten Teil der »Verkündigung« eingeordnet worden ist.

Dass damit die Funktion der Schriflesung im Gottesdienst der Baptisten aber keineswegs hinreichend erfasst ist, zeigen knapp dreißig Jahre nach der Veröffentlichung jenes Beispiel-Gottesdienstes die »Anmerkungen zum Thema Gottesdienst« des Dozentenkollegiums des Theologischen Seminars Elstal. Hier wird die Überzeugung geäußert, dass die Schriftlesung zwar kein Ersatz für das persönliche Schriftstudium sein könne, ihre bleibende Bedeutung im Gottesdienst aber darin bestehe, dass sie in Erinnerung ruft, »dass die Heilige

[146] Vgl. Leitfaden (s. Anm. 94), 8.
[147] Zur Ablehnung vgl. schon: Unser Gottesdienst. Wesen, Gestalt, Gestaltung. Ein Arbeitsheft für den Gottesdienst von ERHARD BACHMANN u.a., Berlin 1967, 11.
[148] Vgl. a.a.O., 66f.
[149] Vgl. a.a.O., 50.

Schrift das entscheidende Medium ist, durch das Gott heute zu uns redet, und dass dieses Reden nicht nur durch eine auslegende Predigt vermittelt wird, sondern auch unmittelbar durch den Text selbst geschehen kann und will«, der »ursprünglich gerade zum Hören und erst danach zum Lesen bestimmt«[150] war.

Inwieweit sich diese Funktionsbestimmung der Schriftlesung auch im gegenwärtigen Gottesdienst der Baptisten niederschlägt kann in Ermangelung veröffentlichter Gottesdienstformulare leider nicht überprüft werden.

2.5.4 Der Gottesdienst der Heilsarmee

Der Gottesdienst der Heilsarmee dient uns abschließend als ein Beispiel für einen möglichen Totalausfall einer eigenständigen Schriftlesung. Für diesen Gottesdienst existiert kein einheitlicher Ablauf. Es können höchstens gemeinsame Merkmale festgestellt werden, die aber nicht bei jedem Gottesdienst der Heilsarmee vorhanden sein müssen. Jeder Gottesdienst eines Korps[151] ist daher ein Unikat, kann aber exemplarisch für den Gottesdienst der Heilsarmee insgesamt stehen.

Durchsucht man das Internetangebot der Heilsarmee in Deutschland, dann trifft man z.B. auf den Korps Köln-Ehrenfeld, der zu seinem Gottesdienst folgende Aussagen trifft:

> Gottesdienst bedeutet für uns, Zeit mit Gott und als Christen miteinander zu verbringen. Diese Stunde in Gottes Gegenwart nutzen wir, um Gott reden zu lassen (wir lesen aus der Bibel), um mit Gott zu reden (wir beten), um Antworten auf Glaubensfragen zu finden (wir wenden Bibeltexte auf unser Leben an), um den Glauben mit dem Alltag zu verknüpfen (wir teilen Glaubenserfahrungen). Im Gottesdienst finden alle einen Platz: die Hingegebenen, die Aktiven, die Zuhörer, die Unentschlossenen, die Suchenden, die Zweifler.[152]

Der Korps Berlin-Südwest dagegen schreibt folgendes zu seinem Gottesdienst:

> Lebensfreude, Vielfalt und Freiheit prägen unsere Gottesdienste. Wir sind sicher, dass jeder dem lebendigen Gott begegnen kann. Unser Gottesdienst möchte eine Möglichkeit bieten, dass Sie diese Erfahrung auf vielfältige Art und Weise machen können. Deshalb enthalten auch unsere Gottesdienste verschiedene Elemente. Mal still und andächtig, mal fröhlich und ausgelassen – immer geht es darum, Gott näherzukommen, ihn besser kennenzulernen und daraus Mut, Kraft und Vertrauen für die Herausforderungen des Lebens zu schöpfen.[153]

---

[150] Dozentenkollegium des Theogischen Seminars Elstal. Anmerkungen zum Thema Gottesdienst, in: ThGespr 27 (2003), 47-76, 58.

[151] Das entspricht in etwa einer Ortsgemeinde.

[152] Vgl. http://www.heilsarmee.de/18832.html.

[153] Vgl. http://www.heilsarmee.de/berlinsuedwest/gottesdienst.html.

Hier werden auch »Programmpunkte im Gottesdienst« genannt: Lieder mit Brassband – Predigt – Gemeinsames Gebet – Lobpreis und Anbetung – Vertrauliche seelsorgerliche Fürbitte – Zeugnisse aus dem Alltag – Allgemeine Gemeindeinformationen. »Im Anschluss gibt es noch die Gelegenheit, bei einer Tasse Kaffee oder Tee, miteinander ins Gespräch zu kommen.«[154]

Nimmt man nur diese beiden Beispiele zur Grundlage, dann wird daraus ersichtlich, dass der Lektüre der Heiligen Schrift im Verlauf des Gottesdienstes zwar ein sehr hoher Stellenwert zukommen kann. Dieser wird aber von der Erfahrung des Glaubens noch übertroffen. Der Gottesdienst der Heilsarmee legt einen besonderen Akzent auf die lebenspraktische Bewährung des Glaubens im Alltag und in den Herausforderungen des Lebens.[155] Dass dabei der persönlichen Lektüre der Heiligen Schrift eine zentrale Rolle zufällt steht außer Frage. Vermutlich wird aufgrund dieser prinzipiellen Verknüpfung von Heiliger Schrift und Glaubenserfahrung – der Glaubenserfahrung auf dem Hintergrund der Lektüre der Heiligen Schrift – eine für sich stehende Schriftlesung im Gottesdienst als nicht sinnvoll erachtet. Und das umso mehr, als die Gottesdienste der Heilsarmee eine missionarische Zielrichtung haben.[156]

2.6 Dritte Zwischenbilanz

In der Zuspitzung auf die Predigt als Mitte reformierten Gottesdienstes zeigt sich ein Zug zu Vereinfachung und Konzentration, bei dem auch eine eigenständige Schriftlesung (ohne Auslegung) auf den Prüfstand gestellt worden ist, mit dem Ergebnis, dass sie entfallen kann. Dort, wo sie dennoch beibehalten wird, zeigt sich aufgrund des sie begleitenden Gebets, dass auch hier mit einer besonderen Wirkung des »nur« verlesenen Wortes gerechnet wird.

Obwohl nicht wenige Gottesdienstformen der Freien Ordnung Adaptionen des reformierten Predigtgottesdienstes darstellen, hat dies nicht unbedingt zur Folge, dass mit der Übernahme des Predigtgottesdienstes auch die Schriftlesung entfallen muss. Im Gegenteil zieht die Evangelisch-methodistische Kirche zwei Schriftlesungen in den Eingangsteil des Gottesdienstes und verleiht ihnen dadurch ein besonderes Gewicht für den gesamten Verlauf des Gottesdienstes. Ähnliches kann auch für den Gottesdienst der Mennoniten und Baptisten gesagt werden, auch wenn hier jeweils nur eine Schriftlesung vorgesehen ist. Ihnen ist die liturgische Einordnung der Schriftlesung unter dem Gesichtspunkt der Anbetung Gottes gemein. Der frappierend ähnliche Aufbau dieser Gottesdienst-Formulare der Freien Ordnung gibt darüber hin-

---

[154] Ebd.

[155] Dieser Aspekt mag auch der fast prinzipiell zu nennenden Ausrichtung der Gottesdienste der Heilsarmee auf Gäste geschuldet sein.

[156] Dafür steht z.B. Johannes Reimer, Gott in der Welt feiern. Auf dem Weg zum missionalen Gottesdienst, Schwarzenfeld ^{2}2011. Der Autor ist Dozent am Institut für Gemeindebau und Weltmission (IGW), wo seit dem Jahr 2005 die Offiziere der Heilsarmee ausgebildet werden.

aus Anlaß zu der Vermutung, dass sie untereinander in einer Beziehung stehen.

2.7 Der liturgische Opponent: Die stille Andacht der Quäker

Der liturgische Opponent der Göttlichen Liturgie im Spektrum liturgischer Formfamilien ist die stille Andacht der Quäker. Diese weist durchaus eine geprägte Form auf, die aber – zumindest in Europa – durch keinen quasiagendarischen Ablauf reguliert wird.[157] Sie besteht aus der Erfahrung der Stille und kann mehrere »geistliche Beiträge« enthalten.

Trotz der grundsätzlich zu nennenden liturgischen Opposition zeigen sich interessante gemeinsame Motive zwischen der Göttlichen Liturgie und der stillen Andacht der Quäker, die sich aufgrund der Rezeption des Johannesevangeliums ergeben.[158] Denn den Quäkern ist es ebenfalls um Erleuchtung[159] und Verwandlung[160] zu tun. Allerdings werden aufgrund der spiritualistischen Anschauung einer innerlich durch den Geist vermittelten Unmittelbarkeit zu Gott, der Offenbarungsqualität zugesprochen wird, alle äußeren vorgegebenen Formen (wie Rituale und Schriften) relativiert.[161] Diese spiritualistische Anschauung, die sich durch die Jahrhunderte hindurch stabil erhalten hat,[162] muss als ein eigenständiger konfessioneller Code begriffen werden. Obwohl vorgegebene Formen grundsätzlich relativiert werden, ist der (implizite wie explizite) Gebrauch der Heiligen Schrift in der stillen Andacht aber auch nicht ausgeschlossen und kann Teil eines »geistlichen Beitrags« sein.[163]

3. ERTRAG

Unser unter dem Gesichtspunkt der Schriftlesung stehender Durchgang durch das Spektrum liturgischer Formfamilien hat uns ein Panorama der unterschiedlichen liturgischen Umgangsweisen mit der Heiligen Schrift im Sinne einer eigenständigen Lektion vor Augen geführt: Von der hochgradigen Ritua-

---

[157] Vgl. zur Form der Andacht: Religiöse Gesellschaft der Freunde (Hg.), Quäker heute in Deutschland und Österreich, Bad Pyrmont [3]2012, 17f. Hier wird auch auf eine Andacht mit ausgestaltetem Ablauf in Nordamerika hingewiesen.

[158] Vgl. z.B. Quäker heute (s. Anm. 156), 11: Die Selbstbezeichnung als Freunde rührt von Joh 15,15 her.

[159] Vgl. a.a.O., 13: Die für das Quäkertum grundlegende Vorstellung vom »inneren Licht« beruft sich auf Joh 1,9.

[160] Vgl. RGdF (Hg.), Ratschläge und Fragen der Religiösen Gesellschaft der Freunde (Quäker), o.O., 2007, 3 (= pdf-Version).

[161] Vgl. Quäker heute (s. Anm. 156), 14.

[162] Diese Anschauung taucht in der Kirchengeschichte seit der Alten Kirche immer wieder auf. Ihr im Rahmen einer ökumenischen Liturgik, die eben auch die Andacht der Quäker einbezieht, nachzugehen ist unabdingbar, da es sich hier um die fundamentalliturgische Frage nach dem Verhältnis von Innen und Außen handelt.

[163] Vgl. Quäker heute (s. Anm. 156), 17f.

lisierung bis hin zum völligen Verschwinden. Von dem komplexen kunstvollen Ineinander von Gebets- und Segensworten mit szenischen Handlungsformen bis hin zum schlichten Vorlesen. Von der inszenierten Gegenwärtigkeit Christi in seinem Wort bis hin zur abgeleiteten Zeugenschaft von dieser Gegenwärtigkeit. Vom vorsichtigen Umgang mit der Heiligkeit der Heiligen Schrift bis hin zur Lektüre eines dekanonisierten Textes.

Als ein wichtiges differenzierendes Merkmal zur Einordnung der Schriftlesung in das Spektrum liturgischer Formfamilien diente uns die jeweils unterschiedliche Verhältnisbestimmung von Wort und Sakrament und – damit verbunden – die Frage nach der Gegenwärtigkeit Gottes im Gottesdienst. Während die Göttliche Liturgie und die katholische Messe von einer Prävalenz der Eucharistie gegenüber dem Wort ausgehen, die Eucharistie und nicht das Wort also als den Höhepunkt des Gottesdienstes ansehen, und während in der evangelischen Messe nach Agende I zumindest intentional Wort und Sakrament gleichwertig nebeneinander stehen, so bildet die Predigt das Zentrum sowohl des reformierten Predigtgottesdienstes als auch (fast) aller Gottesdienstformen, die der Freien Ordnung zuzurechnen sind.

So imposant die liturgische Ausgestaltung der Schriftlesung in der Göttlichen Liturgie auch ist, sie bleibt, ähnlich wie in der katholischen Messe, doch »nur« eine Etappe auf dem Weg zur Eucharistie. Während die Schriftlesung in der katholischen Messe funktional auf die Eucharistie bezogen ist, so ist die Schriftlesung in der evangelischen Messe funktional auf die Predigt ausgerichtet. Im reformierten Predigtgottesdienst kann die eigenständige Schriftlesung entweder ausfallen oder besonders gewürdigt werden. Im Gottesdienst der Evangelisch-methodistischen Kirche Deutschlands gehört die Schriftlesung in den Bereich der doxologischen Grundlage des Gottesdienstes; sie ist selbst Lob Gottes und sie stiftet Lob Gottes.

Was schließlich die Gegenwart Gottes in seinem Wort (der Schriftlesung betrifft), so zeigt sich ein über die Grenzen der liturgischen Familien hinweg gehender erstaunlicher Konsens, welcher dem Wort der Schriftlesung eine sakramentale Qualität zuspricht. Zumindest im liturgischen Zusammenhang der Schriftlesungen wird dem Wort Gottes eine Eigenwirksamkeit zugebilligt, das es in anderen Zusammenhängen womöglich nicht mehr hat. Damit tut sich freilich ein prinzipielles Problem auf.

In dem besonderen Ort des Gottesdienstes stellt eine Glaubensgemeinschaft ihr Verhältnis zur Heiligen Schrift öffentlich dar und inszeniert es rituell. In dieser rituellen Inszenierung kann zur Darstellung kommen, dass es sich bei der Heiligen Schrift nicht um irgendein Buch neben anderen Büchern handelt, sondern um die den Glauben selbst begründende Urkunde. Und es kann zur Darstellung kommen, dass es sich bei dem, was verlesen wird, nicht um einen religiösen Text aus der Vergangenheit handelt, sondern um das gegenwärtig wirkende und die Gemeinde ansprechende Wort Gottes.

Der primäre Sinn der Schriftlesung ist daher auch nicht, dass sie in dem kurzen Augenblick ihrer Verlesung intellektuell vollständig erfasst wird, sondern, dass sie uns ihre Bedeutung performativ vor Augen und damit in den Glauben an Gottes gegenwärtig wirkendes Wort führt, das sich der Heiligen Schrift bedient.

Sprengkraft Fürbitte

Zur liturgischen Kunst des gottesdienstlichen Fürbittgebets

Konstanze Kemnitzer

Das Evangelische Gottesdienstbuch postuliert recht lapidar: »Fürbitten können an verschiedenen Stellen des Gottesdienstes ihren Platz finden, wobei der Kontext die Funktion und den Inhalt beeinflusst.«[1] In der Regel stehe »das Fürbittengebet zwischen Verkündigung und Abendmahl. Da Fürbitten jedoch seit der Frühzeit der Kirche mit Kyrie-Rufen verbunden wurden, können sie ebenso im Anrufungsteil stehen und das dort gesungene Kyrie zur Ektenie entfalten. Sinnvoll ist es auch die Fürbitten mit dem Dankgebet nach dem Abendmahl zu verbinden.«[2] Was hier so optional erscheint, soll im Folgenden mit einer Metapher verbunden werden, die zu neuer Sensibilität beiträgt. Denn hier – und in vielen Fürbittenbüchern – entsteht allzu leicht der Eindruck, als wären die Fürbitten ein stilles Gefäß, das sich bald hierhin, bald dorthin verschieben ließe und dem scheinbar nur ein Sturm im Wasserglas zugetraut wird.

Ich spreche demgegenüber von der Fürbitte als einer Sprengkraft.

Im Übrigen wird das im Vikariat kaum reflektiert. Während die Gestaltung von Predigten vielfach besprochen wird, ist das Fürbittgebet kaum mehr als eine Randeinheit im Gottesdienstkurs wert. Im akademischen Studium ist die Fürbitte noch stärker marginalisiert, da aszetische Themen insgesamt eher ein Spezialgebiet darstellen. Das Phänomen öffentlicher und privater Fürbitte wird nur äußerst selten erforscht, obwohl der Boom an evangelikaler und pfingstlerischer Literatur zur Kunst der Fürbitte auch die akademische Theologie herausfordern könnte.[3] Angesichts der geringen Aufmerksamkeit für das Thema Fürbitten im Lauf der Ausbildung wundert es nicht, dass manche Theo-

---

[1] Kirchenleitung der Vereinigten Evangelisch-Lutherischen Kirche Deutschlands, Evangelisches Gottesdienstbuch. Agende für die Evangelische Kirche der Union und für die Vereinigte Evangelisch-Lutherische Kirche Deutschlands, Berlin ^{3}2003, 554.

[2] Ebd.

[3] Exemplarisch: Jim W. Goll, Die verlorene Kunst der Fürbitte. Die Wiederherstellung der Kraft und Leidenschaft der Wache des Herrn, Solingen 2001; Beni Johnson, Der glückliche Fürbitter, Bruchsal 2010; Friedhold Vogle, Das Abenteuer der Fürbitte. Wirkungsvoll für Menschen und Städte beten, Holzgerlingen 2002.

loginnen und Theologen, wenn man sie nach dem Fürbittgebet fragt, spontan äußern, »es sei leichter zu predigen, als Fürbitten zu formulieren.«[4]

Praxishandbücher gibt es indes zuhauf: Sie machen Fürbitten gefällig in überlegter Sprachgestalt, mit Symbolen, mit dem Einsatz von Musik und Gesang. Im Internet sind wöchentlich neu Fürbitten abrufbar, z.B. von der VELKD oder auch den ökumenisch-diakonischen Werken Brot für die Welt und Diakonie Katastrophenhilfe. An dieser Vielfalt ist gewiss einiges zu bestaunen – allerdings wohl nur, wenn das grundlegende Potential des Fürbittgebets eingeschätzt werden kann.

Durch die Vorgabe, im Folgenden die Veränderung der Tiefenstruktur des Gottesdienstes durch Modifikationen bei liturgischen Elementen zu reflektieren, werden wir zu solcher grundlegenden Reflexion des Ereignisses gottesdienstlicher Fürbitte angereizt und vor einem allzu reichlichen Bad in der Vielfalt der Gestaltungsangebote bewahrt.

1. Sprengkraft Fürbitte. Eine Darstellung der drei explosiven Potentiale öffentlicher gottesdienstlicher Fürbitte

An einem Pfingstsonntag vor einigen Jahren in einer mittelfränkischen Gemeinde, poltert ein Gottesdienstfeiernder am Ausgang beim Abschied gegenüber der Pfarrerin los: »Das war alles schön und gut, aber wie konnten Sie das beten – das geht doch nicht, wenn das so einfach alles wäre, dann hätte Gott auch die Verfolgung der Juden im dritten Reich angehalten. Wie konnten Sie sagen ›Lass nicht zu, dass...‹. Als ob Gott das Leid zulässt oder nicht!« Der Abschnitt, der das Gemeindeglied so vehement erzürnt hatte und sichtlich in Verzweiflung über die Pfarrerin brachte, lautete: »Am größten Festtag Deines Heiligen Geistes bitten wir für die Menschen in einer der schlimmsten Katastrophen unserer Gegenwart: für die Notleidenden des syrischen Bürgerkriegs. Lass nicht zu, dass ihr Leid übersehen wird, aus Ratlosigkeit, weil die Gewalt nicht aufhört, aus Mutlosigkeit, weil die böse Lage sich immer weiter zuspitzt, aus Erschöpfung, weil sich der Konflikt und das Flüchtlingselend schon so lange hinziehen und keine politische Lösung in Sicht ist. Wir brauchen Deinen Geist der Liebe und der Kraft, damit die kostbarsten menschlichen Gaben: Einfühlungsvermögen und Mitleid nicht abstumpfen und verkümmern. Fege wie ein Windbrausen vom Himmel jedes Hindernis und jedes Zögern aus den Gewissen und Herzen derer, die helfen können und gib, dass wir uns mit Menschen aller Nationen vereinen in Wort und Tat, im starken Bitten und Flehen wie im Teilen und Spenden für die syrischen Frauen, Män-

---

[4] Jochen Arnold, Fürbitten – ein Herzstück im Gottesdienst, in: Jochen Arnold u.a. (Hg.), Fürbitten für die Gottesdienste im Kirchenjahr mit Kasualien, Hannover 2006, 8-12, 8.

ner, Mädchen und Jungen. Wo aber kein Mensch mehr helfen kann, sei Du mit Deinem Geist des Trostes. Bewahre die Kriegsopfer in ihrer Verzweiflung vor Bitterkeit. Segne jeden und jede, die in diesen schweren Zeiten zur Hilfe bereit sind.« Dieses »Lass nicht zu« in der direkten Fürbitte an Gott sprengte das Gottesdiensterlebnis des besagten Gemeindegliedes zu weiten Teilen – auch wenn er sich noch bemühte zu sagen, es sei ansonsten alles schön gewesen. Der Mann war kaum mehr im Stande, anderes aus dem Gottesdienst zu erinnern, um das Ärgernis in der Fürbitte abzudämmen. Von hinten her – die Fürbitte war vor dem Vaterunser und der Entlassung gebetet worden – sprengte das Gebet den gefeierten Gottesdienst: die Lieder, die anderen Gebete, vor allem aber auch die Predigt. Kopfschüttelnd und bleibend zornig, zog er nach wenigen Sätzen von der Kirchentür und wollte auch nicht bleiben, bis die Pfarrerin die anderen verabschiedet hätte.

Diese Szene veranschaulicht die erste von drei explosiven Potentialen, die die Sprengkraft der Fürbitte ausmachen. Wir können dieses Erste die »theologische Energie« nennen. Die Fürbitte ist die Nagelprobe der Theologie, die einen Gottesdienst prägt: Sage mir, was Du in der Fürbitte aussprichst, wie, wo und mit wem – und ich sage Dir, welchen theologischen Grundcharakter der gefeierte Gottesdienst hat. Wie wir auf die Anrede Gottes durch sein Heiliges Wort im Gebet und Lobgesang antworten, zeigt, in welcher Weise wir das Evangelium aufnehmen und den Verkündigten darin begreifen. Fürbitte ist theologische Aussage über die Wirkmächtigkeit des Evangeliums an uns und an aller Welt und über den Charakter seines Ursprungs.

An diesem Beispiel konkretisiert: Die Formulierung »Lass nicht zu, dass ...« ließ augenblicklich alle Verkündigung des Gottesdienstes aus einem allmächtigen und zugleich willkürlichen Machtzentrum entsprungen sein: Der Schöpfer aller Ding' ist ein möglicher Verhinderer von Leid – dieser Gedanke empörte das Gemeindeglied. Für ihn schnappte die Theodizee wie eine Falle zu: Er löste sie, indem er den Gedanken der Allmacht kippte: Gott ist kein Gott, der Leid zulässt oder nicht.

In ähnlicher Weise provozieren viele Fürbittgebete, z.B.: »Deshalb bitten wir dich: [...] Lass uns nicht wegsehen, wenn wir Kranken und Verfolgten begegnen.«[5] oder »Wir denken an Menschen, die traurig in den Sonnenuntergang schauen, weil sie sich nach jemandem sehnen. Wir bitten dich: Lass du sie nicht allein. Stille ihre Sehnsucht [...] Lass Menschen einander finden und gemeinsam glücklich und träumend in den Sonnenuntergang schauen.«[6]

Ob via positiva »Lass« oder in der Negation »Lass nicht zu...« – das theologische Sprengpotential der Fürbitte liegt in der Frage, ob der gefeierte Gottesdienst von einem Gott ausgeht, der noch mehr für uns tun kann, als uns ver-

---

[5] JOCHEN ARNOLD, 1. Sonntag nach Epiphanias, in: DERS., Fürbitten für die Gottesdienste (s. Anm. 4), 59-61, 60.

[6] CHRISTINE TERGAU-HARMS, 20. Sonntag nach Trinitatis, in: ARNOLD, Fürbitten für die Gottesdienste (s. Anm. 4), 176-179, 178.

kündigt zu werden, bzw. ob Gottes Dienst an uns allein die Verkündigung seines Heiligen Wortes ist. Explosiver Kern des Fürbittgebets ist die sich im Ereignis des Gebets aufspannende Theodizee-Frage!

Eine weiteres Sprengpotential kommt hinzu: Ich möchte dieses Zweite mit Friedrich Schleiermacher das Battologische nennen. Schleiermacher formuliert: Wir können »nur postulieren, dass es keinen anderen Gegenstand des Gebetes gibt als die Förderung des Reiches Gottes, und sich alles andere auf dieses bezieht. Sodann finden wir in der Schrift eine Anweisung Christi selber, dass das Gebet von aller Geschwätzigkeit entfernt sein soll (Mt 6,7). Da ist zwar ursprünglich die Rede von dem Gebet des einzelnen, aber wir würden nicht auffinden können, dass in dieser Vereinigung eine andere Form gegründet wäre.« Das Gebet im Cultus ist »ein gemeinsames Heraustreten zum gemeinsamen Bewusstsein in einer Stimmung, in welcher alle begriffen sind. Wenn durch das gemeinschaftliche Gebet die Anwesenden sollen in eine religiöse Stimmung versetzt werden, so ist das gegen die Natur des Gebetes; es kann nur sein der Ausdruck einer erhöhten Stimmung in der sie sind oder einer Erhöhung der Stimmung durch den Ausdruck; aber immer einer Stimmung, in der sie schon sind. Daher hat die Ansicht, als ob das Wesen des Cultus in der Belehrung bestände, auf alle Elemente verderblich gewirkt, auf nichts aber so verderblich wie auf das Gebet. Daraus sind die erzählenden Gebete hervorgegangen, die Gott erzählen, was er getan oder was die Menschen selber getan haben, in der Absicht, die Erinnerung daran im Betenden zu erwecken. Ein solches Gebet kann nicht in den Fehler der Battologie verfallen, weil es seiner ganzen Form nach schon eine Battologie ist, da man Gott nichts erzählen kann; aber große Redner verfallen darein, und das liegt an jeder grundfalschen Theorie. Ist das die ursprüngliche Voraussetzung, dass die gemeinschaftlich Betenden in der durch das Gebet ausgesprochenen Stimmung wirklich schon sind: so sieht man, dass je sicherer man in dieser Voraussetzung ist, sich auch das Gebet desto mehr der Sparsamkeit annähern kann.«[7]

Das Sprengpotential der Battologie, der Geschwätzigkeit und überbordenden Anliegenfülle ist im Grunde eine Überforderung der menschlichen Wahrnehmungsfähigkeit, ja im Grunde Größenwahn und Hybris des Menschen. Denn die battologische Dimension der Fürbitte erhebt uns auf eine scheinbar höhere Ebene, auf der wir die Fülle des Leidens und der Bedürfnisse für uns und andere überblicken könnten! Das Aufzählen von Themen und geschwätzige Aneinanderreihen leugnet, dass wir Wesen mit recht kleinen Wahrnehmungsfenstern sind. Dem battologischen Sprengpotential der Fürbitte mangelt

---

[7] FRIEDRICH SCHLEIERMACHER, Die praktische Theologie nach den Grundsätzen der evangelischen Kirche im Zusammenhang dargestellt, hg. v. JAKOB FRERICHS, Berlin/New York 1850, 187-188; Textauszug in: MICHAEL MEYER-BLANCK, Liturgie und Liturgik. Der Evangelische Gottesdienst aus Quellentexten erklärt, Göttingen ^{2}2009, 190-199, 198f.

die demütige Einsicht, dass unsere Fähigkeiten von Sympathie und Empathie in unsere Mitmenschen und Mitgeschöpfe begrenzt sind und dass wir auch nicht im Stande sind, für alles und jeden den richtigen Wunsch zu erfinden. Wir überblicken weder die Schöpfung noch die Zukunft des Reiches Gottes. »Wir wissen nicht, was wir beten sollen, wie sich's gebührt.« – ein Einwurf des Apostel Paulus. Wir vermögen nicht alles Leiden zu erfassen und nicht alle Freuden, nicht alle Wunden und nicht alle Formen des Himmelreichs. Schleiermachers Gedanken folgend, überlastet das battologische Sprengpotential der Fürbitte die geistlichen und geistigen Kräfte der Feiernden und sprengt die Gemeinschaft, pulverisiert die gemeinsame Ebene des gottesdienstlichen Bewusstseins.

Eine nicht battologische Fürbitte formuliert Aussagen, die dem erhöhten Bewusstsein der Feiernden entspricht und braucht dazu nicht viele Worte. Zur battologische Sprengkraft wird die Fürbitte, wenn sie alles, was sonst im Gottesdienst geschieht, umfassen und gar überbieten will und dabei noch Welt und Eschaton besprechen.

Das dritte Sprengpotential der Fürbitte – neben dem Theologischen und Battologischen – nennen wir das Neurotische. Das öffentliche Fürbittgebet ist eine inszenierte gemeinschaftliche Unterredung der gottesdienstlichen Gemeinde coram deo über das Dasein in dieser Welt, das Dasein als Geschöpf, das leben will, inmitten von Leben, das Leben will. Aus psychoanalytischer Perspektive geschieht diese Auseinandersetzung mit dem Dasein innerhalb der Bewältigungsmuster der »Grundformen der Angst«. Mit Fritz Riemann ist auch für die Fürbitte festzuhalten: Das Erkennen der eigenen »Persönlichkeitsstruktur mit ihren Chancen und Gefahren und ihrer Rückwirkung auf die Gemeinde sollte für den Prediger heute ein echtes Anliegen sein. Es könnte ihm dazu verhelfen, dass er sich der Grenzen seiner Persönlichkeit bewusster wird und ihn davor bewahren, seine persönliche Einstellung als die allein gültige zu sehen und sie auch von anderen zu fordern.«[8]

Die vier Grundformen der Angst zeigen das neurotische Sprengpotential der Fürbitte. Exemplarisch sei dies erläutert: »Wir bitten dich: Sei du die Triebfeder für das Gute in allem, was wir erledigen und anpacken. Schenke uns die Kraft, deinen Willen zu tun, damit wir die Menschen um uns herum nicht vernachlässigen oder verletzen, sondern sie mit Leib und Seele unterstützen und geistlich aufbauen.« (Die Gemeinde stimmt singend ein mit dem Lied EG 419 Hilf Herr meines Lebens.)[9] Verstärkt wird in dieser Fürbitte mit den Worten »damit wir die Menschen um uns herum nicht vernachlässigen oder verletzen, sondern sie mit Leib und Seele unterstützen und geistlich

---

[8] FRITZ RIEMANN, Die Persönlichkeit des Predigers aus tiefenpsychologischer Sicht, in: RICHARD RIESS (Hg.): Perspektiven der Pastoralpsychologie, Göttingen 1974, 152-166, 166.

[9] JOCHEN ARNOLD, 1. Sonntag nach Epiphanias, in: DERS., Fürbitten für die Gottesdienste (s. Anm. 4), 59-61, 59.

aufbauen« die sogenannte »Depressive Angst« mit dem Grundmuster: Ich muss gesellig sein, hingebungsvoll gegenüber anderen (hier: sie mit Leib und Seele [!] unterstützen), verbunden mit der Angst vor Einsamkeit und Selbstwerdung, dem Verlust des Wirs und der Vereinzelung. Damit ist noch nicht gesagt, was ein solches Gebet bei einem akut Depressiven auslöst, es bedient aber wohlgemerkt ein entsprechendes Muster.

Noch ein weiteres Beispiel: »Gott, von deinen Wundern hören wir [...] Ach, Gott, du liebst doch diese Welt. Schau sie an – es sind noch so viele Wunder zu tun. Viel zu viele Menschen, die jeden Tag verzweifelt auf ein Wunder hoffen. Wir bringen ihre Not vor dich und zünden eine Kerze für sie an. Eine Kerze für alle Kinder, die sich in der Schule anstrengen und doch nur Niederlagen erleben. Eine Kerze für alle Paare, die hoffnungslos zerstritten sind. Eine Kerze für alle Mütter und Väter, die ihren Kindern nicht genug zu essen geben können. Eine Kerze für alle Kranken, die voll Angst auf ihre Diagnose warten [...] Eine Kerze für alle, die Bewerbung um Bewerbung schreiben und immer nur Absagen bekommen. Wir alle wissen um Menschen, die an ihrer Schmerzgrenze angelangt sind. In der Stille bitten wir für sie. *Stille.* Gott deine Wunder brauchen wir. Schreite ein. Und hilf uns das Unsere dazu zu tun, dass sie hier und heute geschehen.«[10] Diese Fürbitte unterstützt das Grundmuster der »Hysterischen Angst«. Ihr Grundimpuls ist Wandel. Sie sehnt sich nach Selbstverwirklichung für alle Menschen und begreift sich selbst als toleranten Menschenfreund. Sie leidet unter Endgültigem, bittet angesichts von Grenzen um Gottes Wandlungskraft.

Das neurotische Sprengpotential der Fürbitte im Blick zu haben, heißt zu überprüfen, welche Grundformen der Angst dabei bedient werden. Kritisch zu hinterfragen ist, vergleichbar dem Predigtereignis, welches Selbstverständnis jeweils hinter der Fürbitte steht und wie lebensdienlich, bzw. wie gesund dies ist. Das neurotische Sprengpotential der Fürbitte zeigt sich manchmal unmittelbar dem Liturgen, wenn er sich nach dem mit dem Gesicht zum Altar gesprochenen Gebet wieder zur Gemeinde wendet und Tränen und Weinen beobachtet, während er die Hände zum Segen erhebt. Wohlgemerkt: Das ist kein Zeichen für eine misslungene Fürbitte – wohl aber ein Signal für ihre enorme psychische Kraft!

Im Umgang mit der Fürbitte sind also das theologische, das battologische und das neurotische Sprengpotential zu beachten. Allein diese drei Stoffe machen die Fürbitte zu einem hochenergiegeladenen Element.

---

[10] Nicola Wendebourg, 2. Sonntag nach Epiphanias, in: Arnold, Fürbitten für die Gottesdienste (s. Anm. 4), 62-63, 62f.

2. Vom Umgang mit dem Pulverfass: Einblicke in die Spannbreite von liturgischer Abdämmung (Risiko: Implosion) bis inszenatorischem Exzess (Risiko: Explosion)

In diesem Schritt soll als Grundthese gelten, dass der Gottesdienst gleichwohl er der öffentliche Gebetsdienst der Kirche Jesu Christi ist,[11] nicht allein in der Dimension der Fürbitte aufgeht. Sie ist eine wichtige, aber nicht die einzige Dimension der Tiefenstruktur des Gottesdienstes. Entsprechend geht es im Umgang mit dem »Pulverfass Fürbitte« darum, zwei Extreme zu kennen: Das eine Extrem ist die Implosion der Fürbitte, das heißt, ein liturgischer Umgang mit dem Element, der dazu führt, dass ihre Energie zusammenbricht, innerhalb des Geschehens sozusagen verpufft. Wenn das geschieht, kommt der Tiefenstruktur des Gottesdienstes die Fürbitte abhanden. Das andere Extrem ist die Explosion der Fürbitte, das heißt ein liturgischer Umgang mit dem Element, der dazu führt, dass ihre Energie alle anderen Elemente pulverisiert. Dann löst sich die Tiefenstruktur des Gottesdienstes in Fürbitte auf. Schauen wir auf das eine Extrem, mit der Sprengkraft Fürbitte umzugehen, nämlich so, dass das Sprengpotential durch liturgisches Handeln möglichst dicht abgedämmt wird. Eine der effektivsten Varianten solchen dämpfenden liturgischen Handelns ist die nicht situativ veränderte, stark ritualisierte Variante eines Fürbittengebets. Fest geprägte Symbole und Phrasen fassen die Nöte der Welt für alle Zeit gültig zusammen, meist ordnungsbewusst sortiert am Grundmuster der Bitten des Vaterunsers – wobei dies dann die Frage aufwerfen kann, warum denn überhaupt noch beides gebetet wird.

Als Beispiel sei auf die Litanei im Evangelischen Gesangbuch Nr. 192 hingewiesen, eine Fürbitten-Litanei Dr. Martin Luthers. Das Fürbitten-Verständnis des Reformators, das sich in seinen zahlreichen Fürbitten für Amtsträger und Notleidende und seiner hohen Einschätzung der Bedeutung der Fürbitte in der Messe spiegelt, wird vielfach mit dem ihm zugeschriebenen Diktum »Fürbitten heißt: jemandem einen Engel senden« zusammengefasst.[12] Wenn solch ein im Grunde »hochimaginatives« Ereignis von Fürbitte in einer Litanei gelingen soll, ist generationenverbindende Pädagogik nötig: Die Menschen müssen darin geschult werden, im gemeinsamen Singen die Fürbitte durch ihre innere Vorstellungskraft mitzutragen. Ohne solche Vorarbeit im Sinne eines liturgischen Unterrichts droht die Fürbitte in der Form der Litanei für die Feierenden unsichtbar zu werden. Sie kann »vorbeirauschen«. Dann

---

[11] Michael Meyer-Blanck, Agenda. Zur Theorie liturgischen Handelns, Tübingen 2014, 12.

[12] Als genaues Lutherzitat lässt sich m.W. dieser Ausspruch nicht belegen. Dennoch erfasst es wohl treffend sein Verständnis der Fürbitte und der Vorstellungen von Engeln, die die Menschen zum Guten leiten und bewahren, z.B. WA 52, 715,32-724,14 Predigt an S. Michaelis Tag, ein Predigt von den Engeln.

kann es sein, dass beim Hinausgehen tatsächlich gefragt wird: Haben wir heute überhaupt für andere gebetet? Oder noch schärfer: Beten wir in der Kirche gar nicht mehr für aktuelle Anliegen?

Andere Varianten der liturgischen Abdämmung der Sprengkraft Fürbitte sind z.B. auch eine auffällig nüchterne oder gar überhetzte Vortragsweise von komplexen Anliegen, gebündelt in starken Begriffen, die inhaltlich von den Betenden gefüllt werden können aber nicht müssen. Der Liturg dichtet durch eine floskelstarke Variante die Sprengkraft der Fürbitte ab. Ein Beispiel dazu aus dem Gottesdienstbuch: »Für die Kirche Jesu Christi in aller Welt bitten wir den lebendigen Gott um den Reichtum seiner göttlichen Güte und rufen (Erhöre uns, Gott und erbarme dich). Für alle, die Gottes Versöhnung bezeugen, bitten wir den Geist der Liebe um seinen Beistand und rufen (Erhöre uns, Gott und erbarme dich) [...] Für alle die bedrückt werden durch Missgunst und Verachtung, bitten wir den Hüter des Lebens um ein befreiendes Eingreifen und rufen (Erhöre uns, Gott und erbarme dich) [...] Für alle, die sich bemühen, Not zu lindern und Schwache zu stärken, bitten wir den hilfreichen Gott um seinen Beistand und rufen (Erhöre uns, Gott und erbarme dich) ...«[13] Solche sprachlich eingeschliffenen Fürbitten setzen ein hohes Maß an innerer Beteiligung voraus. Sie dämmen das theologische, battologische und neurotische Sprengpotential durch geprägte Formulierungen ab und können von den Gemeindegliedern je nach eigenem imaginativen Vermögen mit inneren Bildern mitgetragen werden. Die Sprachgestalt fordert mit steilen Begriffen wie »Versöhnung«, »Güte«, »Beistand« dazu auf, von Substantiven in Prozesse übersetzt zu werden. Wer sich die Fürbitte innerlich auf Abstand halten will, kann dies durch eine solche mit Nomen gespickte Gestaltung tun.

Das eine Extrem, mit der Sprengkraft Fürbitte umzugehen, ist also sie abzudämmen, sie sozusagen an Ort und Stelle implodieren zu lassen. Je weiter das Element der Fürbitte implodiert, desto unauffälliger sind die theologischen, battologischen und neurotischen Potentiale der jeweiligen Fürbitten. Die implodierte Fürbitte provoziert keine Theodizee, keine Geschwätzigkeit über Probleme und keine Verstärkung neurotischer Grundmuster. Sie liegt als gezähmtes hochritualisiertes Element im Gottesdienstverlauf und belastet nicht. Sie ist ein Ruheort, ein Möglichkeitsraum, für die, die das Ritual erkennen und in der eigenen Vorstellungskraft oder durch guten liturgischen Unterricht füllen können und aktuell aktiv füllen wollen. Die anderen werden von der Sprengkraft der Fürbitte verschont.

Die Schattenseite dieses Extremes ist: Durch eine implodierte Fürbitte verliert die Tiefenstruktur des Gottesdienstes auch deren Stärken: nur blass wird erlebbar, inwiefern die gottesdienstliche Feier in der Welt steht, inwiefern das Evangelium in unsere Wirklichkeit hineinwirkt und der Gottesdienst der individuellen Daseinsbewältigung dient. Implodiert die Fürbitte, verpufft

---

[13] Kirchenleitung der Vereinigten Evangelisch-Lutherischen Kirche Deutschlands, Evangelisches Gottesdienstbuch (s. Anm. 1), 560.

ihre Energie und sie nimmt diese wesentlichen Dimensionen des Gottesdienstes als eines Dienstes an uns in dieser Welt mit sich. [14]

Schauen wir auf das andere Extrem: die Explosion der Fürbitte durch den inszenatorischen Exzess. Die schärfste denkbare Variante der Explosion des Fürbittgebetes ist das Fürbittgebet in freier Form durch alle Gottesdienstfeiernden, wobei die einzelnen eingeladen werden, frei ihre Fürbitten zu formulieren. Der Druck, dass jeder und jede eine Bitte laut äußert, kann durch ein Symbol, das z.B. von jedem nacheinander am Altar niedergelegt werden soll, erhöht werden. (Selbst wenn angeboten wird, dass dies auch schweigend geschieht, ist die appellative Ebene des Geschehens enorm). Das Risiko dieses Extrems der Explosion der Sprengkraft Fürbitte ist, dass sich die Tiefenstruktur des Gottesdienstes in Fürbitte auflöst. Damit diese Form der Fürbitte gelingt, ist gruppenverbindende Pädagogik und eine liturgische Einführung nötig, die Menschen ermutigt, in der ihnen eigenen Alltagssprache ohne Scheu auszusprechen, was ihnen wichtig ist und einander zuzuhören. Ohne entsprechende Einleitung und ein Reglement droht die Fürbitte übergroß, fast unabsehbar zu werden, so dass beim Hinausgehen alle anderen Elemente des Gottesdienst davon überlagert sind. Varianten der exzessiven Inszenierung sind auch bei der Vortragsweise des Fürbittgebets durch mehrere Sprecher am Altar möglich. Wenn mehrere Durchgänge bei mehreren Sprechern absehbar werden, erhöht sich die Anstrengung für alle Beteiligten, so dass Ermüdung eintreten kann.

Je weiter das Element der Fürbitte explodiert, desto auffälliger werden die theologischen, battologischen und neurotischen Dimensionen ihrer Sprengkraft. Die explodierte Fürbitte provoziert Theodizee-Fragen, verstärkt Geschwätzigkeit über Probleme und steigert neurotische Grundmuster. Sie übernimmt als überdimensioniertes Element im Gottesdienstverlauf den Spannungsbogen und wird zur liturgischen Last. Sie ist ein Gestaltungsauftrag, ein Leistungsort. Durch eine explodierte Fürbitte wird die Tiefenstruktur des Gottesdienstes mit deren Potentialen überfrachtet, oder löst sich schier ganz darin auf: Überdeutlich wird erlebbar, inwiefern die gottesdienstliche Feier in der Welt steht, bzw. das Evangelium in unsere Wirklichkeit hineinwirkt und der Gottesdienst der individuellen Daseinsbewältigung dienen will. Explodiert die Fürbitte, macht ihre Energie den gesamten Gottesdienst zu einem wirkmächtigen Dienst an uns als Lebewesen in dieser Welt.[15]

---

[14] Dabei gilt: Mit einer Litanei wie EG 192 lässt sich gewiss eine intensive Fürbitte gestalten – besonders, wenn Liturgen sensibilisiert sind und das Ereignis nicht heruntersingen und die Gemeinde sich nicht hinter einem Chor versteckt und möglicherweise auch schon angeregt ist, das gesungene Fürbittgebet durch innere Bilder mitzutragen. Aber das Zähmen der Fürbitte mit dem Effekt, dass ihre Sprengkraft verpufft kann in solch gesungener Form leicht geschehen.

[15] Fürbitten, die von allen Gemeindegliedern mit einem Symbol gesprochen werden müssen nicht zwangsläufig explodieren – wenn denn die Liturgen das Ereignis gut einleiten und strukturieren. Was an diesem Beispiel aber deutlich werden soll ist, in

Zwischen diesen zwei Extremen hat sich die Kunst der Fürbitte zu bewegen: in der Spannbreite von liturgischer Abdämmung mit dem Risiko »Implosion der Fürbitte« und ihres Verlustes für die Tiefenstruktur des Gottesdienstes bis zum inszenatorischen Exzess mit dem Risiko »Explosion der Fürbitte« und der Auflösung der Tiefenstruktur des Gottesdienstes in die Fürbitte hinein.

3. Modifikationen der Fürbitte und deren Auswirkung auf die Tiefenstruktur des Gottesdienstes – ein exemplarischer Vergleich von Ektenie im Anrufungsteil und Fürbittgebet im Sendungsteil

Die liturgischen Kunstregeln des Fürbittgebets kennen drei Gestaltungsspielräume:

1. Die Wahl des Ortes im Gottesdienstes: a) im Anrufungsteil, b) zwischen Verkündigung und Abendmahl und c) nach dem Abendmahl;

2. Die Form der Fürbitte: a) Der Vortrag durch den Liturgen, b) die Aufnahme der Bitten durch einen Gebetsruf der Gemeinde, c) das Diakonische Gebet (Die Nennung einzelner Gebetsanliegen durch einen Diakon/eine Diakonin, gefolgt jeweils von einer Gebetsstille und einem Kollektengebet des Liturgen/der Liturgin, das die Anliegen aufnimmt und vom »Amen« der Gemeinde abgeschlossen wird.) und d) das Wechselgebet (Preces) durch mehrere sich abwechselnde Sprecher;

3. Die Abfolgestruktur der Bitten: a) Grundstruktur des Vaterunsers (Bitten für das Kommen des Reiches, die Reiche der Welt, die Existentialen (das »Brot«) und einzelne Notstände und Kasualien) b) Rückbezug auf Lesungen, Ort im Kirchenjahr oder die Predigt.

Ein exemplarischer Vergleich soll uns zum Abschluss genügen: Wir vergleichen eine Ektenie im Anrufungsteil (im EGB Form 1 genannt[16]) mit einem Fürbittgebet im Sendungsteil vor dem Vaterunser und dem Segen ohne Gebetsrufe der Gemeinde (im EGB Form 4 genannt[17]). Um zu erfassen, wie diese zwei Modifikationen die Tiefenstruktur des Gottesdienstes beeinflussen, nützen wir das bis hierhin erkannte Wissen über die drei Sprengpotentiale des Fürbittgebetes:

Im Blick auf die *theologische Sprengenergie* der Fürbitte birgt die Verortung im Anrufungsteil (Form 1), dass noch kaum Verkündigung erklungen ist und das Gottesbild, vor dem die Nöte der Welt artikuliert werden, noch wenig sichtbar ist. Die theologische Sprengkraft der Fürbitte verschiebt den Verkün-

---

welcher Weise liturgisch die Fürbitte so exzessiv inszeniert werden kann, dass ihre Sprengkraft alles pulverisiert.

[16] EGB 560f.

[17] EGB 598.

digungsschwerpunkt des Gottesdienstes im Falle der Ektenie damit schon an den Anfang in einen meditativen Gestus. Das Gottesbild wird durch die Darbringung der Fürbitte zelebriert, bevor es in einer Ansprache erläutert wurde. Im Unterschied dazu kann in der Variante des Fürbittgebets im Sendungsteil (Form 4) auf die diskursive Theologie der Predigt angespielt, bzw. auf dieser aufgebaut werden und die durch die Auseinandersetzung mit der Heiligen Schrift in diesem Gottesdienst gewonnene gemeinsame Basis genutzt werden. Die theologische Sprengkraft der Fürbitte vermag in beiden Varianten die anderen Gottesdienstelemente zu pulverisieren, ist jedoch in der Variante am Ende des Gottesdienstes (Form 4) deutlich klarer zu kanalisieren, da sie der Verkündigung folgt und nicht vorausgeht.

Im Blick auf die *battologische Sprengenergie* der Fürbitte evoziert die Verortung im Anrufungsteil (Form 1), dass bereits viele Worte gemacht werden, noch bevor sich Lesungen und Predigt ereignen. Da die Feiernden nur ein begrenztes Maß an Wahrnehmungsfähigkeit mitbringen ist die Tiefenstruktur der Gottesdienstes durch eine Ektenie im Anrufungsteil deutlich von einem Schwerpunkt auf die Weltbeobachtung und die individuelle Religiosität bestimmt, während an der Verkündigung »extra nos« aus energetischen Gründen gekürzt werden wird. Umso wichtiger ist bei der Gestaltung von Form 1, auf die Länge der Fürbitten zu achten – denn zu Beginn des Gottesdienstes ist die Kraft noch frisch, aber angesichts dessen, was noch kommen soll, muss sie auch eingeteilt werden. Die battologische Sprengkraft der Fürbitte spannt in Form 1 einen Horizont auf, vor dem sich die anderen verkündigenden Elemente des Gottesdienstes bewähren müssen. Im Unterschied dazu geht in der Variante des Fürbittgebets im Sendungsteil (Form 4) die Fürbitte über die bisher vielleicht in der Predigt aufgenommenen Weltprobleme hinaus. Sie inszeniert ein christliches Daseinsverständnis, das sich durch die Verkündigung gestärkt fühlt, auf die Lage der Schöpfung zu schauen. Auch die battologische Sprengkraft der Fürbitte vermag in beiden Varianten die anderen Gottesdienstelemente zu pulverisieren, ist jedoch wiederum in der Variante am Ende des Gottesdienstes (Form 4) deutlich klarer zu kanalisieren, da die erfolgte Verkündigung hilft zu entscheiden, welche Probleme der Welt nun angesprochen werden können.

Im Blick auf die *neurotische Sprengenergie* der Fürbitte birgt die Verortung im Anrufungsteil (Form 1), dass die Feiernden bei ihren Daseinswahrnehmungen anfangen und sich gemeinsam durch die Fürbitten in den gottesdienstlichen Raum der Angstbewältigung einschwingen können. Umso mehr muss bei der Gestaltung darauf geachtet werden, dass die Abschnitte der Ektenie alle vier Grundformen der Daseinsbewältigung aufgreifen und nicht nur einen Typus ernst nehmen. Die neurotische Sprengkraft der Fürbitte verschiebt die Seelsorgekraft des Gottesdienstes im Falle der Ektenie (Form 1) schon an den Anfang. Im Unterschied dazu baut die Variante des Fürbittgebets im Sendungsteil (Form 4) auf den bis dahin im Gottesdienst erreichten seelsorglichen Level auf. Eine besondere Herausforderung ist dabei, dies deutlich zu signalisieren, so dass das Fürbittgebet nicht als Fortsetzung der diskursiven Predigt erscheint und der Raum der Fürbitte den Grundformen der Angst tatsächlich noch einmal geöffnet wird. Auch die neurotische Sprengkraft der Fürbitte vermag in beiden Varianten die anderen Gottesdienstelemente zu pulverisieren, ist jedoch in der Variante am Anfang des Gottesdienstes (Form 1) deutlich weiter und partizipationsoffener zu inszenieren.

Ich fasse diesen exemplarischen Vergleich zusammen: Die Tiefenstruktur des Gottesdienstes durch eine Ektenie im Eingangsteil (Form 1) wird davon geprägt, dass die erst nachfolgende Verkündigung sich angesichts der Leiden der Welt bewähren muss und sich die Kräfte der Feiernden in besonderem Maß der Reflexion der Wirklichkeit zuwenden, so dass für die Auseinandersetzung mit dem Evangelium möglicherweise weniger Energie bleibt und die Menschen sich im Gottesdienst als empathische und sympathische Zeitgenossen erleben. Die Tiefenstruktur des Gottesdienstes durch das Fürbittgebet im Sendungsteil (Form 4) wird davon beeinflusst, dass die Leiden der Welt erst nach dem Hören auf die Heilige Schrift angesprochen werden, die Feiernden sich also in besonderem Maß der Reflexion des Evangeliums zuwenden, so dass für die Auseinandersetzung mit den Sorgen der Menschen möglicherweise weniger Energie bleibt und die Gemeinde sich im Gottesdienst vor allem hörend und empfangend erlebt.

Die vielen weiteren Modifikationen des Fürbittgebets im Blick auf Ort, Form und Abfolge der Bitten sind in diesem Sinne an dem dreifachen Sprengpotential des liturgischen Elements zu prüfen. Die liturgische Kunst des Umgangs mit der Fürbitte wird sein, das Bewusstsein über die theologische, die battologische und die neurotische Sprengkraft der Fürbitte lebendig zu halten, so dass sie aus jeweils guten Gründen im jeweiligen Jetzt des Gottesdienstes verantwortungsvoll gestaltet wird.